Gakken

きめる！KIMERU SERIES　C2

JN040494

［きめる！公務員試験］

民法II〈債権総論／債権各論／親族・相続〉

Civil Law II

監修＝髙橋法照　編＝資格総合研究所

はじめに

　本書は、公務員試験を目指す皆さんのためにつくられた書籍です。

　公務員は、我が国の行政活動を担い、国民の多様なニーズに応えるための重要な職業であり、人気の職業の1つといえます。

　昨今の公務員試験は、筆記試験では重要基本事項の正確な理解が求められ、面接試験がより人物重視の試験になっているという特徴があります。このような公務員試験に対応するためには、重要基本事項を最短・最速で学習し、面接試験対策に時間をかける必要があります。

　そこで本書では、膨大な情報量をもつ民法を2分冊とし、本書独自の3ステップ学習で民法の重要基本事項の理解・記憶・演習を完了できるように工夫しました。「公務員になって活躍したい」という皆さんを効率よく合格に導きます。

　本書を手に取ってくれた皆さんは、おそらく公務員になりたいと思っているはずです。ぜひその気持ちを大事にしてください。皆さんが公務員となることは、皆さん自身の充実した職業人生につながるだけでなく、国民みんなの幸せにつながるからです。

　しかしそのためには、民法をしっかり学習し、公務員試験の筆記試験で十分な得点をとることが必要です。民法は、一般市民社会を規律するための最も基礎的なルールです。一般市民社会においては、多数の個人や企業により自由な経済活動がなされ、それに伴う紛争を法的に解決していく必要があります。そして公務員は、公務を通じて一般市民社会の構成員である個人や企業を支える存在ですから、民法についてしっかりとした理解が求められるのです。

　とはいうものの、本書を手に取った皆さんは、民法の学習を恐れる必要

はありません。本書独自の３ステップ学習により、公務員試験をクリアできるだけの民法の実力を十分に習得できるからです。

　皆さんが公務員になるための海図やガイドブックとして本書をご活用いただければ、監修者としてこんなに嬉しいことはありません。

髙橋法照

　公務員試験対策の新しい形の問題集として、「きめる！公務員試験」シリーズを刊行いたしました。このシリーズの刊行にあたり、受験生の皆さまがより効率よく、より効果的に学ぶために必要なものは何かを考えて辿り着いたのが「要点理解＋過去問演習」を実践できる３ステップ式の構成です。まずは、頻出テーマをわかりやすい解説でしっかりと押さえ、次に一問一答で、知識定着のための学習を行います。そして最後に、選び抜かれた頻出の過去問題を解くことで、着実に理解に繋がり、合格へ近づくことができるのです。

　試験対策を進める中で、学習が進まなかったり、理解が追いつかなかったりすることもあると思います。「きめる！公務員試験」シリーズが、そんな受験生の皆さまに寄り添い、公務員試験対策の伴走者として共に合格をきめるための一助になれれば幸いです。

資格総合研究所

もくじ

CHAPTER 1 債権総論

CHAPTER 2 債権各論

CHAPTER 3 　親族・相続

別冊 解答解説集

本書の特長と使い方

3ステップで着実に合格に近づく！

STEP 1で要点を理解し、STEP 2で理解をチェックする一問一答を解き、STEP 3で過去問に挑戦する、という3段階で、公務員試験で押さえておくべきポイントがしっかりと身につきます。

公務員試験対策のポイントや各科目の学習方法をていねいに解説！

本書の冒頭には「公務員試験対策のポイント」や「民法の学習ポイント」がわかる特集ページを収録。公務員試験を受けるにあたっての全般的な対策や、各科目の学習の仕方など、気になるポイントをあらかじめ押さえたうえで、効率よく公務員試験対策へと進むことができます。

別冊の解答解説集で、効果的な学習ができる！

本書の巻末には、本冊から取り外しできる「解答解説集」が付いています。問題の答え合わせや復習の際には、本冊のとなりに別冊を広げて使うことで、効果的な学習ができるようになります。

試験別対策

各章の冒頭には、各試験の傾向や頻出事項をまとめてあります。自分が受験する試験の傾向をしっかりと理解してから、学習の計画を立てましょう。

STEP 1　要点を覚えよう！

　基本的に１見開き２ページで、分野ごとに重要な基本事項をインプットしていきます。そのため、重要な基本事項を網羅的かつ正確に、無理なく習得できるようになっています。

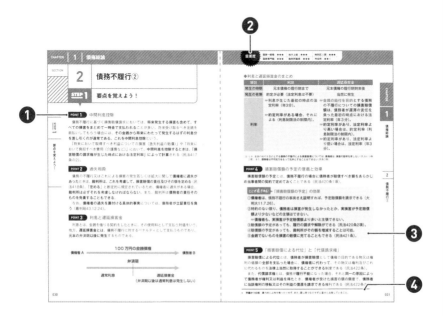

❶ POINT
このSECTIONで押さえておきたい内容を、ポイントごとにまとめています。

❷ 重要度
各SECTIONの試験別重要度を表しています。過去問を分析し、出題頻度を「★」の数で表しています。

❸ ここできめる！
最重要の知識や、間違えやすいポイントをまとめています。試験直前の確認などに活用できます。

❹ 注
本文中に出てくる専門的な言葉やわかりにくい用語などに＊をつけ、ここで説明しています。

判例
具体的な事件について裁判所が示した法律的判断を、「判例（事案と判旨）」という囲みで示しています。

STEP 2 一問一答で理解を確認！

STEP 1の理解をチェックするための一問一答形
式の問題です。過去問演習のための土台をづくりと
して、効率的にポイントを復習できます。

STEP 3 過去問にチャレンジ！

本書には、過去15年分以上の過去問の中から、
重要基本事項を効率的に学習できる良問を選別して
収録しています。

過去問は、可能であれば3回以上解くのが望まし
いです。過去問を繰り返し解くことで、知識だけで
なく能力や感覚といったアビリティまで身につくと
いう側面があるのです。

別冊 解答解説集

STEP 3の過去問を解いたら、取り外して使える
解答解説集で答え合わせと復習を行いましょう。

本書掲載の過去問題について
　本書で掲載する過去問題の問題文について、問題の趣旨を損なわない程度に改題している場合が
あります。

法律用語について

「法律」とは、皆が快適に暮らしていくために、つくられた社会のルールです。法律では、日常ではあまり使われない言葉が出てきますので、本書で学習するにあたって、よく目にする主な用語の意味を紹介しておきます。

用語	意味
予め（あらかじめ）	前もって、ということ。
係る（かかる）	関係する、ということ。
較差（かくさ）	二つ以上の事がらを比較したときの差。
瑕疵（かし）	欠陥のこと。
較量（こうりょう）	くらべて考えること。
準用（じゅんよう）	類似の内容について、同じような条文を繰り返すことを避けるための立法技術であり、特定の規定の再利用のようなものです。
斟酌（しんしゃく）	相手の事情や心情をくみとること。
直ちに（ただちに）	「すぐに」行うということで、最も時間的に短い概念。「速やか（すみやか）に」は、できるだけ早くという意味であり、「遅滞（ちたい）なく」は、これらより時間的に余裕があります。
抵触（ていしょく）	ある事がらと、別の事がらが矛盾していること。
甚だ（はなはだ）	通常の程度をはるかに超えていること。
専ら（もっぱら）	ひたすら、ということ。一つの事がらに集中すること。

※「及び」と「並びに」

　　ＡとＢが並列の関係にあるとき、「Ａ 及びＢ」と表記します。並列関係のものがＡＢＣと3つ以上あるときは、「Ａ、Ｂ 及びＣ」と読点を使用して、最後に「及び」を用います。

　　そして、Ｂの中にも、ＡＢより小さい関係のb1とb2があるときは、「Ａ並びにb1及びb2」と表記します。「及び」は、最も小さな並列グループを連結し、「並びに」は、「及び」より大きな並列グループを連結します。

※「又は」と「若しくは」

　　ＡとＢが選択の関係にあるときは、「Ａ又はＢ」と表記します。選択関係のものがＡＢＣ と3つ以上あるときは、「Ａ、Ｂ 又はＣ」と読点を使用して、最後に「又は」を用います。

　　そして、Ｂの中にもb1とb2があり、そこも選択関係にあるときは、「Ａ又はb1若しくはb2」として、「又は」は、最も大きな選択グループを連結し、「若しくは」は、「又は」より小さな選択グループを連結します。

最高裁判所判決・決定の略称による表記について

　「裁判」とは、裁判所が行う意思表示を意味しますが、この裁判には「判決」「決定」「命令」があります。「判決」とは、原則として、口頭弁論（刑事訴訟では公判）に基づいて行われるものであり、「決定」とは、迅速を要する事項や付随的事項等について、「判決」よりも簡易な方式で行われる裁判です。また、「命令」は「決定」を裁判所ではなく、裁判官が行うものと考えればよいでしょう。

　そして、最高裁判所について、最高裁判所裁判官の全員で構成される場合（合議体）を「大法廷」といい、最高裁判所の定める裁判官3名以上の員数で構成する合議体を「小法廷」といいます。そこで本書では、最高裁判所の大法廷判決を「最大判」、小法廷判決を「最判」と表記し、最高裁判所の大法廷による「決定」を「最大決」、小法廷決定を「最決」と表記します。

　　《例》　最大判平17.4.2…大法廷判決　最判昭58.10.7…小法廷判決
　　　　　　最大決令3.4.9…大法廷決定　　最決平30.12.2…小法廷決定

根拠条文の表記について

　各項目中において、カッコ内に法令名及びその条数を記していますが、原則として、各項目の最初に出てきた法令名については、法令名及び条数を記し、それ以降に同条文の「項」が異なるものが出てきた場合は、法令名及び条数を省略しています。

　　《例》　…です（憲法14条1項）。しかし…となります（同条2項）。ただし、…は例外です（憲法21条）。

公務員試験対策のポイント

志望先に合わせて計画的で的確な対策を

　まずは第一志望先を決めましょう。仕事の内容、働きたい場所、転勤の範囲などが志望先を選ぶポイントです。また、併願先もあわせて決めることで、試験日・出題科目がおのずと決まってきて、学習計画を立てることが出来るようになります。

過去問の頻出テーマをおさえて問題演習を

　公務員試験合格のポイントは、1冊の問題集を何度もくり返し解くことです。そうすることで、知らず知らずのうちに試験によく出るテーマ・問題のパターンがしっかりと身につき、合格に近づくことができるでしょう。

人物試験対策の時間も確保したスケジューリングを

　近年では、論文試験や面接等の人物試験が重要視される傾向にあります。一次試験の直前期に、その先の論文試験や人物試験を見据えて、学習の計画を立てるようにしましょう。人物試験については、自己分析・志望動機の整理・政策研究を行って、しっかり対策しましょう。

民法の学習ポイント

　ここでは、民法とは何か、公務員試験における民法のポイントについて説明していきます。本格的な学習を始める前に、まずは全体像を確認しましょう。

民法とは何か

　私たちは、日々の生活を送る中で、お金を支払うことにより様々なモノ・サービスを享受しています。例えば、コンビニでおにぎりやお茶を購入したり、旅行先でホテルに宿泊したり、時には建物を建てたりすると思います。

　現代の市民社会においては、多数の個人や企業がお金を媒介にモノ・サービスを取引しており、この市民社会における取引の規律を定めたものが民法です。つまり、取引に当たって必要なルールを定めたり、取引に関してトラブルが起こった場合の対処法を定めたりすることで、市民社会の取引秩序を守るのです。

　民法は大きく分けると、財産法分野・家族法分野の2つに分かれます。財産法分野はヒト・モノ・カネ・サービスといった取引に関するルールであり、民法総則・物権・担保物権・債権総論・債権各論といった分野から構成されます。家族法分野は家族に関するルールを定めており、親族と相続から構成されます。

　このように、民法は私たちの日常生活を財産・家族の両面にわたってルールを定めた私法の一般法であり、深くて広い法分野です。そのため本シリーズでは、民法Ⅰ〈民法総則／物権／担保物権〉と民法Ⅱ〈債権総論／債権各論／親族・相続〉の2冊に分けて民法を解説していきます。

公務員試験における民法のポイント

　民法は大きく分けると、民法総則、物権、担保物権、債権総論、債権各論・親族・相続という広範な分野から成り立っています。ここでは、本書（民法Ⅱ）で扱う債権総論・債権各論・親族・相続についてポイントを示します。

①債権総論は、具体例と条文知識を押さえる

　債権総論では、債権全体に関わる事項を学習します。ここでは、債務不履行の場合の処理や債権者代位権・詐害行為取消権・保証など、具体例がないとややイメージしにくい事項が多いです。そのため、具体的な事例と条文知識をセットで理解し、それぞれの制度や概念の特徴を掴みましょう。

②債権各論は、重要な契約類型を押さえる

　債権各論では、個々の契約類型を学習します。売買や賃貸借など、日常生活に密着した契約が登場するため、総論よりも身近に感じられるでしょう。それぞれの契約のイメージを膨らませながら学習すると、契約類型ごとの理解が進みます。ここでも条文知識が重要なので、条文知識を起点に契約類型の特徴を押さえましょう。

③親族・相続は、重要な条文を中心に押さえる

　親族・相続は、家族に関するルールであり、財産法に比べると後手に回りやすいテーマです。基本的な条文知識があれば正解できる問題も多いので、本書掲載の条文知識を着実に理解することが試験対策につながります。債権と同様、条文を中心に学習しましょう。

民法の学習計画をチェック！

1 準備期

まずは、本書をざっと通読して全体像をつかむ。
問題はすぐに解説を見てもかまいません。

> ここでは、無理に内容を分かろうとせず、軽く一読できれば良い。

2 集中期

受験する試験種のうち、☆の多い分野から取り組む。
☆の多い分野を3回ほど周回してみましょう。

> できれば、過去問を自力で解いてみよう。重要単元から着実に。

3 追い込み期

受験する試験種のうち、☆の少ない分野にも取り組み、知識量で差をつけましょう。

> マイナー分野も取り組むことで合格可能性が上がるので頑張ろう。

4 総仕上げ期

全範囲を通して学習する。
過去問はできるだけ自力で解いてみましょう。

> 過去問演習に力点を置いて、全範囲を網羅的に進めよう。

きめる！公務員試験シリーズで、合格をきめる！

2023年9月発売 全5冊

3ステップ方式で絶対につまずかない！
別冊の解答解説集で効率的に学べる！

数的推理	判断推理	民法Ⅰ	民法Ⅱ	憲法
1,980円（税込）	1,980円（税込）	1,980円（税込）	1,980円（税込）	1,980円（税込）

2024年発売予定 全5冊

社会科学　　人文科学　　自然科学

文章理解・資料解釈　　行政法

シリーズ全冊試し読み
「Gakken Book Contents Library」のご案内

1 右のQRコードかURLから「Gakken Book Contents Library」にアクセスしてください。
https://gbc-library.gakken.jp/

2 Gakken IDでログインしてください。Gakken IDをお持ちでない方は新規登録をお願いします。

3 ログイン後、「コンテンツ追加＋」ボタンから下記IDとパスワードを入力してください。

ID	9mvrd
PASS	cfphvps4

4 書籍の登録が完了すると、マイページに試し読み一覧が表示されますので、そこからご覧いただくことができます。

※試し読みキャンペーンは予告なく終了する可能性がございます。

CHAPTER 1

債権総論

この章で学ぶこと

○ 債権総論は、条文知識の理解が重要

CHAPTER1・債権総論では、ある人が別の人に何かを請求できる権利である債権に共通する法律について学習します。債務が履行されない場合の法律関係を規律する**債務不履行**、他人の財産に干渉できる**債権者代位権**と**詐害行為取消権**、複数の当事者が登場する**連帯債権・債務**、他人の債務の支払いをサポートする**保証契約**、債権を譲り渡した場合の関係を規律する**債権譲渡**など、重要で難しい単元が多いです。

そのため、債権総論が民法学習における最大の山場といっても過言ではありません。この分野をクリアできれば民法の得点力が安定するので、焦らずにじっくりと取り組むことが重要です。

学習のポイントは、**条文知識**を中心に押さえることです。債権総論は法改正により、**判例・学説の蓄積が条文化された**ものが多いです。つまり、条文知識をしっかりと理解すれば、債権総論はかなりの部分を攻略することができるということです。

○ もっとも難しい債権総論は完璧を目指さなくてよい

債権総論は、多くの受験生が苦手とする単元であり、合格者であっても、債権総論を高いレベルで理解している人はそう多くありません。

債権総論の学習は、民法の中でもおそらくもっとも大変だといえますが、それは全受験生が同じです。自分が苦しいときはライバルも苦戦していると考えて、あせらずに債権総論の学習を乗りきりましょう。債権総論のような難しい分野は、完璧にするよりも、**まずは最後まで学習を進めること**が重要です。

本書を何度も反復し、漆塗りのように知識と思考の精度を上げていきましょう。

○ まずは概観から始めよう

民法全体にもいえることですが、債権総論は広くて深い法分野であり、**ひと通り目を通す**だけでもかなりの時間を要します。細かい部分は深入りせずに、まずは重要度の★の多い単元から少しずつ見ていくとよいでしょう。それを繰り返しながら、★の少ない分野を徐々に加えていくと、知識も理解も加速度的に深まっていくでしょう。

国家一般職

　全範囲からまんべんなく問われる。出題内容は基本知識を素直に問うものが多いが、着実な学習が必要である。民法総則や物権に比べると覚えるべき知識量が多く学習のハードルが高いので、焦らずに条文知識を押さえること。

国家専門職

　国家一般職と同様、基本知識をストレートに問う問題が多いので、確実に条文知識を押さえて、対策しよう。

地方上級

　債務不履行と債権の消滅原因が問われやすい。まずは、この2分野を押さえておくのが望ましい。

裁判所職員

　国家一般職と同様、まんべんなく全範囲から問われるので、穴を作らない学習が求められる。債権総論自体の分量が多いので、広く浅く確実に学習を進めていこう。

特別区Ⅰ類

　出題範囲が国家一般職と同程度に広いが、問われる事項は基礎的なものばかりである。各分野を正確に押さえていけば得点源にできるので、時間をしっかりと取って学習しよう。

市役所

　債務不履行と保証債務が出題されやすい。まずは、この2分野を優先して学習を進めると効率が良い。条文知識を中心に学習しよう。

1 債務不履行①

STEP 1 要点を覚えよう！

POINT 1 履行遅滞となる時期

　債務不履行とは、**契約によって発生した義務を果たさないこと**であるが、ここでは債務不履行に関して試験でよく出題される内容を確認していく。まずは「履行遅滞」について見ていこう。

　履行遅滞とは、**正当な理由なく、履行期日までに債務者が債務を履行しないこと**である。履行遅滞となれば債務不履行として損害賠償請求等が可能となるため、いつ履行遅滞となるのかの時期が重要となる。

債権		履行遅滞に陥る時期
確定期限がある債権		原則：期限到来の時（民法412条1項） 例外：取立債務その他の債務の履行について債権者の協力を必要とする債務については、その確定した期限に債権者が必要な協力又はその提供をして履行を催告しなければ、遅滞とならない。
不確定期限がある債権		・期限が到来後、債務者が債権者から履行の請求を受けた時、又は、 ・期限が到来後、債務者がこれを知った時、のいずれか早い時（民法412条2項）
期限の定めがない債権※	原則	履行の請求を受けた時（民法412条3項）
	不法行為に基づく損害賠償請求権（709条）	不法行為の時（最判昭37.9.4）
	消費貸借に基づく返還請求権（587条等）	催告後、相当期間の経過時（民法591条1項）

※　**債務不履行による損害賠償請求権**などは、別段の定めがない限り、**期限の定めのない債務**として成立する。

　上の表にある**「確定期限」**とは、**契約などで「〇月〇日に履行する」と決まっている期限**であり、**「不確定期限」**とは、**到来することは確実だが、いつ到来するか期日の確定していない期限**のことである。「私が死んだら土地をあげる」といった場合である。

また、**不法行為に基づく損害賠償請求**は、**不法行為の時点で履行遅滞**となるが、これは被害者の救済を厚くするためである。

なお、「消費貸借」とは、ある物を借りて、借りた物自体は消費してしまう（使ってしまう）が、同種の物を返還する契約である。お金の貸し借り（金銭消費貸借）をイメージすればよいが、借りたお金自体は消費して、後ほど同額を返還する。期限の定めのない消費貸借では、「返して」と催告された時点ですぐに返還できるとは限らないので、**催告後、相当期間の経過時に履行遅滞**となる。

POINT 2 ▶ 履行不能の意義

債務の履行が、契約その他の債務の発生原因及び取引上の社会通念に照らして**不能であるとき**は、**債権者は、その債務の履行を請求することができない**（民法412条の2第1項）。この場合でも、**債務不履行に基づく損害賠償請求をすることは妨げられない**（同条2項）。つまり、損害賠償請求が**できる**。

POINT 3 ▶ 履行遅滞中の履行不能の帰責事由

債務者がその債務について**履行遅滞の責任を負っている間**に、**当事者双方の責めに帰することができない事由**によって**債務の履行が不能**となったときは、その履行不能は、**債務者の責めに帰すべき事由**によるものとみなされる（民法413条の2第1項）。

POINT 4 ▶ 「受領遅滞」（じゅりょうちたい）の効果

受領遅滞（民法413条）とは、債務者が債務の本旨に従った弁済の提供をしたにもかかわらず、**債権者が債務の履行を受けることを拒み、又は受けることができないために債務を履行できない状態**のことである。この受領遅滞の効果として、以下の3つを覚えよう。

ここで勘きめる! ▶ 受領遅滞のポイント！

①**特定物*の引渡債務の債務者**は、受領遅滞となった後は、善良な管理者の注意（民法400条）ではなく、**自己の財産に対するのと同一の注意をもって目的物を保存すれば足りる**（民法413条1項）。
②**受領遅滞により増加した債務の履行費用**は、**債権者の負担**となる（同条2項）。
③**受領遅滞となった後**に**当事者双方の責めに帰することができない事由**によって**債務の履行が不能**となったときは、その履行不能は**債権者の責めに帰すべき事由**によるものとみなされる（民法413条の2第2項）。

---

* **特定物**…当事者が物の個性に注目した物のこと。同じ種類の製品であるＡとＢであっても、「その物（Ａ）」がよいとする場合。

POINT 5 債務不履行に基づく損害賠償請求

債務者がその債務の本旨に従った履行をしないとき又は債務の行が不能であるときは、債権者は、これによって生じた**損害の賠償を請求することができる。**

ただし、履行不能とそれ以外の債務不履行を区別することなく、「契約その他の債務の発生原因及び取引上の社会通念に照らして」債務者に帰責事由がない場合は、**債務者は債務不履行に基づく損害賠償責任を負わない**（民法415条1項）。

損害賠償責任を負うには、債務者に帰責事由（責められるべき事由）が必要ということなんだ。

以上を前提に、①債務の**履行が不能**であるとき（民法415条2項1号）、②**債務者がその債務の履行を拒絶する意思を明確に表示**したとき（同項2号）、③債務が契約によって生じたものである場合において、その**契約が解除され**、又は債務の不履行による契約の**解除権が発生**したとき（同項3号）のいずれかの要件に該当するときには、債権者は債務の履行に代わる損害賠償請求をすることができる。

POINT 6 損害賠償の方法

損害賠償の方法について、別段の意思表示がないときは、**金銭**での**賠償**となる（民法417条）。

また、**金銭の給付を目的とする債務の不履行の損害賠償について、損害賠償の額**は、債務者が**遅滞の責任を負った最初の時点における法定利率**によって定める。ただし、**約定利率が法定利率を超えるときは、約定利率**による（民法419 条1項）。

「法定利率」は、法律で決められた利率（3%）で、「約定利率」は、当事者間で定める利率のことだよ。

そして、**金銭の給付を目的とする債務の不履行の損害賠償**について、**債権者は、損害の証明をすることを要しない**（同条2項）。さらに、**金銭の給付を目的とする債務の不履行の損害賠償**について、**債務者は、不可抗力をもって抗弁*とすることができない**（同条3項）。

「不可効力をもって抗弁とすることができない」というのは、金銭債務の不履行については、言い訳が許されないということだよ。

---

* **抗弁**（こうべん）…民事訴訟において、相手方の主張を単に否認するのではなく、相手方の主張の排除を求めて、相手方の主張するのとは別個の事項を主張すること。

POINT 7　損害賠償の範囲

　債務の不履行に対する損害賠償の範囲は、債務不履行によって**通常生ずべき損害**（通常人であれば誰でも予見できるような損害）の範囲となるのが原則である（民法416条1項）。

　しかし、**特別の事情によって生じた損害**であっても、**当事者がその事情を予見すべきであったとき**は、債権者は、その賠償を請求することができる（同条2項）。

> 特別損害に関する「当事者」というのは、債務者を意味するよ。また、その予見すべき時期の基準は、債務不履行時とされているんだ（大判大7.8.27）。また、不法行為による損害賠償についても、民法416条が類推適用されるよ（最判昭48.6.7）。

ここで動きまとめる！　損害賠償の範囲　〜債権者は賠償されるか？

①通常生ずべき損害　☞賠償される。
②当事者が予見すべき特別の事情による損害　☞賠償される。
③当事者が予見すべきではない特別の事情による損害　☞賠償されない。

POINT 8　履行の強制

　債務者が任意に債務の履行をしないとき、**債権者は**、民事執行法その他強制執行の手続に関する法令の規定に従い、**直接強制、代替執行、間接強制その他の方法による履行の強制を裁判所に請求することができる**（民法414条1項本文）。この**履行の強制は、債務不履行の事実があればよく、債務者の帰責事由は不要**だ。

　直接強制とは、債務の強制的な履行を実現させる強制執行のことで、金銭の給付（支払い）を目的とする強制執行において、債務者の財産を差押え・換価して債権者に配当する方法などがその例である。

　代替執行とは、国家機関が裁判所の決定によって指定された者が債務者に代わって債務を履行し、それに要した**費用を債務者に請求**する形で権利を実現するものだ。

　そして、**間接強制**とは、債務を履行しない債務者に対して、裁判所が**金銭の支払いを命じるなどの不利益**を課すことで、義務の履行を事実上強制する方法である。

　民法上、債権者にはこれらの強制方法が規定されているが、**債務の性質がこれを許さないときは、認められない**（同項但書）。また、債務の**履行強制を裁判所に請求できる場合でも、損害賠償請求をすることはできる**（同条2項）。

> 例えば、歌手がコンサートを行うという債務を負っていた場合、本人が拒否しているのに強制的に歌わせるようなこと（為す債務の直接強制）はできないんだ。

1 確定期限がある債権が履行遅滞に陥る時期は、期限到来の時である。

○　本問の記述のとおりである（民法412条1項）。

2 期限の定めがない債権が履行遅滞に陥る時期は、原則として、債務者が期限の到来を知った時である。

×　期限の定めがない債権が履行遅滞に陥る時期は、原則として、債務者が履行の請求を受けた時である（民法412条3項）。

3 雇用契約上の安全配慮義務違反を理由とする債務不履行に基づく損害賠償債務は、不確定期限のある債務である。

×　安全配慮義務違反を理由とする債務不履行に基づく損害賠償債務は、期限の定めのない債務である。よって、債務者は、履行の請求を受けた時から遅滞の責任を負う（最判昭55.12.18、民法412条3項）。

4 売主Aは、買主Bと絵画の売買契約を締結し、代金の支払期限を「Aの母の死亡日」とした。BはAの母の死亡を知らないまま2か月が徒過した場合、AはBに対して、2か月分の遅延損害金を請求することができる。

×　「人の死」はいつ到来するか不明だが、確実に到来するので不確定期限である。よって、債務者はその期限の到来した後に履行の請求を受けた時又はその期限の到来したことを知った時のいずれか早い時から遅滞の責任を負う（民法412条2項）。**Bは期限の到来を知らず、履行の請求も受けていないので履行遅滞とならない。**

5 期限の定めのない消費貸借に基づく返還請求権が履行遅滞に陥る時期は、債権者が催告後、相当期間が経過した時である。

○　本問の記述のとおりである（民法591条1項）。

6 債務の目的が特定物の引渡しである場合、債権者が目的物の引渡しを受けることを理由なく拒否したため、その後の履行の費用が増加したときは、その増加額について、債権者と債務者はそれぞれ半額ずつ負担しなければならない。

× 債権者が債務の履行を受けることを拒み、又は受けることができないことによって、その履行の費用が増加したときは、その増加額は、債権者の負担となる(民法413条2項)。

7 債務者がその債務について遅滞の責任を負っている間に当事者双方の責めに帰することができない事由によってその債務の履行が不能となったときは、その履行の不能は、債務者の責めに帰すべき事由によるものとみなされる。

○ 本問の記述のとおりである(民法413条の2第1項)。

8 特別の事情によって生じた損害につき、債務者が契約締結時においてその事情を予見できなかったとしても、債務不履行時までに予見すべきであったと認められるときは、債務者はこれを賠償しなければならない。

○ 特別の事情によって生じた損害であっても、当事者がその事情を予見すべきであったときは、債権者は、その賠償を請求することができる(民法416条2項)。

9 損害賠償の方法について、別段の意思表示がないときは、金銭での賠償となる。

○ 本問の記述のとおりである(民法417条)。

10 金銭の給付を目的とする債務の不履行の損害賠償について、債権者は、損害の証明を行わないと、損害賠償請求が認められない。

× 金銭の給付を目的とする債務の不履行の損害賠償について、債権者は、損害の証明をすることを要しない(民法419条2項)。

STEP 3 過去問にチャレンジ！

問題 1

特別区Ⅰ類（2021年度）

民法に規定する債務不履行に関する記述として、妥当なものはどれか。

1 債権者が債務の履行を受けることができない場合において、履行の提供があった時以後に当事者双方の責めに帰することができない事由によってその債務の履行が不能となったときは、その履行の不能は、債務者の責めに帰すべき事由によるものとみなす。

2 債務者が任意に債務の履行をしないときは、債権者は、民事執行法その他強制執行の手続に関する法令の規定に従い、直接強制、代替執行、間接強制その他の方法による履行の強制を裁判所に請求することができるが、債務の性質がこれを許さないときは、この限りでない。

3 債務者がその債務の本旨に従った履行をしないとき、債権者は、その債務の不履行が契約その他の債務の発生原因及び取引上の社会通念に照らして債務者の責めに帰することができない事由によるものであるときであっても、これによって生じた損害の賠償を請求することができる。

4 金銭の給付を目的とする債務の不履行の損害賠償については、債権者が損害の証明をすることを要し、その損害賠償の額は債務者が遅滞の責任を負った最初の時点における法定利率によって定める。

5 当事者は、債務の不履行について損害賠償の額を予定することができるが、当事者が金銭でないものを損害の賠償に充てるべき旨を予定することはできない。

➡解答・解説は別冊 P.002

問題 2

特別区Ⅰ類（2018年度）

民法に規定する債務不履行に関する記述として、妥当なものはどれか。

1 債務者は、債務の履行について確定期限があるときは、その期限の到来したことを知った時から遅滞の責任を負い、債務の履行について不確定期限があるときは、履行の請求を受けた時から遅滞の責任を負う。

2 当事者は、債務の不履行について損害賠償の額を予定することができるが、賠償額を予定した場合であっても、当然に履行の請求や解除権の行使をすること

ができる。

3 債権者は、債務者が金銭の給付を目的とする債務の履行をしないときは、これによって生じた損害の賠償を請求することができるが、当該損害賠償については、債権者が、その損害を証明しなければならない。

4 債務の不履行に対する損害賠償の請求は、通常生ずべき損害の賠償をさせることを目的としており、特別の事情により生じた損害で、当事者がその事情を予見したときであっても、債権者は、その賠償を請求することができない。

5 債務の不履行に関して債権者に過失があったときは、裁判所は、これを考慮して、損害賠償の額を軽減することができるが、債務者の賠償責任を否定することはできない。

→解答・解説は別冊P.003

問題3 特別区Ⅰ類（2015年度）

民法に規定する債務不履行に関する記述として、妥当なものはどれか。

1 債務の履行について確定期限があるときは、債務者は、その期限の到来した時から遅滞の責任を負うが、債務の履行について期限を定めなかったときは、履行の請求を受けたとしても、遅滞の責任を負うことはない。

2 債務の性質が強制履行を許さない場合において、その債務が作為を目的とするときは、債権者は、債務者の費用で第三者にこれをさせることを裁判所に請求できるので、この場合、債権者は、損害賠償を請求することはできない。

3 債権者が、損害賠償として、その債権の目的である物又は権利の価額の全部の支払を受けたときは、債務者は、その物又は権利について当然に債権者に代位する。

4 最高裁判所の判例では、硫黄鉱区の採掘権を有する者が、鉱石を採掘してこれを売り渡す売買契約において、契約の存続期間を通じて採掘する鉱石の全量を買主に売り渡す約定があったとしても、鉱石市況の悪化を理由として、買主が契約期間内に採掘した鉱石を引き取らないことは、信義則に反しないとした。

5 最高裁判所の判例では、売買契約の目的物である不動産の価格が、売主の所有権移転義務の履行不能後も騰貴を続けているという特別の事情があり、かつ、履行不能の際に売主がそのような特別の事情の存在を知っていたとしても、買

主は履行不能時の価格を基準として算定した損害額の賠償を請求すべきとした。

➡解答・解説は別冊P.003

➡解答・解説は別冊P.003

....

問題4

債務不履行に関する次のア～エの記述のうち、妥当なもののみを全て挙げているものはどれか（争いのあるときは、判例の見解による。）。

ア 安全配慮義務違反を理由とする債務不履行に基づく損害賠償債務は、損害が発生した時から遅滞に陥る。

イ 債務の履行について不確定期限があるときは、債務者は、その期限の到来した後に履行の請求を受けた時又はその期限の到来を知った時のいずれか早い時から遅滞の責任を負う。

ウ 善意の受益者の不当利得返還債務は、債権者に損失が生じた時から遅滞に陥る。

エ 返還時期の定めがない消費貸借契約において、貸主が相当期間を定めずに目的物の返還を催告したときは、借主は催告の時から相当期間を経過した後に遅滞の責任を負う。

1 ア、イ
2 ア、ウ
3 イ、ウ
4 イ、エ
5 ウ、エ

➡解答・解説は別冊P.004

➡解答・解説は別冊P.004

問題5   国家一般職（2021年度）

債務不履行の責任等に関する次の記述のうち、妥当なものはどれか。

1 債務の履行が不能である場合、債権者は、これによって生じた損害の賠償を請求することができるが、契約に基づく債務の履行がその契約の成立時に既に不能であったときは、そもそも債権が発生していないのであるから、その履行の不能によって生じた損害の賠償を請求することはできない。

2 債務者が任意に債務の履行をしない場合、債権者が民事執行法その他強制執行の手続に関する法令の規定に従い履行の強制を裁判所に請求することができるのは、その不履行が債務者の責めに帰すべき事由によって生じたときに限られる。

3 債務が契約によって生じたものである場合において、債権者が債務の履行に代わる損害賠償の請求をすることができるのは、債務の不履行による契約の解除権が発生したときではなく、実際にその解除権を行使したときである。

4 債権者が債務の履行を受けることができない場合において、その債務の目的が特定物の引渡しであるときは、債務者は、履行の提供をした時からその引渡しをするまで、自己の財産に対するのと同一の注意をもって、その物を保存すれば足り、注意義務が軽減される。

5 債務者が、その債務の履行が不能となったのと同一の原因により債務の目的物の代償である権利を取得したときは、債権者は、その受けた損害の額にかかわらず、債務者に対し、その権利の全部の移転を請求することができる。

➡解答・解説は別冊 P.004

SECTION

2 債務不履行②

STEP 1 要点を覚えよう！

POINT 1 中間利息控除

債務不履行に基づく損害賠償請求においては、**将来発生する損害も含めて、すべての損害をまとめて一時金で支払われる**ことが多い。将来受け取るべき金銭を前払いしてもらう場合には、**その金銭から将来にわたって発生するはずの利息分を差し引く**のが通常である。これを中間利息控除という。

「将来において取得すべき利益についての損害（逸失利益の賠償）」や「将来において負担すべき費用（介護費など）」において、**中間利息を控除するときは、「損害賠償の請求権が生じた時点における法定利率」によって計算**される（民法417条の2）。

POINT 2 過失相殺

債務の不履行又はこれによる損害の発生若しくは拡大に関して**債権者に過失があったとき**は、**裁判所は、これを考慮して、損害賠償の責任及びその額を定める**（民法418条）。「**定める**」と断定的に規定されているため、債権者に過失がある場合、**裁判所は必ずそれを考慮しなければならない**。また、裁判所は**債務者の責任そのものを免責することもできる**。

なお、**債権者の過失を裏付ける具体的事実**については、**債務者が立証責任を負う**（最判昭43.12.24）。

POINT 3 利息と遅延損害金

利息とは、金銭を借りる契約をしたときに、その使用料として支払う対価をいう。他方、**遅延損害金とは、債務不履行に対するペナルティとして支払うものであり、元本の弁済期以後に発生**するものである。

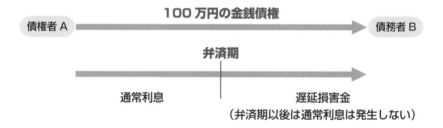

100 万円の金銭債権

債権者 A ⟶ 債務者 B

弁済期

通常利息　　　　　　　　　　　　遅延損害金
（弁済期以後は通常利息は発生しない）

◆利息と遅延損害金のまとめ

項目	利息	遅延損害金
発生の時期	元本債権の履行期まで	元本債権の履行期到来後
発生の有無	約定が必要（法定利息は不要）	当然に発生
利率	☞利息が生じた最初の時点の法定利率（年3分）。 ☞約定利率がある場合、それによる（利息制限法の制限内）。	☞金銭の給付を目的とする債務の不履行についての損害賠償額は、債務者が遅滞の責任を負った最初の時点における法定利率（年3分）。 ☞約定利率があり、法定利率より高い場合は、約定利率（利息制限法の制限内）。 ☞約定利率があり、法定利率より低い場合は、法定利率（年3分）。

（注）なお、金銭の給付を目的とする債務の不履行による損害賠償については、債権者は、損害の証明を要しない（民法419条2項）。また、債務者は不可抗力をもって抗弁とすることはできない（同条3項）。

POINT 4　損害賠償額の予定の意義と効果

　損害賠償額の予定とは、債務不履行の場合に債務者が賠償すべき額をあらかじめ当事者間の契約で定めておくことである（民法420条1項）。

ここで**ちき**める！ 「損害賠償額の予定」の効果

①債権者は、債務不履行の事実さえ証明すれば、予定賠償額を請求できる（大判大11.7.26）。
②特約のない限り、債務者は損害が発生しなかったとか、実損害が予定賠償額より少ないなどの主張はできない。
　☞債権者も、実損害が予定賠償額より多いと主張できない。
③賠償額の予定があっても、履行の請求や解除ができる（民法420条2項）。
④賠償額の予定があっても、裁判所がその額を増減することは可能。
⑤金銭でないものを損害の賠償に充てることもできる（民法421条）。

POINT 5　「損害賠償による代位」と「代償請求権」

　損害賠償による代位とは、債務者が損害賠償として債権の目的である物又は権利の価額の全部を支払った場合に、債権者に代わって、その物又は権利及びこれに代わるものを法律上当然に取得することができる制度である（民法422条）。
　また、代償請求権とは、債務が履行不能になった場合、それと同一の原因によって債務者が権利又は利益を得たとき、債権者が受けた損害の額の限度で、債務者に当該権利の移転又はその利益の償還を請求できる権利である（民法422条の2）。

1 将来において取得すべき利益についての損害賠償の額を定める場合において、その利益を取得すべき時までの利息相当額を控除するときは、その損害賠償の請求権が生じた時点における法定利率により行う。

〇 本問の記述のとおりである（民法417条の2第1項）。

・・・・・・・・・・・・・・・・・・・・・・・・・・・・・・・・・・

2 債務不履行に関して債権者に過失があったときでも、債務者から過失相殺する旨の主張がなければ、裁判所は、損害賠償の責任及びその額を定めるに当たり、債権者の過失を考慮することはできない。

× 債務不履行に関する過失相殺は、債務者の主張がなくても、裁判所は必ずそれを考慮しなければならず、裁判所は職権ですることができる（民法418条、最判昭43.12.24）。

・・・・・・・・・・・・・・・・・・・・・・・・・・・・・・・・・・

3 債務不履行に関して債権者に過失があり、裁判所が過失相殺を行う場合、裁判所は加害者の責任そのものを免責することまではできない。

× 債務不履行における過失相殺については、裁判所は加害者の責任そのものを免責できる（民法418条）。

・・・・・・・・・・・・・・・・・・・・・・・・・・・・・・・・・・

4 金銭の給付を目的とする債務の不履行に基づく損害賠償については、債務者は、不可抗力をもって抗弁とすることができない。

〇 本問の記述のとおりである（民法419条3項）。

・・・・・・・・・・・・・・・・・・・・・・・・・・・・・・・・・・

5 売主Aと買主Bとで絵画を100万円で売買する契約を締結し、絵画は契約当日に引き渡し、50万円を絵画と引換えに現金で、残金50万円の支払期限を「令和6年1月30日」と定めていたところ、Bは正当な理由なく残代金の支払いをしないまま2か月が徒過した。この場合、AはBに対して、2か月分の遅延損害金について損害の証明をしなくとも請求することができる。

〇 金銭の給付を目的とする債務の不履行による損害賠償については、債権者は、損害の証明をすることを要しない（民法419条2項）。よって、AはBに対して、2か月分の遅延損害金について損害の証明をしなくとも請求することが**できる**。

6 AB間の利息付金銭消費貸借契約において、利率に関する定めがない場合、借主Bが債務不履行に陥ったことによりAがBに対して請求することができる遅延損害金は、年3分の利率により算出する。

○ **遅延損害金について利率の定めがない場合**は、民法404条が適用され、**法定利率によるため、年3分**となる（民法404条2項）。

・・・

7 損害賠償額の予定とは、債務不履行の場合に債務者が賠償すべき額をあらかじめ当事者間の契約で定めておくことである。

○ **本問の記述のとおり**である（民法420条1項）。

・・・

8 損害賠償額の予定がある場合、債権者は、債務不履行の事実さえ証明すれば、予定賠償額を請求できる。

○ **本問の記述のとおり**である（大判大11.7.26）。

・・・

9 損害賠償額の予定がある場合においても、実際の損害額が予定より多いときには、債権者は賠償額の増加を主張できる。

× 損害賠償額の予定がある場合、**債権者は、実損害が予定賠償額より多いと主張できない**。

・・・

10 損害賠償額の予定がある場合、裁判所はその額の増減ができない。

× 損害賠償額の予定がある場合であっても、**裁判所はその額を増減することができる**。

・・・

11 債務が履行不能になった場合、それと同一の原因によって債務者が権利又は利益を得たときは、債権者は受けた損害の額の限度で、債務者に当該権利の移転又はその利益の償還を請求できる。

○ **本問の記述のとおり**である（民法422条の2）。これを**代償請求権**という。

STEP **3** 過去問にチャレンジ！

国家一般職（2022年度）

問題 1

債務不履行に基づく損害賠償に関するア〜エの記述のうち、妥当なもののみを全て挙げているのはどれか。

ア 売買契約における債務の不履行に対する損害賠償の請求は、その損害が特別の事情によって生じた場合には、当事者が契約締結時にその事情を予見していたときに限りすることができる。

イ 将来において取得すべき利益についての損害賠償の額を定める場合において、その利益を取得すべき時までの利息相当額を控除するときは、その損害賠償の請求権が生じた時点における法定利率により行う。

ウ 金銭の給付を目的とする債務の不履行に基づく損害賠償については、債務者は、不可抗力をもって抗弁とすることができない。

エ 売買契約の当事者は、債務の不履行について損害賠償の額を予定した場合であっても、解除権を行使することができる。

1 ア、ウ
2 イ、ウ
3 イ、エ
4 ア、イ、エ
5 イ、ウ、エ

➡解答・解説は別冊 P.005

問題2

債務不履行に関するア〜オの記述のうち、判例に照らし、妥当なもののみを全て
挙げているのはどれか。

ア 不法行為に基づいて発生した損害賠償債務は、債権者が債務者に対して催告を
しなくても、不法行為による損害の発生と同時に遅滞に陥る。

イ 量産されているスピーカーを街頭宣伝用に購入した後に、そのスピーカーに音
質不良などの欠陥があることが判明した場合には、買主は、そのスピーカーを
一旦受領している以上、特段の事情のない限り、売主に対して新たなスピーカー
の給付を請求することはできない。

ウ 金銭を目的とする債務の履行遅滞による損害賠償については、法律に別段の定
めがなくとも、債権者は、約定又は法定の利率以上の損害が生じたことを立証
すれば、その賠償を請求することができる。

エ AB間の鉱石の売買契約において、契約の存続期間を通じてAが採掘した鉱石
の全量をBが買い取るものと定められている場合、信義則上、Bには、Aがそ
の期間内に採掘した鉱石を引き取り、代金を支払うべき義務があるから、Bが
その引取りを拒絶することは債務不履行に当たる。

オ 売買契約の締結に先立ち、売主が、信義則上の説明義務に違反して、その契約
を締結するか否かに関する判断に影響を及ぼすべき情報を買主に提供しなかっ
た場合には、売主は、買主が当該契約を締結したことにより被った損害につき、
契約上の債務不履行による賠償責任を負う。

1 ア・ウ
2 ア・エ
3 ア・オ
4 イ・ウ
5 エ・オ

➡解答・解説は別冊P.006

問題3

債務不履行による損害賠償に関する次の記述のうち、妥当なものはどれか。ただし、争いのあるものは判例の見解による。

1 損害が債務者の帰責事由だけではなく、債権者の過失も原因となって発生した場合には、発生した損害の全てを債務者に負担させることは公平に反するため、裁判所は、債権者の過失に応じて損害賠償額を減額することができるが、債務者の責任全てを免れさせることはできない。

2 債務不履行による損害賠償の方法には、金銭賠償と原状回復とがある。金銭賠償とは金銭を支払うことによって損害が発生しなかった状態を回復するものであり、原状回復とは債務者が自ら又は他人をして現実に損害を回復するものであり、損害賠償の方法としては、金銭賠償が原則である。

3 債務者が、その債務の履行が不能となったのと同一の原因により債務の目的物の代償である利益を取得した場合には、その利益を債務者に享受させることは公平に反するため、債権者は、その受けた損害の額の限度を超えても、債務者に対し、その利益全ての償還を請求することができる。

4 債権者と債務者との間であらかじめ違約金を定めておいた場合には、その違約金は原則として債務不履行に対する制裁であるため、債務者は、債権者に対し、現実に発生した損害賠償額に加えて違約金を支払わなければならない。

5 債務不履行により債権者が損害を被った場合には、債務不履行による損害賠償の範囲は、債務不履行がなければ生じなかった損害全てに及び、特別な事情による損害も、通常生ずべき損害と同様に、損害賠償の対象となる。

➡解答・解説は別冊P.006

問題 4 国家専門職（2019年度）

債務不履行に関するア～エの記述のうち、妥当なもののみを全て挙げているのはどれか。

ア 債権者は、債務者に対して、債務不履行によって生じた損害の賠償を請求することができるが、ここにいう「損害」には、債務不履行がなければ得られたであろう利益は含まれないと一般に解されている。

イ 債務者が、自己の責めに帰すべき事由によって履行遅滞に陥った後、自己の責めに帰することができない事由によって履行不能が生じた場合、債務者は、その履行不能から生じた損害について賠償責任を負わないとするのが判例である。

ウ 履行不能が生じたのと同一の原因によって、債務者が履行の目的物の代償と考えられる利益を取得した場合には、公平の観念に基づき、債権者は、債務者に対し、履行不能により債権者が被った損害の限度において、その利益の償還を請求する権利が認められるとするのが判例である。

エ 安全配慮義務は、ある法律関係に基づいて特別な社会的接触の関係に入った当事者間において、当該法律関係の付随義務として当事者の一方又は双方が相手方に対して信義則上負う義務として、一般的に認められるべきものであり、安全配慮義務違反による損害賠償請求権が認められるとするのが判例である。

1 ア・イ
2 ア・ウ
3 イ・エ
4 ウ・エ
5 イ・ウ・エ

➡解答・解説は別冊 P.007

3 債権者代位権

STEP 1 要点を覚えよう！

POINT 1 債権者代位権の要件

　債権者代位権とは、**債権者が自分の債権を保全**するため、**債務者に属する権利を行使することができる権利**をいう（民法423条1項本文）。債権者代位権が認められるためには、以下の要件が必要となる。

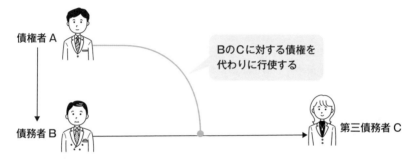

BのCに対する債権を
代わりに行使する

債権者 A

債務者 B　　　　　　　　　　　　　　　　　　　　　第三債務者 C

◆**債権者代位権の要件（民法 423 条）**

①債権者が「**自己の債権を保全**」する必要があること
　☞債権者が債務者の権利を行使しなければ、自己の債権について完全な満足を受けられないおそれがあること（**債務者の無資力**）が必要。
　☞ただし、金銭債権以外を被担保債権とする場合には、無資力要件は**不要**。
　☞被保全債権は**代位権行使時に存在**していればよく、代位の目的である債権より前に成立している必要は**ない**（最判昭33.7.15）。
②債務者が自らその権利を行使しないこと
③債権が原則として**弁済期**に達していること（民法423条2項）
　☞ただし**保存行為**を行う場合は、弁済期到来前でも代位権を行使できる。

　上記①について、債権者代位権はあくまでも「自己の債権を保全」するためのものであり、債務者に資力がある場合、代位しようとする債権者が債務者の権利を行使しないでも自己の債権の満足を得られる。そこで、債務者が**無資力**であることが必要となる。
　ただし、**登記請求権**のように金銭債権「**以外**」の特定債権*を保全する場合、**債務者の無資力要件は不要**となる。登記請求権の例ならば、登記を移してくれればよいので、債務者の資力は関係がないからである。

＊　**特定債権**…特定の給付を請求する債権であり、登記請求権のように物の引渡しを目的としないもの。

POINT 2　代位行使ができる権利とできない権利

　債権者代位権について、試験では具体的なケースにおいて、債権者代位権を行使できるか否かが問われる。そこで、主な代位行使ができる権利とできない権利をまとめるので、赤字部分を中心に覚えておこう。

◆代位行使できる権利

　①具体的金額が確定した名誉棄損による慰謝料請求権（最判昭58.10.6）
　②権利内容が具体化した財産分与請求権（最判昭55.7.11）
　③登記請求権（民法423条の7）
　④買戻権*
　⑤解除権（大判大8.2.8）
　⑥消滅時効の援用権（最判昭43.9.26）
　⑦債権者代位権（最判昭39.4.17）
　⑧AがBに対する債権をCに、CがそれをDに譲渡し、いずれもBへの通知をしていないときの、CのAに対する通知請求権（大判大8.6.26）
　⑨不動産賃借人による、賃借不動産の不法占拠者に対する賃貸人の所有権に基づく妨害排除請求権（大判昭4.12.16）。

　上記①の「慰謝料請求権」とは、不法行為について、精神的苦痛（損害）に対する損害賠償請求権のことである。これはその具体的金額が確定しないと代位行為できないとされている。
　また、上記②の「財産分与請求権」とは、離婚など婚姻を解消した場合に夫婦間で財産を分ける際の請求権のことである。

◆代位行使できない権利

　①親権、婚姻・離婚・縁組の取消権、夫婦間の契約取消権（民法423条1項但書）
　②建物賃借人が建物賃貸人に対して有する建物買取請求権（最判昭38.4.23）
　③行使上の一身専属権
　④強制執行により実現することのできない債権（民法423条3項）

　上記①のように、身分行為と呼ばれる権利は、原則として代位行使できない。例えば、婚姻をする権利を他人が代位行使するのはおかしい。ただし、「財産分与請求権」については、権利内容が具体化すれば代位行使できる。
　また、上記③の「行使上の一身専属権」とは、行使するか否かを本人の意思に委ねるべき権利のことである。一般的に慰謝料請求権もこれに含まれると解されているが、具体的金額が確定したものであれば、金銭債権と同視して代位行使できると解されている。

＊　**買戻権**（かいもどしけん）…売買契約の際に特約をして、売主が将来目的物を買い戻すことのできる権利のこと（民法579条）。

POINT 3 債権者代位権の行使方法

債権者代位権は、**裁判外でも裁判上でも行使できる**。なお、**代位権の行使は、債権者が自己の名において債務者の権利を行使**するのであって、債務者の「代理人」として行使するのではない。

債務者がすでに自ら権利を行使している場合には、その**行使の方法が不適切であっても、債権者代位権を行使できない**（最判昭28.12.14）。

また、**代位権行使の相手方（第三債務者等）は、債務者に対して有する全ての抗弁（同時履行の抗弁権など）を代位債権者に対して主張できる**（民法423条の4）。

第三債務者としては、債権者代位権を行使されたからといって、もともとの債権者に主張できた抗弁を主張できなくなるいわれはないんだ。

債権者代位権の行使として、**相手方から金銭の支払及び動産の引渡しを求める**場合、債権者は「債務者に引き渡せ」と請求できるが、さらに、**直接自己への引渡しも請求できる**（民法423条の3前段）。ただし、**登記に関しては、直接自己名義に移転するよう請求することはできない**。

なお、その支払いや引渡しが代位債権者にされたときは、債務者の権利（被代位債権）は消滅する（民法423条の3後段）。

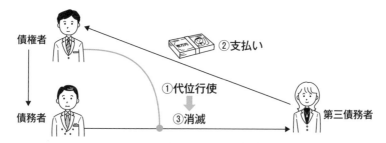

なお、**債権者が被代位権利を行使**した場合であっても、**「債務者」はその権利について取立てその他の処分をすることができ**、その相手方である第三債務者も債務者に対して履行を請求することを妨げられない（民法423条の5）。

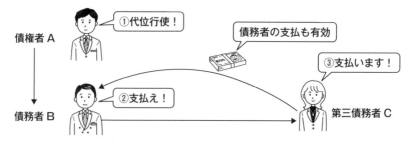

POINT 4 債権者代位権の範囲

　債権者代位権の行使は、**債権保全に必要な範囲内**に限定される。例えば、**債務者の有する金銭債権の額が被保全債権を上回っている場合**でも、**債権者は被保全債権の範囲内でのみ**代位行使することができる（民法423条の2、最判昭44.6.24）。

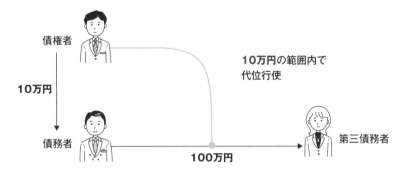

POINT 5 債権者代位権の効果

　代位行使の効果は直接債務者に帰属し、総債権者の共同担保となる。ただし、代位権を行使した債権者に**優先弁済権はなく、他の債権者と平等に分配**を受ける。

　また例えば、債権者Ａが、債務者Ｂの第三債務者Ｃに対する金銭債権を代位行使した場合、債務者Ｂの第三債務者Ｃに対する債権について**時効の完成猶予の効力が生じる**（大判昭15.3.15）。

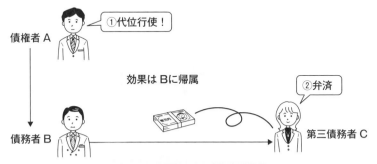

POINT 6 債権者代位訴訟に関する債務者への訴訟告知制度

　債務者の手続保障を図るため、債権者は、債権者代位に係る訴えを提起したときは、遅滞なく、債務者に対し、訴訟告知をしなければならない（民法423条の6）。

1 債権者代位における債権者は、債務者の代理人として債務者に属する権利を行使することができるが、自己の名においてその権利を行使することはできない。

× **代位権の行使は、債権者が自己の名において債務者の権利を行使する**のであって、債務者の代理人として行使する**のではない。**

2 債権者が、特定物に関する債権を保全するため代位権を行使するためには、金銭債権を保全するために代位権を行使する場合と同様に、債務者が無資力であることが必要である。

× **金銭債権以外を被担保債権とする場合には、債務者の無資力要件は不要**である。

3 判例は、債権者が債務者に対する金銭債権に基づいて債務者の第三債務者に対する金銭債権を代位行使する場合においては、債権者は自己の債権額の範囲においてのみ債務者の債権を行使しうるとした。

〇 **本問の記述のとおりである（民法423条の2、最判昭44.6.24）。

4 債権者が債権者代位権の行使によって債務者の第三債務者に対する金銭債権を行使する場合、債務者への金銭の引渡しを求めることはもちろん、債権者自身への直接の引渡しを求めることも認められる。

〇 **動産と金銭については、債権者は、債務者に引き渡せと請求でき、さらに、**直接自己への引渡しも請求できる**（民法423条の3前段）。

5 債権者代位権は、裁判上でのみ行使することができ、裁判外で行使できない。

× **債権者代位権は、裁判外でも、裁判上でも行使できる。**

6 債務者がすでに自ら権利を行使している場合であっても、その行使の方法が不適切であって、債権の保全が図られないときは、債権者は債権者代位権を行使できる。

× **債務者がすでに自ら権利を行使している場合には、その行使の方法が不適切であっても、債権者代位権を行使できない**（最判昭28.12.14）。

7 第三債務者は、債務者に対して有する抗弁を、代位行使する債権者に対しては抗弁として主張することができない。

× **第三債務者は**、債務者に対して有する**全ての抗弁を代位債権者に主張できる**（民法423条の4）。

---

8 未登記の権利の登記などの保存行為については、被保全債権の弁済期がまだ到来していなくても、裁判所の許可を受けることで代位権を行使できる。

× **保存行為は**、債務者の利益になる行為であるから、債権者の債権の**弁済期到来前であっても代位行使ができ、それについて裁判所の許可を受ける必要もない**（民法423条2項但書）。

---

9 債権者代位権の行使の対象となるものは、代金請求権、損害賠償請求権等の請求権であり、物権的請求権である登記請求権や買戻権、解除権のいわゆる形成権は含まれない。

× **登記請求権**（民法423条の7）、**買戻権、解除権**（大判大8.2.8）についても**代位行使が認められている**。なお、「形成権」とは、権利者の一方的な意思表示によって、一定の法律関係を発生させたり、消滅させたりする権利のことである。

---

10 離婚による財産分与請求権は、協議、審判等によって具体的内容が決まるまでは内容が不確定であるから、離婚した配偶者は、自己の財産分与請求権を保全するために、他方配偶者の有する権利を代位行使することはできない。

〇 **本問の記述のとおり**である（最判昭55.7.11）。

---

11 債権者が、被代位権利を行使した場合であっても、債務者の相手方は、被代位権利について、債務者に対して履行をすることを妨げられない。

〇 **本問の記述のとおり**である（民法423条の5）。

過去問にチャレンジ！

問題 1   特別区 I 類（2021 年度）

民法に規定する債権者代位権に関する A ～ D の記述のうち、妥当なものを選んだ組み合わせはどれか。

A 債権者は、その債権が強制執行により実現することのできないものであるときは、被代位権利を行使することができない。

B 債権者は、その債権の期限が到来しない間は、保存行為であっても、裁判上の代位によらなければ被代位権利を行使することができない。

C 債権者は、被代位権利を行使する場合において、被代位権利が金銭の支払を目的とするものであるときは、相手方に対し、金銭の支払を自己に対してすることを求めることができない。

D 債権者が被代位権利を行使した場合であっても、債務者は、被代位権利について、自ら取立てその他の処分をすることを妨げられず、この場合においては、相手方も、被代位権利について、債務者に対して履行をすることを妨げられない。

1 A、B
2 A、C
3 A、D
4 B、C
5 B、D

➡解答・解説は別冊 P.008

問題 2 裁判所職員（2018 年度）

債権者代位に関する記述として最も妥当なものはどれか（争いのあるときは、判例の見解による。）。

1 Aが甲建物の所有者Bから、甲建物を賃借しているとき、Bが無資力でなければ、甲建物の不法占有者であるCに対し、Bを代位して甲建物の所有権に基づく返還請求権を行使することができない。

2 Aが甲建物の所有者Bから、甲建物を賃借しているとき、甲建物の不法占有者であるCに対し、Bを代位して甲建物の所有権に基づく返還請求権を行使する場合、AはCに対して直接Aに甲建物を明け渡すよう求めることはできない。

3 Aが、Bに対する貸金債権を被保全債権として、Bを代位して、BのCに対する売買代金債権の履行を請求した場合、CはBC間の売買がCの錯誤取消しにより無効であることをもって、Aの請求を拒むことはできない。

4 Aが、Bに対する貸金債権（甲債権）を被保全債権として、Bを代位して、BのCに対する売買代金債権（乙債権）を行使する場合、甲債権の額が乙債権の額を下回るときには、Aは甲債権の額を超えて、乙債権を行使することはできない。

5 AがBに対する貸金債権（甲債権）を有し、CもBに対する貸金債権（乙債権）を有している場合、Bが無資力であり、かつ、乙債権の消滅時効が完成しているときであっても、AはBに代位して、Cに対し、乙債権の消滅時効を援用することはできない。

➡解答・解説は別冊 P.008

問題 3
国家一般職（2021年度）

債権者代位権に関するア〜オの記述のうち、妥当なもののみを全て挙げているのはどれか。

ア 債権者は、その債権の期限が到来しない間であっても、裁判上の代位によれば、債務者に属する権利を行使することができる。

イ 債権者は、債務者に属する権利を行使する場合において、その権利の目的が可分であるときは、自己の債権の額の限度においてのみ、その権利を代位行使することができる。

ウ 債権者は、債務者に属する権利を行使する場合において、その権利が金銭の支払を目的とするものであるときは、相手方に対し、その支払を債務者に対してすることを求めることはできるが、自己に対してすることを求めることはできない。

エ 債権者が債務者に属する権利を行使した場合であっても、債務者は、その権利について、自ら取立てをすることができる。

オ 登記をしなければ権利の得喪及び変更を第三者に対抗することができない財産を譲り受けた者は、その譲渡人が第三者に対して有する登記手続をすべきことを請求する権利を行使しないときであっても、その第三者の同意を得れば、その権利を行使することができる。

1　ア、イ
2　ア、オ
3　イ、エ
4　ウ、エ
5　ウ、オ

➡解答・解説は別冊 P.009

問題 4

債権者代位権に関するア〜オの記述のうち、妥当なもののみを全て挙げているのはどれか。

ア 債権者は、債権者代位権を、債務者の代理人として行使するのではなく自己の名において行使することができるが、相手方は、債務者に対して主張することができる抗弁をもって、債権者に対抗することができる。

イ 名誉を侵害されたことを理由とする被害者の加害者に対する慰謝料請求権は、被害者が当該請求権を行使する意思を表示しただけでその具体的な金額が当事者間で客観的に確定しない間は、被害者の債権者がこれを債権者代位の目的とすることはできないが、具体的な金額の慰謝料請求権が当事者間において客観的に確定したときは、債権者代位の目的とすることができるとするのが判例である。

ウ 債権者代位権は裁判外において行使することはできず、裁判所に被代位権利の行使に係る訴えを提起しなければならないが、訴えを提起した債権者は、遅滞なく債務者に対し訴訟告知をしなければならない。

エ 債権者が債権者代位権を行使した場合において、債務者が債権者の権利行使につき通知を受けたとき又はこれを知ったときは、債務者は、被代位権利について、自ら取立てその他の処分をすることができない。

オ 債権者は、債権者代位権を行使する場合において、被代位権利が金銭の支払又は不動産の明渡しを目的とするものであるときは、相手方に対し、その支払又は明渡しを自己に対してすることを求めることができる。

1 ア、イ
2 ア、エ
3 イ、ウ
4 ウ、オ
5 エ、オ

➡解答・解説は別冊 P.010

SECTION

4 詐害行為取消権

STEP 1 要点を覚えよう！

POINT 1 詐害行為取消権の要件

詐害行為取消権とは、債務者が行った詐害行為を取り消すよう裁判所に請求できる権利である（民法424条1項本文）。詐害行為とは、債務者が不当に財産を処分することで、債権者の債権が満足できなくなるようにする行為と考えてよい。詐害行為取消権の要件をまとめると、以下のようになる。

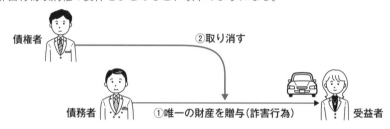

債権者 ②取り消す

債務者 ①唯一の財産を贈与（詐害行為） 受益者

◆詐害行為取消権の要件

【債権者側の要件】（民法424条等）
①被保全債権が金銭債権であること。
　☞ただし、**特定物債権**であっても、**損害賠償債権に変わる場合**は、詐害行為取消権を**行使しうる**（最判昭36.7.19）。
②被保全債権が強制執行により実現することのできない債権ではないこと。
③被保全債権が詐害行為の前の原因に基づいて生じたものであること。

次ページにあるように、債務者は処分行為等が債権者を害することを知っている必要があるから、被保全債権は詐害行為前のものが対象となる。この点に関して、以下の判例等があるよ。

・債務者から第三者への不動産譲渡契約後、**所有権移転登記前**に成立した債権では、取消権を**取得できない**（最判昭55.1.24）。
・詐害行為前に成立していた債権について、詐害行為**後**に遅延損害金を**取得**した場合、遅延損害金債権を被保全債権として取消権を**行使できる**。
・詐害行為前に成立した債権が譲渡された場合、債権の譲受人は取消権を**行使できる**（大判大12.7.10）。
・詐害行為前に発生した債権であれば、詐害行為当時に履行期が未到来でも、取消権を**行使できる**（最判昭46.9.21）。

【債務者側の要件】
①債務者が詐害行為時及び詐害行為取消権を行使する時点の双方で無資力であること（大判大15.11.13）。
②債務者の行為が「債権者を害することを知って」なされたこと（民法424条1項本文）。

【受益者・転得者側の要件】
①受益者が詐害行為について悪意であること（同項但書）。
②転得者が転得の当時、詐害行為について悪意であること（民法424条の5）。
☞「受益者」が善意である場合、「転得者」が悪意でも行使できない。

債務者が処分行為時に無資力でなければ、それは詐害行為とはならないし、取消権の行使時に無資力でなければ、債権者は債権の満足を得ることができるよ。

POINT 2　詐害行為取消権の行使方法

詐害行為取消権は、裁判所に請求して行う。裁判上で行使する以上、反訴*はできるが、抗弁として行使することはできない（最判昭39.6.12）。

そして、詐害行為取消権を行使する場合、対象行為の取消しだけでなく、その行為によって移転した財産を債務者に返還するように請求することができ、それが困難であるときは、債務者にその価額の返還をするように請求することができる（民法424条の6）。

さらに、動産や金銭の返還を請求する場合、債権者は直接自己への引渡請求をすることができる。そして、債権者に対して金銭の支払等をしたときは、その支払等をした受益者又は転得者は、「債務者」に対して、重ねてその支払又は引渡しをすることを要しない（民法424条の9）。

また、不動産の返還を請求するときには、債権者は「登記を自己に移転」することを請求できない（最判昭53.10.5）。

なお、詐害行為を取り消す範囲については、以下のとおりである。

◆詐害行為を取り消す範囲

目的物が可分		原則として、取消権者が損害を受ける限度でのみ取消しを認める（民法424条の8、大判大9.12.24）。
目的物が不可分	原則	債権額を超えて全部につき取り消し、現物返還を請求できる（最判昭30.10.11）。
	例外	抵当権登記の抹消により現物返還が不利になる場合は、価額賠償のみ可能（自己の債権の額が限度となる。最判昭63.7.19）。

---

*　反訴(はんそ)…　民事訴訟の被告が、同じ裁判の中で、原告を相手方として新たに提起する訴えのこと。関連する紛争を1つの裁判手続で解決できる。

POINT 3 　詐害行為取消訴訟の被告等

　詐害行為取消権は**裁判上**請求する必要があり、**被告適格を有する者（被告となる者）は、受益者又は転得者**とし（民法424条の7第1項）、**詐害行為取消請求を認容する確定判決の効力**は、**被告だけではなく、債務者及びそのすべての債権者にも及ぶ**（民法425条）。

　よって、確定判決の効力が及ぶ債務者にも審理に参加する機会を保障するため、**債権者は、訴えを提起**したときは、遅滞なく**債務者に対し、訴訟告知をしなければならない**（民法424条の7第2項）。

　訴訟告知とは、訴訟係属中（裁判で取り扱われ中であること）に、当事者がその趣旨を第三者に対して通知することをいい（民事訴訟法53条）、関係者に訴訟係属を知らせて、訴訟に参加する機会を与えるものである。

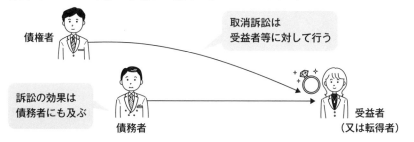

POINT 4 　詐害行為取消権の期間制限

　詐害行為取消請求に係る訴えは、①債務者が債権者を害することを知って行為をしたことを**債権者が知った時から2年**、②債務者の**行為時から10年**という期間制限が設けられている（民法426条）。

POINT 5 　相当の対価を得てした財産の処分行為の特則

　債務者が財産を処分する行為をした場合において、**受益者から相当の対価を取得**しているときは、債務者が無資力とはならないので、詐害行為取消請求はできないように思える。しかし、この場合であっても次に掲げる**3つの要件のすべてを満たす場合、詐害行為取消請求をすることができる**（民法424条の2）。

◆相当の対価を得てした財産の処分行為の特則の要件

①債務者の行為が、不動産の金銭への換価その他の当該処分による財産の種類の変更により、債務者において隠匿、無償の供与その他の債権者を害することとなる処分（隠匿等の処分）をするおそれを現に生じさせるものであること。
②債務者が、その行為の当時、対価として取得した金銭その他の財産について、隠匿等の処分をする意思を有していたこと。
③受益者が、その行為の当時、債務者が隠匿等の処分をする意思を有していたことを知っていたこと。

POINT 6 債権者代位権と詐害行為取消権の比較

　「債権者代位権」と「詐害行為取消権」は、ともに債権保全のため債務者の権利行使にかかわっていく点で似ているが、異なる部分がある。試験では、これら2つの権利の異同が問われるため、両者の権利をまとめておく。

◆ 「債権者代位権」と「詐害行為取消権」の比較（原則）

項目	債権者代位権	詐害行為取消権
要件	①債務者の無資力 　☞ただし、転用事例*では不要 ②債権の保全の必要性 ③被保全債権が**弁済期**にあること ④代位行使されうる権利であること ⑤債務者が**自らその権利を行使しないこと**	①債務者の無資力 ②被保全債権が**詐害行為前に成立したこと** ③財産権を目的とした法律行為 ④詐害行為を行った者に**詐害の意思があること**
被保全債権の種類	原則：金銭債権 例外：特定物債権	原則：金銭債権 例外：特定物債権も金銭債権に変じうる限り可能
債務者の無資力要件	被保全債権が ・金銭債権の場合は**必要** ・金銭債権以外の場合は**不要**	常に必要
被保全債権の履行期の到来	原則：**必要** 例外：保存行為の場合は不要	不要（大判大9.12.27）
行使方法	・裁判外でも行使可能 ・直接自己への給付請求は、動産と金銭は可能 　登記請求はできない	・常に裁判上の行使が必要 ・直接自己への給付請求は、動産と金銭は可能 　登記請求はできない（最判昭53.10.5）
期間制限	なし	①詐害行為を債権者が知った時から**2年** ②行為時から**10年**
訴訟においての被告	第三債務者	受益者又は転得者

　上の比較については、2つの権利の学習後に赤字部分を中心に押さえておこう！

---

*　（債権者代位権の）**転用事例**… 債務者が無資力であるかどうかにかかわらず、金銭「以外」の債権保全のために代位権行使を認める事例のこと。

1 詐害行為取消権を有する債権者は、金銭の給付を目的とする債権を有する者でなければならず、特定物引渡請求権の債権者は、その目的物を債務者が処分することにより無資力となったとしても、この処分行為を詐害行為として取り消すことができない。

× **特定物債権**であっても、当該債務者の行為により取消権者の債権が債務者の一般財産から金銭で満足を受けることができなくなる場合には、**金銭債権たる損害賠償債権保全のために詐害行為取消権を行使しうる**（最大判昭36.7.19）。

2 債務者が財産を処分した時点で無資力であっても、詐害行為取消権を行使する時点で債務者の資力が回復した場合には、当該処分行為に対する詐害行為取消権の行使は認められない。

○ 債務者が資産状態の回復により弁済が可能になれば、そのまま弁済してもらえばよく、あえて訴えを提起して詐害行為取消権を行使する**必要はない**（大判大15.11.13）。

3 不動産の引渡請求権者が債務者による目的不動産の処分行為を詐害行為として取り消す場合には、直接自己に当該不動産の所有権移転登記を求めることができる。

× **不動産の返還を請求するときには、登記を自己に移転することを請求できない**（最判昭53.10.5）。

4 債権者の債権について詐害行為の当時に履行期限が到来していない場合には、詐害行為取消権を行使することができない。

× **詐害行為前に発生した債権であれば、詐害行為当時履行期が未到来でもよい**（最判昭46.9.21）。

5 債務者が行った不動産の売却は、その売却価格が相当であって、債務者の総財産の減少をもたらすものでなければ、詐害行為となることはない。

× 不動産を相当な対価を得て処分する行為は、原則として詐害行為とならないが、取得した金銭その他の財産について、隠匿や無償の供与などをするおそれがあり、また債

務者がその意思を持っているなどの**要件を満たした場合には詐害行為となる**（民法424条の2）。

---

6 債務者が贈与した目的物が不可分のものであり、その価額が被保全債権を超過する場合には、債権者は当該贈与の全部については詐害行為として取り消すことはできない。

× **目的物が不可分**である場合、**債権額を超えて全部につき取り消し、現物返還を請求できる**（最判昭30.10.11）。

---

7 詐害行為の目的物が金銭である場合、取消債権者は、受益者に対して金銭を直接自己に引き渡すことを請求することができる。

○ **本問の記述のとおり**である（民法424条の9）。

---

8 被保全債権の債務者から当該債権の目的物である不動産の贈与を受けた第三者（受益者）が、当該贈与が詐害行為に当たることについて善意である場合において、受益者が当該詐害行為について悪意である者（転得者）に当該不動産を売却したときは、債権者は詐害行為取消請求をすることができる。

× **転得者**に詐害行為取消権を行使する場合、**債権者が受益者に対して詐害行為取消請求をすることができる場合であることが要件**となる。よって受益者が善意である場合は、転得者に対して取消権の行使はできない（民法424条の5）。

---

9 詐害行為が成立するためには、債務者がその行為により債権者を害することを知っている必要はない。

× **詐害行為が成立するためには、債務者において、その行為が「債権者を害することを知って」**なされたことを要する（民法424条1項本文）。

---

10 詐害行為取消権は、通常の債権と同様、10年で時効により消滅する。

× ①債務者が債権者を害することを知って行為をしたことを**債権者が知った**時から**2年**、②**行為の時**から**10年**という期間制限がある（民法426条）。

問題1 　　　　　　　　　　　　　　　　　　　　　　　裁判所職員（2016年度）

詐害行為取消権に関する次のア～オの記述のうち、適当なもののみを全て挙げて
いるものはどれか（争いのあるときは、判例の見解による。）。

ア　詐害行為取消権は、訴えによって行使しなければならないから、反訴で行使す
　　ることはできるが、抗弁によって行使することはできない。

イ　詐害行為取消権を行使しようとする債権者の債務者に対する債権は、詐害行為
　　の時点までに発生していることを要し、取消権行使の時点で弁済期が到来して
　　いる必要がある。

ウ　詐害行為取消権を行使しようとする債権者は、受益者のほかに、債務者をも被
　　告として訴えを提起する必要がある。

エ　詐害行為取消権を行使して債務者の受益者に対する弁済を取り消そうとする債
　　権者は、受益者に対し、自己に対して直接金銭を支払うよう請求することがで
　　きる。

オ　債権者は、不動産の引渡債権を保全するために詐害行為取消権を行使すること
　　ができ、債務者・受益者間の不動産売買契約を取り消した上、所有権移転登記
　　を備えていた受益者に対し、自己に対する所有権移転登記を求めることができる。

1　ア・イ
2　ア・エ
3　イ・ウ
4　ウ・オ
5　エ・オ

➡解答・解説は別冊P.011

問題 2

詐害行為取消権に関するア〜オの記述のうち、妥当なもののみを全て挙げているのはどれか。

ア 債権者は、その債権が詐害行為の前の原因に基づいて生じたものである場合に限り、詐害行為取消請求をすることができる。

イ 債務者が、その有する財産を処分する行為をした場合には、受益者から相当の対価を取得しているときであっても、その財産を隠匿する意思があったと直ちにみなされるため、債権者は、その行為について詐害行為取消請求をすることができる。

ウ 債権者は、受益者に対する詐害行為取消請求において財産の返還を請求する場合であって、その返還の請求が金銭の支払又は動産の引渡しを求めるものであるときは、受益者に対して、その支払又は引渡しを自己に対してすることを求めることはできない。

エ 詐害行為取消請求を認容する確定判決は、債務者及びその全ての債権者に対してもその効力を有する。

オ 詐害行為取消請求に係る訴えは、債務者が債権者を害することを知って行為をした時から1年を経過したときは、提起することができない。

1 ア・イ
2 ア・エ
3 イ・オ
4 ウ・エ
5 ウ・オ

→解答・解説は別冊 P.011

問題3   国家専門職 (2021 年度)

詐害行為取消権に関するア～オの記述のうち、妥当なもののみを全て挙げているのはどれか。

ア 債権者は、その債権が強制執行により実現することのできないものであるときは、詐害行為取消請求をすることができない。

イ 詐害行為取消請求に係る訴えは、債務者が債権者を害することを知って行為をしたことを債権者が知った時から1年を経過したときは提起することができず、その行為の時から20年を経過したときも同様である。

ウ 詐害行為取消請求を認容する確定判決は、債務者及びその全ての債権者に対してもその効力を有する。

エ 詐害行為取消請求に係る訴えは、受益者又は転得者を被告として提起しなければならないが、その際、債務者に対して訴訟告知をする必要はない。

オ 債権者は、詐害行為取消請求をする場合において、債務者がした行為の目的が可分であるときであっても、総債権者のために、自己の債権の額の限度を超えて、その行為の取消しを請求することができる。

1　ア、イ
2　ア、ウ
3　イ、エ
4　ウ、オ
5　エ、オ

➡解答・解説は別冊 P.012

問題 4

債権者代位権及び詐害行為取消権に関する次のア～オの記述のうち、妥当なもの
のみを全て挙げているものはどれか（争いのあるときは、判例の見解による。）。

ア 債権者代位権は、債務者の責任財産の保全のためのものであるから、被保全債
　 権が300万円の金銭債権、被代位権利が500万円の金銭債権である場合、債権者
　 は被代位権利全額について代位をした上で、これを債務者に返還することがで
　 きる。

イ 債権者代位権は、自己の債権を保全する必要性がある場合に認められるもので
　 あるから、債権者代位権を行使するためには、常に債務者が無資力であること
　 が必要である。

ウ 被代位権利が不法行為に基づく慰謝料請求権である場合は、具体的な金額の請
　 求権が当事者間で客観的に確定する前の段階では、代位行使の対象とならない。

エ 詐害行為取消権は、債務者の責任財産の保全のためのものであるから、取消債
　 権者は、受益者から返還を受ける物が動産である場合、直接自己への引渡しを
　 請求することはできず、債務者への返還を請求することができるにとどまる。

オ 詐害行為となる債務者の行為の目的物が、不可分な一棟の建物であり、その価
　 額が債権者の被保全債権額を超える場合において、債権者は、詐害行為の全部
　 を取り消すことができる。

1 ア、イ
2 ア、エ
3 イ、ウ
4 ウ、オ
5 エ、オ

➡解答・解説は別冊P.013

裁判所職員（2019 年度）

債権者代位権及び詐害行為取消権に関する次のア〜エの記述の正誤の組み合わせとして最も妥当なものはどれか（争いのあるときは、判例の見解による。）。

ア　取消債権者が債務者に対して有すべき被保全債権は、詐害行為前に成立したものであることを要し、代位債権者が債務者に対して有する被保全債権も、被代位債権の発生前に成立したものである必要がある。

イ　債務者が、その所有する不動産を第三者に客観的価値を下回る価格で譲渡した場合であっても、当該不動産に、当該不動産の客観的価値を上回る債権を被担保債権とする抵当権が設定されていた場合には、当該譲渡行為は、詐害行為とはならない。

ウ　詐害行為取消権は、金銭債権の引き当てとなる債務者の責任財産を回復するための権利であるから、特定物の引渡請求権を債務者に対して有するにすぎない者は、当該特定物が第三者に譲渡されたことで債務者が無資力となったとしても、詐害行為取消権を行使することはできない。

エ　AがBに代位してBがCに対して有する債権を代位行使する場合、Cは、Bに対して行使することができる抗弁権を有しているとしても、Aに対しては、その抗弁権を行使することはできない。

```
    ア  イ  ウ  エ
1   正  誤  正  誤
2   正  正  正  正
3   誤  正  誤  誤
4   誤  誤  誤  正
5   誤  正  正  正
```

➡解答・解説は別冊 P.013

問題 6　　　　　　　　　　　　　　　　　　特別区Ⅰ類（2017年度）

民法に規定する債権者代位権および詐害行為取消権に関する記述として、判例、通説に照らして、妥当なのはどれか。

1 債権者代位権の被保全債権は、代位行使の対象となる権利よりも前に成立している必要があり、詐害行為取消権の被保全債権も、詐害行為の前に存在している必要がある。

2 債権者代位権は、債務者が自ら権利を行使した後であっても、その行使が債権者にとって不利益な場合には、債権者はこれを行使でき、詐害行為取消権は、受益者が善意であっても、債務者に詐害の意思があれば、これを行使できる。

3 債権者代位権を行使するためには、特定債権保全のための転用の場合であっても、債務者の無資力が要件とされるが、詐害行為取消権が認められるためには、詐害行為当時の債務者の無資力は要件とされない。

4 債権者代位権の行使の範囲は、自己の債権の保全に必要な限度に限られないが、詐害行為取消権の取消しの範囲は、詐害行為の目的物が不可分の場合であっても、取消権を行使しようとする債権者の債権額に限定される。

5 債権者代位権は、被保全債権の履行期が到来していれば、裁判外であっても行使することができるが、詐害行為取消権は、必ず裁判上で行使しなければならない。

→解答・解説は別冊P.014

5 連帯債権・連帯債務

STEP 1 要点を覚えよう！

POINT 1 連帯債権・連帯債務の意義

連帯債権と連帯債務とは、債権又は債務の目的がその性質上可分である場合において、法令の規定又は当事者の意思表示によって**数人が連帯して債権を有する又は債務を負担するもの**をいう（民法432条、436条）。

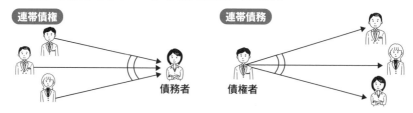

POINT 2 連帯債権・連帯債務の対外的効力

連帯債権と連帯債務の対外的効力については、以下のようになる。

◆「連帯債権」と「連帯債務」の対外的効力

連帯債権	各債権者は、全ての債権者のために全部又は一部の履行を請求することができ、債務者は、全ての債権者のために各債権者に対して履行をすることができる（民法432条）。
連帯債務	債権者は、その連帯債務者の1人に対し、又は同時に若しくは順次に全ての連帯債務者に対し、全部又は一部の履行を請求することができる（民法436条）。

「連帯債務」は、債務者全員に全額の請求ができることに注意しよう。もちろん、もし全員が全額の弁済をした場合、後で調整される。それが後の「求償権」の話だよ。

POINT 3 連帯債権・連帯債務の対内的効力

連帯債権者や連帯債務者の1人に何らかの事由が生じた場合、他の者に影響するかどうかというのが「対内的効力」の話だ。**原則として、連帯債権者・連帯債務者の1人について生じた事由は、他の者に対してその効力を生じない**（民法435条の2本文、441条本文）。これを**相対効***というが、**相対効が原則**となる。

---

* **相対効**…相対的効力のこと。各債権者や債務者ごとに発生する効果が異なること。

重要度

国家一般職：★★☆	地方上級：★★★	特別区Ⅰ類：★★★	
国家専門職：★★☆	裁判所職員：★★★	市役所：★☆☆	

CHAPTER

1

債権総論

5

連帯債権・連帯債務

例えば、民法437条は、連帯債務者の1人について法律行為の無効又は取消しの原因があっても、他の連帯債務者の債務はその効力を妨げられないとする。

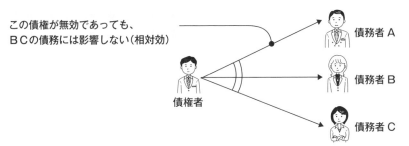

この債権が無効であっても、
BCの債務には影響しない（相対効）

債務者A
債務者B
債務者C

債権者

以上の相対効が原則だが、これには多くの例外（絶対的効力）があるよ。特に連帯債務でよく出題されるので、丁寧に押さえておこう。絶対的効力なので、1人に生じた事由が他の者に影響するんだ。

【連帯債権の絶対効】

絶対的効力事由	連帯債権者の1人について生じた事由・効果
①履行の請求等（432条）	各債権者は、全ての債権者のために全部又は一部の履行を請求することができ、債務者は、全ての債権者のために各債権者に対して履行をすることができる。
②更改（433条） ③免除（433条）	連帯債権者の1人と債務者との間に更改*又は免除があったとき、その連帯債権者がその権利を失わなければ分与されるべき利益に係る部分については、他の連帯債権者は、履行を請求することができない。
④相殺（434条）	債務者が連帯債権者の1人に対して債権を有する場合、その債務者が相殺を援用したとき、その相殺は、他の連帯債権者に対しても効力を生ずる。
⑤混同（435条）	連帯債権者の1人と債務者との間に混同があったときは、債務者は弁済したものとみなす。

【連帯債務の絶対効】

絶対的効力事由	内容等	例（AB＝連帯債務者、C＝債権者）
①更改（438条）	連帯債務者の1人と債権者が更改をすると、債権は全ての連帯債務者についても消滅する。	AがCとの間で100万円の債務の代わりに有名な絵画の引渡債務を負担する更改契約を締結したときは、Aがその債務を負い、Bは債務を免れる。

＊　**更改**（こうかい）…新しい債務を成立させることによって、旧債務を消滅させる契約のこと。

②相殺 （439条）	ア：連帯債務者の1人が債権者に対して相殺をすると、債権は全ての連帯債務者に対しても消滅する。 イ：債権を有する連帯債務者が相殺をしない時は、他の連帯債務者は、その連帯債務者の負担部分の限度において債権者に対して債務の履行を拒むことができる。	ア：AがCに対して100万円の貸金債権を持っていて、Aがそれを相殺するとBも100万円の債務を免れる。 イ：Aが相殺をしない場合、Bは、Aの負担部分（50万円）の限度でCに対して債務の履行を拒むことができる。
③混同 （440条）	連帯債務者の1人と債権者との間に混同があったときは、その連帯債務者は、弁済をしたものとみなす。	AがCを相続し、混同が生じた場合、債務は消滅し、Bも債務全額を免れる。

上の「連帯債務」の絶対的効力には、債務者の1人に対する「履行の請求」は含まれていない。つまり、履行の請求は相対効であり、他の連帯債務者に影響を及ぼさないよ。

POINT 4 求償権の範囲

　連帯債務者の1人が**弁済**をし、その他**自己の財産をもって共同の免責を得たとき**は、その連帯債務者は、**その免責を得た額が自己の負担部分 * を超えるかどうかにかかわらず**、他の連帯債務者に対し、その免責を得るために**支出した財産の額**（その財産の額が共同の免責を得た額を超える場合にあっては、その免責を得た額）のうち各自の負担部分に応じた額の**求償権を有する**（民法442条1項）。

　例えば、ABが負担部分平等でCに対して300万円の債務を負っていたところ、AがCに対して100万円弁済した。Aの負担部分である150万円を超えていなくても、AはBに対して、平等の負担なので、50万円を求償することができる。

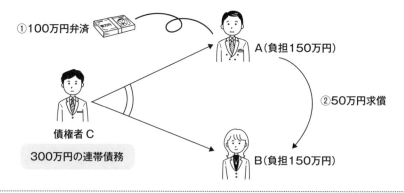

①100万円弁済

A（負担150万円）

債権者C

300万円の連帯債務

②50万円求償

B（負担150万円）

---

* **負担部分**…連帯債務者の相互間で、負担すべき債務の割合のこと。

なお、求償できる金額の範囲には、共同の免責を得た財産額のほか、**免責のあった日以後の法定利息及び避けることができなかった費用その他の損害の賠償を含む**（民法442条2項）。

　また、連帯債務者の中に償還をする資力のない者があるときは、その償還をすることができない部分は、求償者及び他の資力のある者の間で、各自の負担部分に応じて分割して負担する（民法444条1項）。これは、当事者間の公平を図るためである。

　例えば、ABCの3人が負担部分平等でDから300万円の自動車を購入し、代金債務について連帯債務を負っているとする。AがDに300万円弁済した場合、原則として、AはB、Cに**100万円**ずつ求償できるが、Cが無資力の時は、Bに対して**150万円**求償できる。

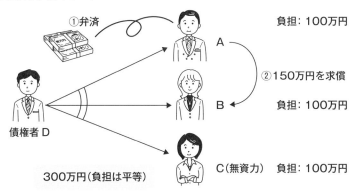

　また、求償者及び他の資力のある者がいずれも負担部分を有しない者であるときは、その償還をすることができない部分は、求償者及び他の資力のある者の間で、等しい割合で分割して負担する（民法444条2項）。

　例えば、上の例で、無資力のCのみが負担部分を有している場合、AはBに対して**150万円**を求償できる。

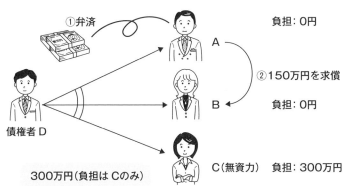

1 連帯債務の債権者は、その連帯債務者の1人に対し、順次に全ての連帯債務者に対し、全部の履行を請求することができるが、全ての連帯債務者に対して、同時に、全部の履行の請求はできない。

× 連帯債務の**債権者は、その連帯債務者の1人に対し、又は同時に若しくは順次に全ての連帯債務者に対し、全部又は一部の履行を請求することができる**（民法436条）。

2 原則として、連帯債権者・連帯債務者の1人について生じた事由は、他の者に対してその効力を生じる。

× 原則として、**連帯債権者・連帯債務者の1人について生じた事由は、他の者に対してその効力を生じない**（民法435条の2、441条）。これを**相対効**というが、**相対効が原則**となる。

3 債務者ABCの3名が債権者Dに対して300万円の連帯債務を負った場合に、DがAに対して裁判上の請求を行ったとしても、特段の合意がなければ、BCがDに対して負う債務の消滅時効の完成には影響しない。

○ 「裁判上の請求」は**相対効**であるため、他の連帯債務者であるBCの消滅時効には**影響しない**（民法441条）。

4 債務者ABCの3名が債権者Dに対して300万円の連帯債務を負った場合に、BがDに対して300万円の債権を有している場合、Bが相殺を援用しない間に300万円の支払の請求を受けたCは、BのDに対する債権で相殺する旨の意思表示をすることができる。

× 連帯債務者の1人が相殺できるのに援用しない場合には、**他の連帯債務者は、その連帯債務者の負担部分を限度として、債務の履行を拒むことができる**（民法439条2項）。相殺の援用ができるわけではない。

5 債務者ABCの3名が債権者Dに対して300万円の連帯債務を負った場合に、DがCに対して債務を免除した場合でも、特段の合

○ **連帯債務における免除は相対効**であるため、債権者DがCに対して免除をした場合、

意がなければ、DはAに対してもBに対しても、弁済期が到来した300万円全額の支払を請求することができる。

Cの債務は**消滅**するが、他の連帯債務者であるABの債務には**影響を与えない**（民法441条、436条）。

---

6 ABCの3人がDに対して900万円の連帯債務を負っている場合（負担部分は等しい）、CがDに対して100万円を弁済した場合はCの負担部分の範囲内であるから、Cは、A及びBに対して求償することはできない。

× 連帯債務者の1人が弁済をし、その他**自己の財産をもって共同の免責を得たとき**は、その**連帯債務者は、その免責を得た額が自己の負担部分を超えるかどうかにかかわらず、**他の連帯債務者に対し、その免責を得るために支出した財産の額（その財産の額が共同の免責を得た額を超える場合にあっては、その免責を得た額）のうち各自の負担部分に応じた額の**求償権を有する**（442条1項）。

---

7 ABCの3人がDに対して900万円の連帯債務を負っている場合（負担部分は等しい）、DはAとBに対し、同時に120万円の請求をすることはできない。

× 連帯債務の**債権者は、**その連帯債務者の1人に対し、又は**同時に若しくは順次に全ての連帯債務者に対し、全部又は一部の履行を請求することができる**（民法436条）。

---

8 ABCの3人がDに対して900万円の連帯債務を負っている場合（負担部分は等しい）、DはBに900万円を請求することができ、Bがそれに応じてDに900万円を支払った場合、BはAに対し、負担部分と定めていた300万円及びその支払った日以後の法定利息を求償することができる。

〇 連帯債務者が他の連帯債務者に**求償できる金額の範囲**には、共同の免責を得た財産額のほか、**免責のあった日以後の法定利息及び避けることができなかった費用その他の損害の賠償が含まれる**（民法442条2項）。

STEP 3 過去問にチャレンジ！

問題1　　　　　　　　　　　　　　　　　　　　　　特別区Ⅰ類（2022年度）

民法に規定する連帯債務に関する記述として、通説に照らして、妥当なものはどれか。

1 連帯債務者の1人について生じた事由には、絶対的効力が認められるのが原則であるが、連帯債務者の1人と債権者の間に更改があったときには、例外として相対的効力が認められる。

2 数人が連帯債務を負担するときには、債権者は、全ての連帯債務者に対して、順次に債務の履行を請求することができるが、同時に全部の債務の履行を請求することはできない。

3 連帯債務者の1人が債権者に対して債権を有する場合において、当該債権を有する連帯債務者が相殺を援用しない間は、その連帯債務者の負担部分の限度において、他の連帯債務者は、債権者に対して債務の履行を拒むことができる。

4 連帯債務者の1人が弁済をし、共同の免責を得たときには、その連帯債務者は、他の連帯債務者に対し求償権を有するが、その求償には、弁済をした日以後の法定利息は含まれない。

5 不真正連帯債務の各債務者は、同一の内容の給付について全部を履行すべき義務を負うが、債務者間に主観的な関連がないため、1人の債務者が弁済をしても他の債務者は弁済を免れない。

➡解答・解説は別冊P.015

問題 2

民法に規定する連帯債務に関する記述として、妥当なものはどれか。

1 数人が連帯債務を負担するとき、債権者は、その連帯債務者の1人に対し、全部又は一部の履行を請求することができるが、同時にすべての連帯債務者に対し、全部又は一部の履行を請求することはできない。

2 連帯債務者の1人について生じた事由については、民法に規定する場合を除き、相対的効力しか認められないのが原則であり、連帯債務者の1人に対する履行の請求は、他の連帯債務者に対して、その効力を生じない。

3 連帯債務者の1人に対してした債務の免除は、他の連帯債務者に対して、その効力を生じないが、連帯債務者の1人が債権者に対してした債務の承認は、他の連帯債務者に対しても、その効力を生ずる。

4 連帯債務者の1人が債権者に対して債権を有する場合において、当該債権を有する連帯債務者が相殺を援用しない間は、その連帯債務者の負担部分についてのみ他の連帯債務者が相殺を援用することができる。

5 連帯債務者の1人が弁済をし、その他自己の財産をもって共同の免責を得たとき、その連帯債務者は、他の連帯債務者に対し各自の負担部分について求償権を有するが、当該求償権には、免責のあった日以後の法定利息は含まれない。

➡解答・解説は別冊 P.015

裁判所職員（2022年度）

連帯債権・連帯債務に関する次のア～エの記述のうち、妥当なもののみを全て挙げているものはどれか（争いのあるときは、判例の見解による。）。

ア AとBがCに対して1000万円の連帯債権を有しており、分与を受ける割合はAとBで平等である。AがCに対して免除の意思表示をした場合、BはCに対して500万円を請求することができる。

イ AとBがCに対して1000万円の連帯債務を負い、AとBの負担部分は同じである。CがAに対して債務の全部を免除した場合、CはBに対して1000万円を請求することができるが、BはAに対して求償することができない。

ウ AとBがCに対して1000万円の連帯債権を有しており（分与を受ける割合は平等）、CがAに対して1000万円の債権を有している。CがAに対して相殺の意思表示をした場合、BはCに対して500万円を請求することができる。

エ AとBがCに対して1000万円の連帯債務を負い（負担部分は平等）、AがCに対して1000万円の債権を有している。AがCに対して相殺の意思表示をした場合、CはBに対して1000万円を請求することができない。

1　ア、イ
2　ア、エ
3　イ、ウ
4　イ、エ
5　ウ、エ

➡解答・解説は別冊 P.016

問題 4   国家一般職（2022 年度）

連帯債務に関する次の記述のうち、妥当なものはどれか。

1 債務の目的がその性質上可分である場合において、法令の規定又は当事者の意思表示によって数人が連帯して債務を負担するときは、債権者は、その連帯債務者の一人に対し、又は同時に若しくは順次に全ての連帯債務者に対し、全部又は一部の履行を請求することができる。

2 連帯債務者の一人について、法律行為の無効又は取消しの原因がある場合、他の連帯債務者の債務は、その効力を失う。

3 連帯債務者の一人に対する履行の請求は、債権者及び他の連帯債務者の一人が別段の意思を表示したときを除き、他の連帯債務者に対しても、その効力を生ずる。

4 連帯債務者の一人が債権者に対して債権を有する場合において、当該債権を有する連帯債務者が相殺を援用しない間は、その連帯債務者の負担部分についてのみ、他の連帯債務者は相殺を援用することができる。

5 連帯債務者の一人に対して債務の免除がされた場合には、免除の絶対的効力により、他の連帯債務者は、その一人の連帯債務者に対し、求償権を行使することはできない。

→解答・解説は別冊 P.017

6 保証債務

STEP 1 要点を覚えよう！

POINT 1 保証債務の性質

保証契約とは、**保証人となる者が、主たる債務者がその債務を履行しないときに、その履行をする責任を負う**ものである（民法446条）。試験では、保証債務の性質や保証人となる資格、主たる債務者（主債務者）について生じた事由の効力について問われることが多いため、その他の知識も含めて確認していく。まずは保証債務の性質について、まとめると以下のようになる。

◆保証債務の性質のまとめ

性質	内容
別個独立性	・保証契約は「債権者」と「保証人」の間に締結される契約であり、主債務とは**別個の契約**である。 ・主債務者からの委託がない場合や、主債務者の意思に反していたとしても、保証人となることができる。
付従性	保証債務は、主債務に対して付従性を有する。 ①主債務がなければ**成立しない**。 ②主債務に比べて保証債務の内容や態様が**重いことは、許されない**（民法448条）。 ③主債務が消滅すれば、保証債務も**消滅する**。 ④保証債務自体について、違約金や損害賠償の額について約定することができる（民法447条2項）。
随伴性	主債務者に対する債権が移転すると、保証人に対する債権もともに移転する。
補充性	催告の抗弁権、検索の抗弁権（民法452条、453条）がある。 ☞これらは、あらかじめ合意で排除できる（連帯保証）。
要式性	**書面又は電磁的記録**でしなければ、効力を生じない（民法446条2項、3項）。

上記の「**催告の抗弁権**」（民法452条）とは、債権者が先に保証人に対して履行の請求をしてきた際、**保証人がまずは主たる債務者に対して催告をするよう請求**できる権利である。ただし、主債務者が①**破産手続開始決定**を受けたとき、②**行方不明**のときは認められない。

また、「**検索の抗弁権**」（民法453条）とは、債権者の履行の請求に対して、**保証人が主たる債務者に「弁済をする資力」があり、かつ、「執行が容易」である**こ

とを証明して、**主債務者の財産に執行**すべきことを主張できる権利である。

　なお、一般的には、金銭債務の保証人をイメージしてよいが、**特定物売買における「売主」のための保証**もある。この場合、保証人は、**売主の債務不履行時の損害賠償債務を保証**し、特に反対の意思表示のない限り、売主の**原状回復義務**についても保証の責任を負う（最大判昭40.6.30）。

POINT 2　保証人となる資格

　保証人となれる資格について、原則として、**制限はない**。ただし、これには以下の「例外」と「再例外」がある。

◆保証人になることができない例外と再例外

（例外）**債務者が、法律上又は契約により保証人を立てる義務がある場合**
　☞この場合、保証人は①**行為能力があること**、②**弁済の資力を有すること**、という要件を備える者でなければならない（450条1項）。
　☞またこの場合、保証人が弁済をする資力を失ったときは、**債権者は、資力を有する保証人に代えることを請求できる**（同条1項2号、2項）。
（再例外）**債権者が保証人を指定した場合には、上記規定は適用されない**（同条3項）。
　☞つまり、保証人は行為能力等が不要である。

　なお、**行為能力の制限によって取り消すことができる債務を保証した者**は、**保証契約時**においてその取消しの原因を**知っていた**ときは、主債務の不履行の場合又はその債務の取消しの場合、これと**同一の目的**を有する**独立の債務を負担**したものと推定される（民法449条）。

POINT 3　主たる債務者について生じた事由の効力

　連帯債務・連帯債権と同様に、保証契約においても、主債務者に生じた事由が保証人にどのように影響するか、また、保証人に生じた事由が主債務者にどのように影響するかという話がある。まずは、**「主債務者」に生じた事由の効力**をまとめると、以下のようになる。

◆「主債務者」について生じた事由の効力

①主債務者に対する履行の請求その他の事由による**時効の完成猶予及び更新**は、保証人に対しても、その効力を生ずる（民法457条1項）。
②保証人は、主債務者が主張することができる抗弁をもって、債権者に対抗することができる（同条2項）。
③主債務者が債権者に対して相殺権、取消権又は解除権を有するときは、これらの権利の行使によって主たる債務者がその債務を免れるべき限度において、保証人は、債権者に対して債務の履行を拒むことができる（同条3項）。
④債権者と主債務者との間で、保証契約成立後に主債務を加重しても、保証債務に効力を及ぼさない（民法448条2項）。
　☞主債務が軽減された場合には、効力が及ぶ。

⑤主債務者が消滅時効完成後に主債務の承認をするなど、「時効利益の放棄」を しても、その効力は保証人には及ばない。

POINT 4 保証人について生じた事由の効力

保証人について生じた事由は、主たる債務を消滅させる行為（弁済、相殺、更改による債務の消滅）の他は、主たる債務者に影響しない。

POINT 5 保証人の求償権

保証人が数人いる場合において、そのうちの1人の保証人が弁済等を行った場合、保証人間での求償の問題が生じる。これをまとめたのが以下の表である。

なお、「受託保証人」とは、主債務者の委託を受けて保証人となった者のことである。また、保証人は主債務者の意思に反する場合でも保証契約を結ぶことができる。ただし、「無委託保証人」は主債務者の意思に反しているか否かで求償できる範囲が異なってくる。

◆保証人の求償権のまとめ

項目	受託保証人	意思に反しない 無委託保証人	意思に反する 無委託保証人
求償の範囲 （原則）	支出した額と主債務消滅額の小さい方＋債務消滅行為の日以後の法定利息、避けられなかった費用その他の損害賠償（459条等）	主債務者が免責当時利益を受けた限度（462条1項） ☞当時相殺等の抗弁を有していた場合、その分は求償できない。	主債務者が現に利益を受けている限度（462条2項） ☞求償時点で相殺等の抗弁を有していた場合、その分は求償できない。
期限前弁済の場合の求償の範囲	主債務者が当時利益を受けた限度 ☞当時相殺等の抗弁を有していた場合、その分は求償できない。 さらに、弁済期以後の法定利息、避けられなかった費用その他の損害賠償（459条の2）	同上	同上
事前求償権	あり（460条）	なし	なし
保証人の事前通知義務	あり（463条1項）	なし	なし

STEP 1 要点を覚えよう！

保証人の事後通知義務	あり（463条3項）	あり（463条3項）	なし
主債務者の事後通知義務	あり（463条2項）	なし	なし

注：保証人の通知義務とは、保証人が弁済する場合、主債務者にその旨を通知することを意味する。
　　なお、連帯債務者又は不可分債務者の1人のために保証をした者は、他の債務者に対し、その負担部分のみについて求償権を有する（民法464条）。

POINT 6　連帯保証の特徴

　連帯保証とは、保証人が主たる債務者と連帯して債務を負担することをいい、通常の保証人と比べ、より保証の担保的機能が強化されている。連帯保証のポイントは以下のとおりである。

◆連帯保証のポイント（民法438条、439条1項、440条、441条、454条、458条）

　①連帯保証には補充性がなく、催告の抗弁権・検索の抗弁権がない。
　②連帯保証人には分別の利益*がなく、主たる債務全額の保証債務を負担する。
　③主たる債務者について生じた事由の効力は、全て連帯保証人に及ぶ。
　④連帯保証人について生じた事由の効力は、連帯債務の規定が準用される。

POINT 7　個人根保証契約

　「根保証契約」とは、一定の範囲に属する不特定の債務を主たる債務とする保証契約のことであり、一定の取引から現在及び将来に生じる、債務者の一切の債務を保証する契約を指す。
　この根保証契約において、法人ではなく、個人が保証人となるケースを「個人根保証契約」という。ポイントは以下のとおりである。

◆個人根保証契約のポイント（民法465条の2〜465条の4）

　①個人根保証契約は、極度額（根保証の上限額）の定めがなければ無効。
　②個人貸金等根保証契約では、保証額（元本）は、保証から5年以内、期間の定めがなければ3年以内に、また、期間を途中で変更する場合でも当初の契約から5年以内に元本が確定しなければならない。
　③個人根保証契約は、保証人に対する強制執行等、保証人の破産、主債務者の死亡、保証人の死亡の場合には、元本が確定する。

* **分別の利益（ぶんべつのりえき）**…主債務者が返済できず、保証人が履行を求められた時に、保証人の頭数（人数）で割った残りの債務額のみを負担すればよいこと。

1 保証債務は、主たる債務より軽いものであってはならない。

× 保証人の負担が主たる債務より重いときは、これを主たる債務の限度に減縮する（民法448条1項）が、軽いものであることは、差し支えない。

2 Aが、BのCに対する債務について保証人となった場合、債権者であるCがAの保証債務を免除したとき、Bもその債務を免れる。

× 保証人について生じた事由の効果は、弁済、相殺、更改による債務の消滅を除いては、主たる債務者に一切影響しない。

3 保証契約は、主たる債務者の意思に反しても、債権者との間で結ぶことができる。

○ 主たる債務者は保証契約の当事者でないから、主たる債務者の意思に反する保証契約も有効である。

4 個人根保証契約は、極度額を定めなければその効力を生じない。

○ 本問の記述のとおりである（民法465条の2第2項）。

5 主たる債権が譲渡された場合、保証債務もそれによって移転する。

○ 主たる債務者に対する債権が移転すると、保証人に対する債権もともに移転する。

6 主たる債務について違約金の定めがない場合に、保証債務について違約金を定めても無効である。

× 保証債務自体について、違約金や損害賠償の額について約定することができる（民法447条2項）。

7 保証契約は、書面でしなければその効力を生じない。

○ 本問の記述のとおりである（民法446条2項）。なお、

この「書面」には、電磁的記録でされた場合も**含む**（同条3項）。

---

8 主債務者の債権者に対する債務が条件不成就のため成立しなかった場合、保証人は、債権者に対して保証債務を負わない。

〇 **主たる債務が不成立**だった場合、**保証債務も不成立と**なる。

---

9 保証人と債権者間の保証契約締結後、債務者と債権者間の合意で債務が増額された場合、保証人は、その増額部分についても、保証債務を負う。

✕ 債権者と主たる債務者との間で、**保証契約成立後に主たる債務を加重しても、保証債務に効力を及ぼさない**。なお、主債務が軽減された場合には、付従性より保証債務も**軽減される**。

---

10 保証人は必ず行為能力者であることを要する。

✕ 原則として、**保証人は行為能力者である必要はない**。

---

11 債務者が、法律上又は契約により保証人を立てる義務がある場合、保証人は行為能力があること、弁済の資力を有すること、という要件を備える者でなければならない。

〇 **本問の記述のとおり**である（民法450条1項）。

---

12 主たる債務の消滅時効が更新された場合、時効更新の効力は、保証人には及ばない。

✕ 主たる債務者に対する**履行の請求その他の事由による時効の完成猶予及び更新は、保証人に対しても、その効力を生ずる**（民法457条1項）。

---

13 連帯保証人は、催告の抗弁権及び検索の抗弁権を有する。

✕ **連帯保証人**には、**催告の抗弁権・検索の抗弁権がない**（民法454条）。

STEP **3** 過去問にチャレンジ！

- -

問題 1   特別区Ⅰ類（2020 年度）

民法に規定する保証債務に関する記述として、判例、通説に照らして、妥当なものはどれか。

1 保証債務は、保証人と主たる債務者との間の保証契約によって成立し、保証人は、主たる債務者がその債務を履行しないときに、その履行をする責任を負うが、保証契約がその内容を記録した書面又は電磁的記録によってされなければ、その効力を生じない。

2 債権者が指名した保証人が弁済をする資力を有することの要件を欠くに至ったときは、当該債権者は、弁済をする資力を有することの要件を具備する者をもってこれに代えることを常に債務者に請求することができる。

3 債権者が保証人に債務の履行を請求したとき、保証人は、主たる債務者が破産手続開始の決定を受けた場合は、まず主たる債務者に催告すべき旨を請求できるが、主たる債務者の行方が知れない場合は、その旨を請求できない。

4 最高裁判所の判例では、特定物の売買契約における売主のための保証人は、債務不履行により売主が買主に対し負担する損害賠償義務についてはもちろん、特に反対の意思表示のない限り、売主の債務不履行により契約が解除された場合における原状回復義務についても保証の責に任ずるものとした。

5 最高裁判所の判例では、継続的売買取引について将来負担すべき債務についてした責任の限度額並びに期間の定めのない連帯保証契約における保証人たる地位は、特段の事由のない限り、当事者その人と終始するものではなく、保証人の死亡後生じた債務については、その相続人が保証債務を負担するとした。

➡解答・解説は別冊 P.017

問題 2

民法に規定する保証債務に関する記述として、妥当なものはどれか。

1 保証債務は、保証人と主たる債務者との間の保証契約によって成立し、保証人は、主たる債務者がその債務を履行しないときに、その履行をする責任を負うが、保証契約は、書面又は電磁的記録によってされなければ、その効力を生じない。

2 行為能力の制限によって取り消すことができる債務を保証した者は、保証契約の時においてその取消しの原因を知っていたときは、主たる債務の取消しがあっても、これと同一の目的を有する独立の債務を負担したものと推定される。

3 債務者が法律上又は契約上、保証人を立てる義務を負う場合には、債権者が当該保証人を指名したときであっても、当該保証人は行為能力者であること及び弁済をする資力を有することの要件を具備する者でなければならない。

4 催告の抗弁権とは、債権者が保証人に債務の履行を請求した場合に、保証人が、まず主たる債務者に催告をすべき旨を請求できる権利をいい、主たる債務者が破産手続開始の決定を受けたときであっても、催告の抗弁権を行使できる。

5 主たる債務者の委託を受けずに、主たる債務者の意思に反しないで保証をした者が弁済をして、主たる債務者にその債務を免れさせたときは、免責当時に利益を受けた限度において求償できるため、利息や損害賠償も請求できる。

→解答・解説は別冊P.018

問題3

特別区Ⅰ類（2014年度）

民法に規定する保証債務に関する記述として、妥当なものはどれか。

1 保証契約は、債務者と保証人との間の契約であるが、保証契約の締結に際しては、債権者の同意が必要である。

2 保証債務は、主たる債務の内容の変更に応じて保証債務もその内容を変ずるので、主たる債務の目的又は態様が重くなった場合には、それに応じて保証債務も重くなる。

3 保証債務は主たる債務とは別個の債務であるから、主たる債務者に対する履行の請求その他の事由による時効の更新は、保証人に対しては、その効力を生じない。

4 債権者が指名した保証人が弁済をする資力を有することの要件を欠くに至ったときは、当該債権者は、弁済をする資力を有することの要件を具備する者をもってこれに代えることを常に債務者に請求することができる。

5 連帯債務者又は不可分債務者の一人のために保証をした者は、他の債務者に対し、その負担部分のみについて求償権を有する。

➡解答・解説は別冊P.019

問題4

裁判所職員（2021年度）

保証に関する次のア～エの記述の正誤の組み合わせとして最も妥当なものはどれか（争いのあるときは、判例の見解による。）。

ア 保証人は、主たる債務の消滅時効を援用できる。

イ 保証債務と主たる債務は別個の債務であるから、主たる債務に係る債権が債権譲渡その他の原因により移転しても、主たる債務に係る債権の譲受人が保証債権の債権者となることはない。

ウ 特定物の売買における売主のための保証人は、特に反対の意思表示のないかぎり、売主の債務不履行により契約が解除された場合における原状回復義務についても、保証の責に任ぜられる。

エ 委託を受けた保証人に事前の求償権が認められていることと同様に、委託を受

けた物上保証人にも事前の求償権が認められる。

```
   ア イ ウ エ
1  正 誤 正 誤
2  誤 正 正 正
3  誤 誤 正 誤
4  正 誤 誤 正
5  誤 誤 誤 正
```

問題5　　　　　　　　　　　　　　　　　　裁判所職員（2020年度）

保証に関する次のア～オの記述のうち、妥当なもののみを全て挙げているものはどれか（争いのあるときは、判例の見解による。）。

ア 主債務者が取消原因のある意思表示を取り消さない場合、保証人は、主債務者の取消権を行使してその意思表示を取り消すことができる。

イ 保証契約は、口頭の合意によりその効力を生じる。

ウ 主債務者が主債務を承認すると保証債務の時効も更新するが、保証人が保証債務を承認しても主債務の時効は更新しない。

エ 特定物の売主の保証人は、特に反対の意思表示がない限り、債務不履行により売買契約が解除された場合に売主が負う代金返還債務についても責任を負う。

オ 保証債務の履行を請求された場合、連帯保証人は、債権者に対し、催告の抗弁及び検索の抗弁を主張することができる。

1　ア・イ
2　ア・ウ
3　イ・オ
4　ウ・エ
5　ウ・オ

→解答・解説は別冊 P.020

CHAPTER

1

債権総論

6

保証債務

7 債権譲渡

STEP 1 要点を覚えよう！

POINT 1 債権譲渡の意義

債権譲渡とは、**債権をその同一性を維持しつつ移転**することを目的とする契約である。なお、債権に付随する利息債権や担保権等も譲受人に移転する。

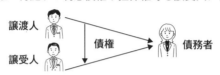

POINT 2 債権の譲渡性

債権は、**原則として、自由に譲渡できる**（民法466条1項）。また、**現時点で発生していない債権**であっても、**将来発生することが確定**している債権（例えば賃料債権）であれば、**譲渡できる**（民法466条の6）。

さらに判例は、債権譲渡契約の締結時において、目的債権の**発生可能性が低かった**ことは、契約の効力を**当然に左右するものではない**としている（最判平11.1.29）。

ただし、債権譲渡が許されない場合として、①性質上の制限（例：自分の肖像画を描かせる債権）、②法律上の制限（例：民法上の扶養請求権）、③譲渡制限特約による制限がある（民法466条1項但書等）。

例えば、子は親に対して②の扶養請求権を有するけれど、「その子」が扶養されないと意味はない。こういう債権は譲渡できないんだ。

POINT 3 譲渡制限特約違反の債権譲渡

上記③のとおり、**債権譲渡は特約によって制限**することができる。しかし、原則として、債権譲渡は自由であることなどから、**譲渡制限特約を締結**していたとしても、**債権譲渡自体は有効**とされる（民法466条2項）。

ただし、**債権の譲受人や第三者が譲渡制限特約があることについて悪意又は重過失**の場合、**債務者は債務の履行を拒む**ことができ、**譲渡人に対する債務を消滅させる事由をもってその第三者に対抗できる**（同条3項）。しかし、次ページの場合、債務者は履行を拒むことができない。

◆譲渡制限特約違反の債権譲渡において債務者が履行を拒めないケースの例

①譲受人が相当の期間を定めて**譲渡人への履行の催告**をし、その期間内に履行がない場合（民法466条4項）。
②債権に対する強制執行をした**差押債権者**（民法466条の4第1項）。
　☞差押債務者が悪意又は重過失でも、債務の履行を拒むことができない。

　なお、**譲渡制限特約が付された金銭債権が譲渡**された場合、譲受人の善意・悪意を問わず、**債務者は債権の全額を供託***できる（民法466条の2第1項）。この**供託**を行った場合、**債務者**は遅滞なく、**譲渡人及び譲受人に供託の通知をしなければならない**（同条2項）。

　同じく、**譲渡制限特約が付された金銭債権が譲渡**された場合、**譲渡人に破産手続開始決定があった**ときは、**譲受人**は善意・悪意を問わず、**債務者に債権全額を供託させることができる**（民法466条の3）。

POINT 4 　債権譲渡の「債務者」への対抗要件

　債権譲渡が行われた場合、債務者とすれば、誰に支払うべきなのかわからないと二重弁済の危険があり、支払いを躊躇してしまう。そこで、**債権譲渡は「債務者」への対抗要件が必要**となる。

　債権譲渡（将来発生する債権譲渡も含む）を「債務者」に対抗するには、**譲渡人が債務者に通知**をするか、又は**債務者が承諾**をしなければならない（民法467条1項）。

　この通知は、**債権譲渡と同時、若しくは事後**に行わなければならず、**譲渡前の通知は無効**である。

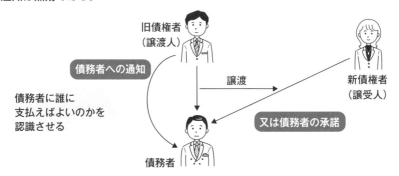

債務者への通知

債務者に誰に
支払えばよいのかを
認識させる

旧債権者
（譲渡人）

譲渡

新債権者
（譲受人）

又は債務者の承諾

債務者

債務者の承諾については、**譲渡人又は譲受人のどちらに対してでもいい**（大判大6.10.2）。債務者が債権譲渡を認識していればよいからだよ。

---

*　**供託（きょうたく）**…国の機関である供託所に金銭等を預けることで、弁済すべきものを支払ったのと同じ効果を与える制度。

POINT 5　債権譲渡の「第三者」への対抗要件

　例えば、AがBに対して有する50万円の貸金債権を7月1日にCに譲渡し、その後、Aは同じ貸金債権を8月1日にDに譲渡したとする。つまり、**債権の二重譲渡**が行われた場合、**どちらの譲受人が債権を取得する**のかという問題がある。

　この点、**債権譲渡を「第三者」に対抗**するためには、**通知又は承諾を確定日付のある証書によってしなければならない**（民法467条2項）。確定日付のある証書とは、具体的には公正証書や内容証明郵便のことであり、公証人や郵便認証司が責任をもって日付を記載するため、債権譲渡の当事者が共謀して、日付を遡らせることができない。

　そして、**確定日付のある通知・承諾が複数存在**する場合、**通知が債務者に到達した日時、又は承諾の日時の先後**により優劣が決せられる（最判昭49.3.7）。

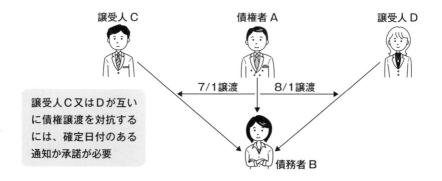

譲受人C　　　　　　　　債権者A　　　　　　　　譲受人D

7/1譲渡　　　　　　8/1譲渡

譲受人C又はDが互いに債権譲渡を対抗するには、確定日付のある通知か承諾が必要

債務者B

あくまでも両者の優先順位は通知の到達日時、承諾の日時で決まる。譲渡や発送日時、確定日付の先後ではないよ！

　また、複数の確定日付のある**通知が同時に到達**した場合、**各譲受人は互いに自己が優先的地位にあることを主張できない**（最判平5.3.30）。

　しかし、**債務者は同順位の譲受人が他に存在することを理由に弁済の責めを免れることはできず**、譲受人双方が債務者に対して全額請求することができる（最判昭55.1.11）。

同時到達の場合、**債務者はどちらかに債務を弁済す**れば、**債務は消滅する**。複数の確定日付のある通知の到達の先後が不明の場合、同時到達と扱われるよ。

なお、この**通知**は、債権の**譲受人が債権者に代位してすることはできない**（大判昭5.10.10）。これを許してしまうと、債権の譲受人と称する者が、債権が譲渡されたと偽って、通知してしまうおそれがあるからである。

POINT 6 債務者の抗弁

　債務者は、対抗要件具備時までに譲渡人に対して生じた事由をもって、譲受人に対抗することができる（民法468条1項）。

　例えば、AがBに対して50万円の貸金債権を持っている場合、弁済期が到来したので債務者Bは、全額をAに弁済したとする。しかし、AはCに対して当該債権を譲渡する旨の契約を締結して、譲渡人AはBに対して債権譲渡の通知をした場合、債務者Bは、Cから弁済を請求されたとしても、債権譲渡の対抗要件である通知前に弁済した旨を対抗して、支払いを拒絶することができる。

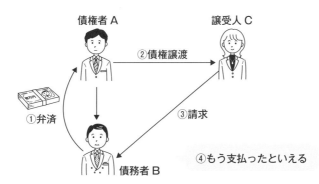

　同様に、債務者は、**対抗要件具備時より前に取得した譲渡人に対する債権**による相殺をもって、**譲受人に対抗することができる**（民法469条1項）。

　また、**対抗要件具備後に取得した債権**であっても、①**対抗要件具備時よりも前の原因に基づいて生じた債権**である場合（同条2項1号）と、②譲受人の取得した債権の発生原因である契約に基づいて生じた債権である場合（同条2項2号）には、相殺することができる。

> **ここで きめる！** ▶ 債権譲渡の「第三者」に対する対抗要件！
> ①「第三者」に対する対抗要件は、確定日付のある証書による通知・承諾。
> ②債権の二重譲渡において、ともに確定日付のある証書による通知・承諾を備えている場合は、到達日時で優劣が決まる。
> ③同時到達の場合は、どちらの譲受人も履行を請求できる。
> 　☞債務者は、どちらかに弁済をすれば、債務は消滅する。
> ④債務者は、対抗要件を具備するときまでに債権の譲渡人（旧債権者）に対して生じた事由をもって、債権の譲受人（新債権者）に対抗することができる。

1 債権譲渡とは、債権をその同一性を維持しつつ移転することを目的とする契約である。

○　本問の記述のとおりである。「同一性を維持しつつ」ということを覚えておこう。

2 債権譲渡が行われた場合、債権に付随する利息債権や担保権等も譲受人に移転する。

○　本問の記述のとおりである。同一性は維持される。

3 譲り受けようとする債権が民法上の扶養請求権である場合、当該債権を譲り受けることはできない。

○　民法上の**扶養請求権は、法律上譲渡が禁止されている**（民法466条1項但書）。

4 譲渡制限の意思表示がされた金銭の給付を目的とする債権が譲渡された場合、譲受人が重過失であったときでも譲受人は当該債権を有効に取得できる。

○　**譲渡制限の意思表示**があっても、債権の**譲渡自体は有効**である（民法466条2項）。また、**制限について譲受人が悪意又は重過失の場合、債務者は債務の履行を拒める**が、**債権譲渡自体が有効**であることには変わりがない。

5 債権譲渡の制限について譲受人が悪意であり、債務者が譲受人に対して履行を拒んでいる場合、譲受人は、債務者に対して相当の期間を定めて譲渡人への履行の催告をし、その期間内に履行がないときは、債務者は、譲受人に対し、債務の履行を拒むことができなくなる。

○　本問の記述のとおりである（民法466条3項、4項）。

6 譲渡制限特約が付された金銭債権が譲渡された場合、債務者は譲受人が悪意又は重過失であるときに限り、債権の全額を供託することができる。

×　**譲受人の善意・悪意を問わず、債権の全額を供託することができる**（民法466条の2第1項）。

7 債権の譲渡の第三者に対する対抗要件としての債務者の承諾は、債権の譲渡人と譲受人のいずれに対するものであってもよい。

○ 本問の記述のとおりである（大判大6.10.2）。

8 債権譲渡の時点で発生していない債権は、譲渡することができない。

× **将来発生する債権**であっても、債権譲渡は**認められている**（民法466条の6）。

9 債権譲渡の時点で発生していない債権は、将来発生する可能性が低い場合は、譲渡することができない。

× **将来発生する債権**であっても、**債権譲渡は認められている**。そして、**発生可能性が低い場合であっても変わらない**。

10 債権譲渡を債務者に対抗するには、譲渡人が債務者に通知をするか、又は債務者が承諾をしなければならない。

○ 本問の記述のとおりである（民法467条1項）。

11 債権譲渡を第三者に対抗するためには、通知又は承諾を確定日付のある証書によってしなければならない。

○ 本問の記述のとおりである（民法467条2項）。

12 債権が二重に譲渡され、確定日付のある通知・承諾が複数存在する場合、その優劣は確定日付の先後により決せられる。

× **確定日付のある通知・承諾が複数存在**する場合、**通知が債務者に到達した日時、又は承諾の日時の先後**により優劣を決する（最判昭49.3.7）。

13 債権が二重に譲渡され、複数の確定日付のある通知が同時に到達した場合、各譲受人は互いに自己が優先的地位にあることを主張できない。

○ 本問の記述のとおりである（最判平5.3.30）。この場合、債務者は履行の請求を受けたその者に弁済をすることで債務は消滅する。

過去問にチャレンジ！

問題 1

民法に規定する債権の譲渡に関するA～Dの記述のうち、通説に照らして、妥当なものを選んだ組み合わせはどれか。

A 債権譲渡は、従前の債権が消滅して同一性のない新債権が成立する更改と異なり、債権の同一性を変えることなく、債権を譲渡人から譲受人に移転する契約である。

B 譲渡を禁止する旨の意思表示がされた金銭の給付を目的とする債権が譲渡され、その債権の全額に相当する金銭を債務の履行地の供託所に供託した場合には、供託をした債務者は、譲渡人に供託の通知をする必要はない。

C 債権が譲渡された場合において、その意思表示の時に債権が現に発生していないときは、譲受人は、債権が発生した後に債務者が承諾をしなければ、当該債権を取得することができない。

D 現に発生していない債権を含む債権の譲渡は、確定日付のある証書によって、譲渡人が債務者に通知をし、又は債務者が承諾をしなければ、債務者以外の第三者に対抗することができない。

1　A　B
2　A　C
3　A　D
4　B　C
5　B　D

➡解答・解説は別冊P.021

問題2　　　　　　　　　　　　　　　　　　裁判所職員（2022年度）

債権譲渡に関する記述として最も妥当なものはどれか（争いのあるときは、判例の見解による。）。

1　債権の譲渡を禁止し、または制限する意思表示があるときは、それに反してされた譲渡は無効であるが、債務者は譲渡制限特約について善意無過失である譲受人その他の第三者に対抗することができない。

2　債務者対抗要件である債権譲渡の通知は、譲渡と同時にしなければならないものではなく、事前又は事後でもよい。ただし、事前の通知に債務者対抗要件としての効力が生じるのは実際に債権譲渡がされた時であり、事後の通知に債務者対抗要件としての効力が生じるのは当該通知がされた時である。

3　Aは、Bから譲り受けたCに対するX債権を自働債権、CのAに対するY債権を受働債権として相殺の意思表示をした。その後、Cの債権者であるDがY債権を差し押さえた。Aは、Cに対して確定日付のある証書による通知をしていないが、上記の債権譲渡及びこれを前提とする相殺の効力をDに対抗できる。

4　債権が二重に譲渡された場合、譲受人相互の間の優劣は、通知又は承諾が到達するまでの事情如何によって左右されるべきではないから、確定日付のある通知が債務者に到達した日時又は確定日付のある債務者の承諾の日時の先後ではなく、通知又は承諾に付された確定日付の先後によって決すべきである。

5　債務者が異議をとどめないで債権譲渡の承諾をしたときは、譲渡人に対抗することができた事由について譲受人が悪意あるいは善意有過失でない限り、債務者はこれをもって譲受人に対抗することができない。

➡解答・解説は別冊 P.021

債権譲渡に関する次の記述のうち、妥当なものはどれか。ただし、争いのあるものは判例の見解による。

1　Aは、自らの肖像を画家Bに描かせる債権を、Cに譲渡することができる。

2　債権者Aと債務者Bが債権の譲渡を禁止し、又は制限する旨の意思表示をしていたにもかかわらず、AがCにその債権を譲渡した場合には、その譲渡の効力は生じない。

3　医師Aが、社会保険診療報酬支払基金から将来支払を受けるべき診療報酬債権をBに譲渡したとしても、その譲渡の効力が生じることはない。

4　債権者Aは、債務者Bに対して有する債権をCに譲渡し、その旨を2020年5月1日の確定日付のある証書によってBに通知したところ、この通知は、同月7日にBに到達した。また、Aは、同じ債権をDにも譲渡し、その旨を2020年5月2日の確定日付のある証書によってBに通知したところ、この通知は、同月5日にBに到達した。この場合、Bは、Cから債務の履行を求められたときは、これに応じなければならない。

5　債権者Aは、債務者Bに対して有する債権をCに譲渡し、その旨を確定日付のある証書によってBに通知したが、Bは、その通知がなされる前にAに対する債権を取得していた。この場合、Bは、Cから債務の履行を求められたときは、Aに対する債権による相殺をもってCに対抗することができる。

➡解答・解説は別冊P.022

問題4　　　　　　　　　　　　　　　　　　　　　国家一般職（2017年度）

債権譲渡に関する次の記述のうち、妥当なものはどれか。ただし、争いのあるものは判例の見解による。

1　債権の譲渡を制限する特約は、善意の第三者に対抗することはできないが、外観に対する正当な信頼を保護するため、過失は悪意と同様に扱うべきであるから、譲受人が、譲渡制限特約の存在を知らずに債権を譲り受けた場合であっても、これにつき譲受人に過失があるときには、その債権を取得することはできない。

2　差押債権者が債権の譲渡を制限する特約の付いている債権を差し押さえて転付命令を得た場合、差押債権者が譲渡制限特約の存在を知って債権を差し押さえたときであっても、差押債権者への債権の移転は有効である。

3　債権譲渡は、譲渡人から債務者に対する確定日付のある証書による通知又は確定日付のある証書による債務者の承諾がなければ、債務者に対抗することができない。

4　債権が二重に譲渡された場合において、どちらの債権譲渡についても譲渡人から債務者に対する確定日付のある証書による通知があるときには、譲受人間の優劣は、その確定日付の先後で決定される。

5　現在存在している債権だけではなく将来発生すべき債権についても債権譲渡する契約を締結することができるが、将来発生すべき債権を目的とする債権譲渡契約にあっては、契約締結時において債権発生の可能性が低い場合には、その債権譲渡契約は無効となる。

→解答・解説は別冊P.023

国家専門職（2020年度）

債権譲渡に関するア〜エの記述のうち、妥当なもののみを全て挙げているのはどれか。ただし、争いのあるものは判例の見解による。

ア 債務者は、譲渡制限の意思表示がされた金銭債権が譲渡されたときは、譲受人が当該意思表示につき善意であるか悪意であるかにかかわらず、その債権の全額に相当する金銭を供託することができる。

イ 債権差押えの通知と確定日付のある債権譲渡の通知とが第三債務者に到達したが、その到達の先後関係が不明であるために、その相互間の優劣を決することができない場合には、当該各通知が同時に第三債務者に到達した場合と同様に取り扱われる。

ウ 債権の譲渡は、譲渡人でなく譲受人が債務者に通知を行ったときであっても、債務者に対抗することができる。

エ 譲渡人が債権譲渡の通知をしたときは、債務者は、当該通知を受けるまでに譲渡人に対して生じた事由をもって譲受人に対抗することができない。

1 ア、イ
2 ア、エ
3 イ、ウ
4 イ、エ
5 ウ、エ

→解答・解説は別冊P.023

問題 6

AがBに対して有するα債権（以下「α」という。）をCに譲渡した場合における次の記述のうち、妥当なものはどれか。ただし、争いのあるものは判例の見解による。

1 αをCに譲渡したことについて、AからBへの通知又はBの承諾がない場合であっても、Bが当該譲渡につき悪意であれば、CはBに対してαの譲受けを主張することができる。

2 Aは、αをCに譲渡した後にDに二重に譲渡し、12月2日付けの内容証明郵便によりαをCに譲渡した旨をBに通知し、12月3日付けの内容証明郵便によりαをDに譲渡した旨をBに通知した。これらの二つの通知がBに同時に到達した場合には、C及びDは、Bに対し、αの全額の2分の1の額の弁済を請求することができるのみであって、αの全額の弁済を請求することはできない。

3 Aは、αをCに譲渡したことについて、普通郵便によりBに通知した。この通知が12月3日にBに到達し、Bが同日にCにαの全額を弁済した場合には、その後、AがαをDに二重に譲渡し、その旨の内容証明郵便がBに到達したとしても、Bは、αはCへの弁済により消滅しているとして、Dからされたαの支払請求を拒絶することができる。

4 αに譲渡禁止特約が付されていたが、Cが当該特約の存在を知らずにαを譲り受けた場合には、Aは、Bの意思にかかわらず、当該特約の存在を理由に、Cに対してαの譲渡の無効を主張することができる。

5 αをCに譲渡したことについてのBへの通知は、Aが行うことができるほか、当該譲渡に利害関係を持つCも、Aに代位してこれを行うことができる。

➡解答・解説は別冊 P.024

8 弁済

STEP 1 要点を覚えよう！

POINT 1 弁済の提供の要件

弁済の提供とは、**債務者が債務の内容である給付**をすることである（民法493条）。**弁済の提供**は、原則として、**債務の本旨に従った現実の提供**をすることを要するが、「債務の本旨」とは、その債務の本来の趣旨・目的という意味である。

弁済の提供には「**現実の提供**」と「**口頭の提供**」があり、「**現実の提供**」とは、目的物を債権者のところへ持って行くなど、あとは債権者が受け取りさえすればいい状態を作り出すことである。

他方、「**口頭の提供**」とは、現実に目的物を債権者に差し出すわけではないが、**支払いや引渡しなどの準備をして、その旨を通知**することで、債権者に受け取るように催促することである。

債権者が受け取りを拒否しているような場合、現実の提供ができない。この際に「**口頭の提供**」（準備と通知）を行えば、**弁済の提供あり**となるんだ。

◆弁済の提供のまとめ

原則	債務の本旨に従った現実の提供を要する
例外	口頭の提供で足りる場合 ①債権者があらかじめ受領を拒絶している場合 ②債務の履行につき債権者の行為を要する場合
	債権者の不受領意思が明確な場合　☞口頭の提供も不要

上記②の債務の履行につき債権者の行為を要する場合の例としては、**取立債務**がある。債務は「持参債務」と「取立債務」という分類ができ、「**持参債務**」とは、債務者が目的物を債権者の住所に持ち込んで弁済するものである。

「**取立債務**」とは、**債権者が債務者のところへ目的物を取りに行く**債務のことで、例えば、新車を購入した際、購入者が債務者であるディーラー（販売店）のもとへ、新車を受け取りに行くような場合である。

この**取立債務**について弁済を完了するためには、**債権者の取りに来るという行為が必要**なので、**債務者としては、履行の準備ができたことを、債権者に通知すれば弁済の提供（口頭の提供）**となる。

POINT 2 弁済の提供の効果

債務者には、弁済の提供をすることで、以下の効果が生ずる。

◆弁済の提供の効果

①債務不履行を理由とする損害賠償、遅延利息、違約金を支払う必要がなく、また担保権も実行されない。
②双務契約の場合は、相手方の同時履行の抗弁（民法533条）を失わせる。
③約定利息の発生を止める。
④善管注意義務が軽減される。

なお、**上記①**について、2020年4月に施行された改正前の民法では「一切の」債務不履行責任を負わないと規定されていた。しかし、例えば、口頭の提供を行った場合、給付物自体は債務者の元に残っており、債務者にはこの物の保管義務がある（上記④のように軽減はされる）。この場合、保管義務を怠れば、債務不履行を負うことになる。よって、**弁済の提供によって一切の債務不履行責任を負わなくなるわけではない。**

POINT 3 第三者弁済

第三者弁済とは、債務を弁済する義務のない**債務者以外の者が債務の弁済を行うこと**をいう（民法474条1項）。

原則として、債務者でなくとも弁済をすることができ、例えば、友人と買い物に行った際に財布を忘れ、立て替えてもらうような場合である。ただし、第三者弁済が認められない場合もあり、まとめたのが以下のものだ。

◆第三者弁済ができない場合（民法474条2項～4項）

①債務の性質が許さないとき
②当事者が第三者弁済を禁止・制限する意思表示をしたとき
③「債務者」の意思に反するとき
　（例外）①正当な利益を有する第三者
　　　　　②債権者が債務者の意思を知らないで弁済を受領した場合
④「債権者」の意思に反するとき
　（例外）①正当な利益を有する第三者
　　　　　②第三者が弁済について**債務者の委託を受けたことを債権者が知っているとき**

上記の「正当な利益を有する第三者」とは、①借地上の建物賃借人（敷地の地代弁済について、最判昭63.7.1）、②保証人、③物上保証人、④担保目的物の第三取得者、⑤後順位担保権者などである。これらの者は**当事者の意思に反していても第三者弁済ができる。**

◆借地上の建物賃借人（敷地の地代弁済について）の例

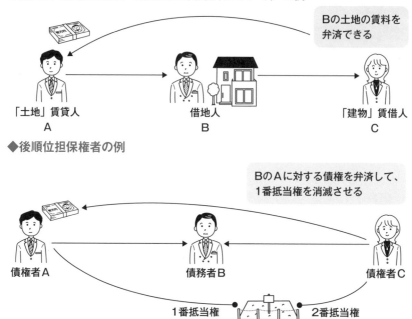

Bの土地の賃料を弁済できる

「土地」賃貸人
A

借地人
B

「建物」賃借人
C

◆後順位担保権者の例

BのAに対する債権を弁済して、1番抵当権を消滅させる

債権者A　　　　　債務者B　　　　　債権者C

1番抵当権　　　　　2番抵当権

POINT 4　弁済による代位

　弁済が第三者によって行われた場合に、弁済をした者は債務者に対する求償権を有することになる。**この求償権を確保するため、債権者の有していた担保権が弁済者に移転**する（民法499条〜501条）。

POINT 5　弁済受領権限を有しない者への弁済

　弁済を受領する権限がない者への弁済は、原則として無効である。ただし、それにより**債権者が利益を受けた限度では有効**となる（民法479条）。

　しかし、受領権者以外の者であっても、取引上の社会通念に照らして受領権者としての外観を有する者に対してした弁済は、**弁済者が善意であり、かつ、過失がなかったときに限り有効**となる（民法478条）

◆受領権者としての外観を有する者の例

①**詐称代理人**（最判昭37.8.21）
②**表見相続人**
③**指名債権の二重譲渡において劣後する譲受人**（最判昭61.4.11）
④**債権証書又は受取証書の持参人**（大判昭2.6.22）
⑤**債権譲渡が無効の場合の債権の事実上の譲受人**（大判大7.12.7）
⑥**預金証書その他の債権証書と印章を所持する者**（最判昭41.10.4）

◆二重譲渡において劣後する譲受人の例

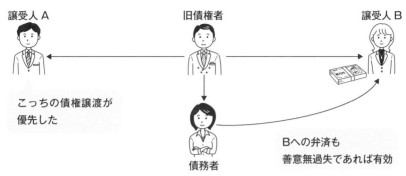

POINT 6 　代物弁済

　代物弁済とは、債務の履行としての**本来の給付に代えて他のものを給付**することにより債務を消滅させる行為である。

　例えば、100万円の金銭債務を負っている債務者が、100万円を支払うのではなく、自動車を給付することで弁済する方法などだ。

　代物弁済は、有償・双務・諾成契約である（民法482条）。つまり、**諾成契約**なので、代物弁済をするためには、相手方との**契約**が必要であり、相手方の**合意**が必要である。

　代物弁済により給付する物の所有権移転の時期は、代物弁済の意思表示（合意）の時である（最判昭57.6.4）。

　また、**代物弁済により債権（債務）が消滅する時期は、原則として、「他のものを給付」した時**であり、現実に物を渡した時と考えればよい。ただし、**給付する物が「不動産」の場合、「給付」したといえるためには、第三者に対する対抗要件（登記）の具備が必要**とされている（最判昭40.4.30）。

　上のとおり、給付物が「**不動産**」の場合、債権の消滅時期が**異なる**から注意しよう。

POINT 7 　弁済の費用

　弁済の費用について、当事者間で別段の意思表示がないときは、その費用は、**債務者の負担**とする。例えば、目的物の運送費などである。

　ただし、**債権者**が住所の移転その他の行為によって**弁済の費用を増加させたときは、その増加額は、債権者**の負担とする（民法485条）。

1 弁済の提供における口頭の提供とは、支払いや引渡しなどの準備をして、その旨を通知することで、債権者に受け取るように催促することである。

○　本問の記述のとおりである。なお、弁済の提供には「現実の提供」と「口頭の提供」がある。

2 弁済の提供について、債権者があらかじめ受領を拒絶している場合に限り、口頭の提供で足りる。

×　口頭の提供で足りる場合は、①債権者が**あらかじめ受領を拒絶している**場合と、②債務の履行につき**債権者の行為を要する**場合の2つがある。あらかじめ受領を拒絶している場合に限られない（民法493条但書）。

3 弁済の提供について、債権者が受領しない意思を明確に有している場合であっても、口頭の提供を行わなければ、弁済の提供があったとは認められない。

×　**債権者が受領しない意思を明確に有している場合**であれば、**口頭の提供も不要**と解されている（民法493条但書）。

4 債権者と債務者との契約において第三者の弁済を許さない旨の特約をしていた場合には、利害関係を有する第三者であっても、弁済をすることはできない。

○　当事者が**第三者弁済を禁止・制限する意思表示**をしたときには、**第三者弁済は許されない**。例外があるのは「**意思に反する**」場合である（民法474条4項）。

5 弁済をするについて正当な利益を有する者ではない第三者が債務者の意思に反してした弁済は、債権者がそのことを知らずに受領した場合には、その効力を生ずる。

○　**第三者弁済が債務者の意思に反する**ときであっても、**債権者が知らないで弁済を受領した場合、有効となる**（民法474条2項）。

6 第三者が債務者の意思に反して債権者に弁済した場合であっても、その第三者が物上保証人であるときには、その弁済は効力を有する。	**○** 正当な利益を有する第三者は、債権者・債務者の意思に反しても弁済できる（民法474条2項）。また、正当な利益を有する第三者に**物上保証人は含まれる**。
7 借地上の建物の賃借人は、その敷地の賃料につき債務者である土地の賃借人の意思に反して弁済することができる。	**○** 本問の記述のとおりである（最判昭63.7.1）。
8 債務者が債権者名義の受取証書を偽造した者に弁済した場合、受取証書に債権者が普段使用している印影が押捺してあったため、その者が受領権限を有すると債務者が過失なく誤信していても、その弁済は無効である。	**×** 受領権者以外の者であって**取引上の社会通念に照らして受領権者としての外観を有する者**に対してした弁済は、弁済者が**善意無過失であれば有効**となる（民法478条）。
9 債務者が、本来の給付に代えて自己の不動産の所有権を移転する合意を債権者とした場合、当該不動産が債権者に引き渡されても、所有権の移転の登記が完了しなければ、所有権移転及び債権消滅の効果は生じない。	**×** 代物弁済における給付物の「**所有権の移転**」は、代物弁済の意思表示（合意）の時である。また、「**債権消滅**」の効果は、代物弁済の給付物が「**不動産**」の場合、**対抗要件（登記）を具備した時**とされる（最判昭40.4.30）。
10 弁済をするについて正当な利益を有する者でない第三者が、債務者の委託を受けて弁済をする場合において、債権者がそのことを知っていたときは、債権者は弁済の受領を拒むことができない。	**○** 本問の記述のとおりである（民法474条3項）。

STEP 3 過去問にチャレンジ！

問題1

特別区Ⅰ類（2019年度）

民法に規定する弁済に関するA～Dの記述のうち、判例、通説に照らして、妥当なものを選んだ組み合わせはどれか。

A 弁済の提供は、債務の本旨に従って現実にしなければならないが、債権者があらかじめ債務の受領を拒んだときに限り、弁済の準備をしたことを通知してその受領の催告をすれば足りる。

B 弁済の費用について別段の意思表示がないときは、その費用は、債務者の負担とするが、債権者が住所の移転その他の行為によって弁済の費用を増加させたときは、その増加額は、債権者の負担とする。

C 最高裁判所の判例では、借地上の建物の賃借人と土地賃貸人との間には直接の契約関係はないものの、当該建物賃借人は、敷地の地代を弁済し、敷地の賃借権が消滅することを防止することに法律上の利益を有するとした。

D 最高裁判所の判例では、債権者の代理人と称して債権を行使する者もいわゆる債権の準占有者にあたると解すべきであり、債権の準占有者に対する弁済が有効とされるには、弁済者が善意であればよく、無過失である必要はないとした。

1 A・B
2 A・C
3 A・D
4 B・C
5 B・D

→解答・解説は別冊P.024

問題 2

弁済に関する次のア〜エの記述のうち、妥当なもののみを全て挙げているものは
どれか（争いのあるときは、判例の見解による。）。

ア 指名債権の債権者Aが、債権をBに譲渡したことを当該債権の債務者Cに通知
した場合において、CのBに対する弁済は、AとBとの間の債権譲渡が無効であっ
た場合においても、Cが、当該債権譲渡が無効であったことにつき善意無過失
であれば、効力を有する。

イ 債権の本来の内容である給付に代えて、これとは異なる給付を行うことも可能
であるから、金銭債務を負う債務者が、債権者に対し、債権者の承諾を得るこ
となく自己所有の自動車を引き渡した場合、当該金銭債務は消滅する。

ウ 債務の弁済をなすべき者は、原則は債務者であるが、債務者以外の第三者も弁
済をすることができるから、芸術家が絵画を創作する債務についても、第三者
が弁済をすることはできる。

エ 債権者Aが債務者Bに甲債権を有し、甲債権についてCが保証人となり、甲債
権の担保のために抵当権が設定されていた場合において、CがAに弁済をする
と、甲債権は抵当権とともにCに当然に移転する。

1 ア、イ
2 ア、ウ
3 ア、エ
4 イ、ウ
5 ウ、エ

➡解答・解説は別冊P.025

裁判所職員（2020 年度）

弁済に関する次のア〜オの記述のうち、妥当なもののみを全て挙げているものは
どれか（争いのあるときは、判例の見解による。）。

ア 弁済の提供によって債権は消滅し、債務者は一切の債務不履行責任を免れる。

イ 債権者が弁済を受領しない意思が明確と認められる場合であっても、債務者は
口頭の提供をしなければ債務不履行責任を免れない。

ウ 物上保証人は、主債務者のために第三者弁済をすることができる。

エ 債権者の代理人を詐称する者も、受領権者としての外観を有する者に当たる。

オ 代物弁済により債権が消滅するためには、権利の移転があれば足り、第三者に
対する対抗要件の具備は必要ではない。

1 ア・イ
2 ア・オ
3 イ・エ
4 ウ・エ
5 ウ・オ

➡解答・解説は別冊 P.026

問題 4

弁済に関する次のア～エの記述のうち、妥当なもののみを全て挙げているものは
どれか（争いのあるときは、判例の見解による。）。

ア 債権が二重に譲渡された場合、譲受人間の優劣は、対抗要件具備の先後による
が、債務者が法律上劣後する譲受人に誤って弁済したときであっても、準占有
者弁済として有効な弁済となる場合がある。

イ 債権の準占有者に対する弁済を一定の要件のもとに有効な弁済として扱うのは、
債権者らしき外観を信頼した者を保護する趣旨であるから、債権者の代理人ら
しき外観を有していたにすぎない者に対する弁済は、債務者の主観を問わず、
無効である。

ウ 債権者及び債務者が、債務者が債権者に対して負っている金銭債務の弁済に代
えて、債務者が所有する不動産を債権者に譲渡することを合意した場合、当該
金銭債務が消滅する効果は、当該合意の成立時に発生する。

エ 第三者が、債務者の意思に反して、債務の弁済をする場合には、利害関係を有
することが必要であるが、借地上の建物の賃借人は、敷地の地代の弁済につき、
法律上の利害関係があると認められる。

1 ア・イ
2 ア・ウ
3 ア・エ
4 イ・ウ
5 イ・エ

➡解答・解説は別冊 P.026

9 相殺

STEP 1 要点を覚えよう！

POINT 1 相殺の意義

相殺とは、**2人が互いに同種の債務を負担**する場合において、その**債務を対当額で消滅させる意思表示**のことをいう（民法505条1項本文）。

例えば、AがBに対し10万円の債権（甲債権）を有し、BもAに対し10万円の債権（乙債権）を有する場合において、**甲債権も乙債権もいつでも相殺できる状態**であるとき（これを**相殺適状**という）には、Aが「相殺する」と言えば、甲債権と乙債権は消滅する。

「相殺する」と言った者が有する債権（甲債権）を自働債権、言われた者が有する債権（乙債権）を受働債権という。そして、「相殺する」と言うことを相殺の意思表示という。

相殺する！ 承諾は不要

甲債権（自働債権）

乙債権（受働債権）

A　　B

POINT 2 相殺の要件

相殺が認められるには、原則として、以下の要件が必要となる。ただし、要件には例外もあるため、各要件に関する知識と併せて確認していく。

◆相殺の要件（原則）

①当事者間に債権が**対立して存在**すること
②双方の債権が**同種の目的**を有すること
③双方の債権が**弁済期**にあること
④相殺が**禁止**されていないこと

POINT 3 相殺の要件① 対立する債権の存在

相殺をするには、当事者間に債権が対立して存在することが必要である。しかし、一度、相殺適状となった者は、相殺による処理を期待するため、この期待を保護すべく、**一度、相殺に適する状態になった後に、自働債権が時効消滅してい**

ても**相殺できる**（民法508条）。そして、この場合の自働債権は、援用前ではなく、その**消滅時効期間が経過する以前**に受働債権と相殺適状にあったことを要する（最判平25.2.28）。

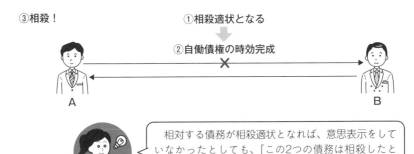

③相殺！　　　　　　　　①相殺適状となる

②自働債権の時効完成

A　　　　　　　　　　　　　　　　　　　　　　　　B

　　相対する債務が相殺適状となれば、意思表示をしていなかったとしても、「この2つの債務は相殺したとして消滅でいいよね」と考えるのが通常なんだ。相手方も放置しておいて、相手の債権が消滅した後に請求することは認めないんだよ。

POINT 4　相殺の要件②　債権が同種の目的を有する

　相殺をするには、双方の債権が同種の目的を有することが必要である。一方が金銭債務、他方が歌をうたう債務などでは相殺できない。

　なお、**履行地の異なる債務どうしでも相殺できる**が、この場合、相殺をする当事者は、相手方に対し、これによって**生じた損害を賠償しなければならない**（民法507条）。

POINT 5　相殺の要件③　双方の債権が弁済期

　相殺をするには、原則として、双方の債権が弁済期にあることが必要である。

　ただし判例は、**自働債権が弁済期**にあれば、**相殺を認めている**（大判昭8.5.30）。受働債権については、期限の利益を放棄できるからである。

相殺！

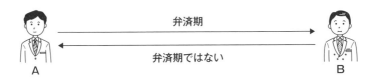

A　　　　　　　　　弁済期　　　　　　　　B

弁済期ではない

POINT 6　相殺の要件④　相殺が禁止されていない

　相殺をするには、法律等で相殺が禁止されていないことが必要である。

　相殺は**性質上、相殺を許す債務**でなければならない（民法505条1項但書）。

　また、**当事者間で相殺を禁止したり、制限をする旨の意思表示**を行うこともできるが、この場合でも、**第三者**がその意思表示につき**悪意又は重過失**の場合に限って、**当該制約を第三者に対抗できる**（民法505条2項）。

　さらに、相殺を行うには、**自働債権に対して抗弁が付着していない**ことが必要となる。後述のように、相殺は一方的な意思表示で行うものなので、自働債権に対して相手方の抗弁権がある場合、それを無視できないからである。

　この他、**民法**では、以下の相殺を禁止している。

①受働債権が、悪意による不法行為に基づく損害賠償債務、人の生命又は身体の侵害による損害賠償債務の場合（民法509条）

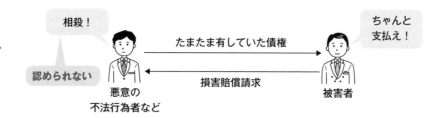

☞もっとも、**上記①については、その債務に係る債権を他人から譲り受けた者に対しては相殺できる**（民法509条但書）。

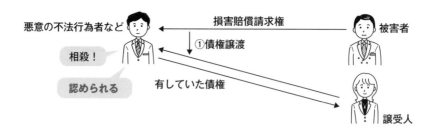

② **受働債権が差押禁止債権である場合**（民法510条）

　「**差押え**」とは、金銭債権を強制執行できるようにするために、債務者が有する財産を譲渡してしまうなどの**処分を禁じる手続**であるが、養育費請求権の一部など、債務者が生きていくために必要な債権等は差押えが禁止されている。

　この差押禁止債権は、現実に給付されることが求められるため、**受働債権が差押禁止債権である場合は相殺できない。**

③ **受働債権の差押後に取得した自働債権での相殺**（民法511条1項）。

　ただし、**差押後に取得した債権が差押前の原因に基づいて生じたもの（他人の債権の取得は除く）**であるときは、相殺できる（同条2項）。

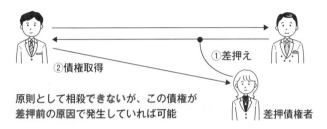

　①差押え
　②債権取得
　差押債権者
原則として相殺できないが、この債権が差押前の原因で発生していれば可能

POINT 7　相殺の方法

　相殺は、当事者の一方から相手方に対する**一方的な意思表示**によって行う。よって、相殺を行うために**相手方の承諾は必要ない。**

　なお、相殺の意思表示に対して、**条件や期限を付けることはできない**（民法506条1項）。

　例えば、「試験に合格したら相殺する」といった条件を付けると、相手方の地位が不安定になるからだよ。

POINT 8　相殺の効力

　相殺が行われた場合、**対当額で債権が消滅し、その効果は相殺適状の時点に遡る**（民法506条2項）。

　これに関連して判例は、**賃貸借契約が賃料不払いのため適法に解除された後、賃借人によって相殺の意思表示がされた場合、これにより賃料債務が遡って消滅しても、解除の効力に影響はなく、**このことは解除の当時、**賃借人において自己が反対債権を有する事実を知らなかったため相殺の時期を失した場合であっても異ならない**とした（最判昭32.3.8）。

　要するに、**相殺によって解除の原因となった賃料の不払いが遡及的に消滅した**としても、**解除の効果までは影響がない**ということである。

1 自働債権の弁済期が到来していない場合であっても、受働債権の弁済期が到来していれば、相殺をすることができる。

× **自働債権の弁済期が到来していなければ相殺はできない。** なお、**受働債権の弁済期は到来していなくとも、相殺できる**（大判昭8.5.30）。

2 受働債権につき、当事者間で定められた弁済期が到来していない場合には、その期限の利益が放棄されており、かつ自働債権の弁済期が到来しているときであっても、相殺をすることができない。

× 上記のとおり、**自働債権さえ弁済期にあれば、受働債権の期限の利益を放棄することによって相殺できる。**

3 消滅時効にかかった債権であっても、消滅時効の完成前に相殺適状にあった場合には、債権者は、当該債権を自働債権として相殺できる。

○ **相殺に適する状態になった後、自働債権が時効消滅していても相殺できる**（民法508条）。

4 同時履行の抗弁権が付着している債権を自働債権として相殺するには、自己の債務の履行を提供しなければならない。

○ **同時履行の抗弁権の付いた自働債権は相殺できない。**

5 人の生命又は身体の侵害による不法行為の損害賠償の債務の債務者は、その債権者がその債務にかかる債権を他人から譲り受けたときであっても、相殺をもって債権者に対抗することができない。

× ①悪意による不法行為に基づく損害賠償の債務、②上記を除いた人の生命又は身体の侵害による損害賠償の債務の債務者は、相殺をもって債権者に対抗することができない。もっとも、これらの**債務に係る債権を他人から譲り受けた者に対しては相殺できる**（民法509条）。

6 相殺は当事者の一方から相手方に対してなす意思表示によって効力を生じる。

○　本問の記述のとおりである（民法506条1項）。

---

7 相殺禁止の特約があれば、そのことを知らずにその債権を譲り受けた場合でも、その債権をもって相殺することはできない。

×　当事者が相殺を禁止し、又は制限する旨の意思表示をした場合、第三者が、その意思表示につき悪意又は重過失の場合に限り、その第三者に対抗できる（民法505条2項）。

---

8 相殺の意思表示は、相殺適状に達した時にさかのぼってその効力を生じる。

○　相殺の効果は、相殺適状の時点にさかのぼる（民法506条2項）。

---

9 相殺を行うためには、原則として、相手方の承諾が必要となる。

×　相殺は、当事者の一方から相手方に対する**一方的な意思表示**によって行う（民法506条）。**相手方の承諾は必要ない**。

---

10 相殺の意思表示には、条件又は期限を付けることができない。

○　相殺の意思表示には、**条件や期限を付けることはできない**（民法506条1項）。

---

11 相殺は双方の債務の履行地が異なるときでもすることができる。

○　本問の記述のとおりである。なお、この場合に相殺をすることで**相手方に損害を与えた場合**には、これによって生じた**損害を賠償**しなければならない（民法507条）。

問題1

特別区 I 類（2020年度）

民法に規定する相殺に関する記述として、判例、通説に照らして、妥当なものはどれか。

1 相殺が有効になされるためには、相対立する債権の弁済期について、自働債権は必ずしも弁済期にあることを必要としないが、受働債権は常に弁済期に達していなければならない。

2 相殺は、双方の債務の履行地が異なるときであってもすることができ、この場合において、相殺をする当事者は、相手方に対し、これによって生じた損害を賠償する必要はない。

3 相殺は、対立する債権がいずれも有効に存在していなければならないので、時効により債権が消滅した場合には、その消滅前に相殺適状にあっても、その債権者はこれを自働債権として相殺することができない。

4 最高裁判所の判例では、賃金過払による不当利得返還請求権を自働債権とし、その後に支払われる賃金の支払請求権を受働債権としてする相殺は、過払と賃金の清算調整が合理的に接着していない時期にされても、違法ではないとした。

5 最高裁判所の判例では、賃貸借契約が賃料不払のため適法に解除された以上、たとえその後、賃借人の相殺の意思表示により当該賃料債務が遡って消滅しても、その解除の効力に影響はないとした。

➡解答・解説は別冊 P.027

問題2

特別区 I 類（2018年度）

民法に規定する相殺に関する記述として、妥当なものはどれか。

1 相殺をするためには、相対立する債権が相殺適状にあることが必要であるが、当事者が相殺禁止の意思表示をした場合は、相殺は適用されず、その意思表示は、善意・無重過失の第三者にも対抗することができる。

2 相殺は、当事者の一方から相手方に対する意思表示によって効力を生じるが、その相殺の効力発生時期は、実際に相殺の意思表示をした時期であり、双方の債権が相殺適状になった時に遡及して効力を生じることはない。

3 時効によって消滅した債権がその消滅以前に相殺適状にあったときは、その債権者は、時効消滅した債権を自働債権として、その時点に遡及して相殺することはできない。

4 悪意による不法行為によって生じた損害賠償債権の債務者は、その不法行為による損害賠償債権を受働債権として、不法行為による損害賠償債権以外の債権と相殺することはできない。

5 第三債務者が差押えによって支払を差し止められた場合において、その後に取得した反対債権を自働債権として相殺したときは、これをもって差押債権者に対抗することができる。

➡解答・解説は別冊 P.028

問題3
裁判所職員（2022 年度）

相殺に関する次のア〜エの記述のうち、妥当なもののみを全て挙げているものはどれか（争いのあるときは、判例の見解による。）。

ア 時効によって消滅した債権を自働債権とする相殺をするためには、消滅時効が援用された自働債権は、その消滅時効が援用される以前に受働債権と相殺適状にあったというだけでは足りず、その消滅時効期間が経過する以前に受働債権と相殺適状にあったことを要する。

イ 賃料不払のため賃貸人が賃貸借契約を解除した後、賃借人が自働債権の存在を知って相殺の意思表示をし、賃料債務が遡って消滅した場合、賃貸人による上記解除は遡って無効となる。

ウ Aの債権者であるBは、AのCに対するX債権を差し押さえた。その後、CはAに対するY債権をDから取得したが、Y債権は差押え前の原因に基づいて生じたものであった。Cは、Y債権を自働債権、X債権を受働債権とする相殺をもってBに対抗することができる。

エ Aの債権とBの債権が令和3年10月1日に相殺適状になったが、相殺されていない状態で、Bの債権についてAが同年11月1日に弁済した場合、その後、Bは相殺をすることができない。

1　ア、イ
2　ア、エ
3　イ、ウ
4　イ、エ
5　ウ、エ

➡解答・解説は別冊P.028

問題4

国家一般職（2019年度）

相殺に関する次の記述のうち、妥当なものはどれか。ただし、争いのあるものは判例の見解による。

1　相殺をなし得るためには、相殺をする者とその相手方との間に対立する債権が存在していなければならないから、保証人は、主たる債務者の債権による相殺をもって債権者に対抗することができない。

2　受働債権を悪意による不法行為に基づく債権とする相殺は原則として許されず、その債権が譲渡された場合も、債務者は譲受人に相殺を主張できない。

3　相殺は、当事者の一方から相手方に対する意思表示によってするが、双方の債権は、相殺の意思表示を行った時点で、その対当額において消滅し、その消滅の効力は遡らない。

4　相殺は、双方の債権がいずれも有効に存在していなければならないから、一方の債権が時効により消滅していた場合には、その債権が消滅前に相殺適状にあったとしても、その債権を自働債権として相殺することができない。

5　相殺の意思表示は、単独の意思表示で法律関係の変動を生じさせる形成権の行使である。また、相殺の意思表示には、条件又は期限を付けることができない。

➡解答・解説は別冊P.029

CHAPTER 2

債権各論

👉 この章で学ぶこと

⬤ 債権各論は、主要な契約類型と不法行為を優先して押さえよう

　CHAPTER2・債権各論では、それぞれの**契約類型**と**法定債権**（当事者に契約関係が無くても、金銭等の請求ができる権利）について学習します。私たちは日常生活を送るうえで、さまざまな契約を交わしますが、このような種々の契約の特徴・法的規律等について個別に学習するのが債権各論です。

　民法は売買や賃貸借など、日常生活において発生する契約をいくつか類型的に定めていますが、このうち公務員試験で出題される契約類型は限られているので、それぞれの**契約類型における条文知識**を押さえることで、債権各論を攻略することができます。

　公務員試験で出題されやすい契約類型は売買や賃貸借などで、私たちの日常生活に密着したものが多いことが特徴です。**コンビニで物を買ったりアパートを契約したりという場面を想像しながら、条文知識を押さえていきましょう**。また、他人に損害を与えた場合の法的関係を規律する**不法行為**も出題されやすいので、しっかりと理解しましょう。

　債権各論は債権総論に比べると身近な分野が多いパートです。個々の契約類型のイメージをもちながら知識を押さえていくことで、安定した得点源にすることができます。日常生活のあらゆる場面を想像して、知識をストックしていきましょう。

⬤ 契約不適合責任は要注意

　売買の規定のうち**契約不適合責任**については、法改正により条文がいくつも新設されているので要注意です。契約不適合責任は、物を買ったけれどその物に問題があった場合の法的関係を規律するものですが、法改正により大きく変化しているので、今後の出題の増加が予想されます。

　ここは、**新設された条文知識**をしっかりと押さえておきましょう。条文さえ押さえておけば正解しやすいので、本書で確実に知識を身に付け、得点源にしましょう。

国家一般職

売買・賃貸借・不法行為を中心にまんべんなく問われる。出題内容は基本知識を素直に問うものが多く、債権総論に比べると取り組みやすい。上記の3分野を中心に網羅的な学習をしていこう。

国家専門職

国家一般職と同様、売買・賃貸借・不法行為が比較的出題されやすい。内容もそれほど複雑ではないので、条文と判例を中心に押さえていこう。

地方上級

契約総論・売買・不法行為が出題されやすい。出題分野にやや偏りがあるので、まずはこの3分野を優先して進めるのが望ましい。

裁判所職員

国家一般職と同様、売買・賃貸借・不法行為を中心に全範囲からまんべんなく出題される。内容自体は基礎的なものが多いので、本書を網羅的に取り組んで対策しよう。

特別区Ⅰ類

売買・賃貸借・不法行為に加え、マイナーな分野である事務管理・不当利得も出題されることがある。これらの分野を優先して押さえていこう。

市役所

賃貸借と不法行為が出題されやすい。まずは、この2分野を優先して学習に取り組むと効率が良いだろう。条文と判例をしっかりと学習していこう。

1 契約総論①
（申込みと承諾等）

STEP 1 要点を覚えよう！

POINT 1 　契約の申込み・承諾の意思表示の効力発生時期

　CHAPTER2では、各種契約に対して原則的に適用される総論的な規定を確認した後、各契約の内容を確認していく。まずは総論的な規定について見ていこう。

　そもそも**契約とは、双方の意思表示が合致して成立する**法律行為をいう。具体的には、**契約の申込みの意思表示と、その承諾の意思表示が合致**することで成立する。そして、申込みと承諾の効力が生じる時期は以下のとおりである。

◆契約の申込みと承諾の効力発生時期

申込み	原則	相手方への到達時（民法97条1項）
	例外	申込みの発信後、申込者が死亡・意思能力を喪失した場合において、以下の場合は、申込みの効力は生じない（民法526条） ①申込者がその事実が生じたとすれば、その申込みは効力を有しない旨の意思を表示していたとき ②相手方が承諾発信時までにその事実を知ったとき
承諾		相手方への到達時（民法97条1項）

POINT 2 　契約の申込みの拘束力

　上記のとおり、「申込み」も「承諾」も相手方に到達した時に効力を生ずるのが原則である。すると、「承諾」が相手方に到達するまでの間は、契約が成立していないことになるが、この点、**承諾が到達するまでの間、申込者は「申込み」を撤回できるのか**問題となる。これは申込みに承諾期間が定められているか否かで異なる。

◆ 「申込み」の撤回の可否

申込みにおける承諾期間の定めの有無	結果
定めがある場合	撤回できない（民法523条1項本文）※
定めがない場合	①承諾の通知を受けるのに相当な期間を経過するまでは、撤回できない（民法525条1項本文）※ ②対話による申込みの場合は、その対話が継続している間はいつでも撤回できる（民法525条2項）

※ただし、申込者が撤回をする権利を留保していたときは、撤回できる（民法523条1項但書、525条1項但書）。

> 自分で承諾できる期間を設定した場合、相手方はそこまでは承諾できると思う。じっくり考えている間に申込みが撤回されては困るよね。

POINT 3 承諾期間の定めのある申込みに対する承諾の延着

　申込みに承諾期間が定められている場合、承諾の通知はその期間内に相手方に到達しなければならず、**その期間を経過すると、申込みは当然に失効する**（民法523条2項）。

　ただし、**承諾が延着した場合であっても、申込者は遅延した承諾を新たな申込みとみなすことができる**（民法524条）。よって、**申込者がこれに対して承諾をすれば、契約が成立**する。

これを新たな申込みとみなして、
Aが承諾すれば契約成立

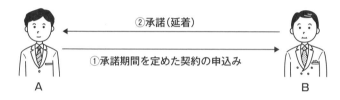

POINT 4 申込みに変更を加えた承諾

　承諾者が、申込みに条件を付し、その他変更を加えてこれを承諾したときは、**承諾者により申込みが拒絶されたとともに、新たな申込みを当初の申込者に対してしたものとみなされる**（民法528条）。よって、その変更等が加えられた**新たな申込みに対して、当初の申込者が承諾しない限り、契約は成立しない**。

POINT 5 同時履行の抗弁権の意義と成立要件

　同時履行の抗弁権とは、1つの契約において、**相手方が債務を履行してくれるまで、自分も債務を履行しない**と主張できる権利をいう（民法533条本文）。例えば、物の売主が、相手が代金を支払うまでは、物を引き渡さないと言える権利である。この同時履行の抗弁権の成立要件は、以下のものである。

◆同時履行の抗弁権の成立要件

①**同一の双務契約**から生ずる両債務の存在
②双方の債務がともに**弁済期**にあること
③相手方が自己の債務の履行又はその提供をしないで、他方の債務の履行を請求してきたこと

要件①について、他の契約の話を持ち出して「〇〇を支払うまでは…」と言われても困る。それから、要件②について、相手の履行を強制する以上、弁済期でなければならないんだ。

要件①の**「双務契約」**とは、**当事者双方が対価性のある債務を負担**する契約のことだ。例えば、野菜の売買契約を行った場合、売主は野菜という対価性のある物を給付する義務を負うし、買主は金銭を支払う義務がある。

他方、贈与契約のように物をあげる契約は、片務契約とされる。贈与者は物を贈与する義務を負うが、受贈者（もらう方）は債務を負わない。ただし、贈与する代わりに面倒を見て、といった「負担付」贈与契約の場合、受贈者にも債務が発生するので双務契約とされ、同時履行の抗弁権を有する。

なお、履行の提供に関して、催告に示された**履行期が一定期間内**とされたときは、原則として、その**期間中履行の提供を継続**させなければならない（最判昭34.5.14）。また、**当事者の一方が自己の債務を履行しない意思を明確**にした場合、**履行の提供をしなくても、その相手方は同時履行の抗弁権を喪失する**（最判昭41.3.22）。

POINT 6 同時履行の抗弁権の効果

同時履行の抗弁権を主張した場合、以下の効果が生じる。

◆同時履行の抗弁権の効果

①被告から同時履行の抗弁権が**裁判上主張**されたときは、裁判所は**引換給付判決***をする（大判明44.12.11）。
②履行を行わなくとも、**履行遅滞の責任を負わない**（大判大14.10.29）。
③同時履行の抗弁権の付着する債権を**自働債権**として、**相殺をすることはできない**（相殺については 📖102ページ）。

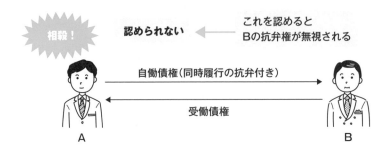

POINT 7 同時履行の抗弁権が認められる事例

同時履行の抗弁権については、具体的な事例において認められるか否かが問われることが多い。そこで、次の事例は確認しておくこと。

---

* **引換給付判決（ひきかえきゅうふはんけつ）**…双務契約において、原告の給付請求に対し、被告から同時履行や留置権の抗弁が出された場合に、原告の履行と引き換えに被告に給付を命じる判決。

◆同時履行の抗弁権が「認められる」事例

①造作買取請求権行使における、造作引渡しと造作代金支払債務
②建物買取請求権行使における、建物・敷地の引渡しと建物買取代金（最判昭35.9.20）
③債務の弁済と受取証書の交付（民法486条1項）
④不動産売買における、売主の目的不動産引渡義務・移転登記申請手続協力義務と買主の代金支払義務（最判昭34.6.25）
⑤負担付贈与における負担と贈与（民法553条）
⑥解除における原状回復義務（民法546条、533条）
⑦契約の無効・取消しによる原状回復義務（最判昭28.6.16、最判昭47.9.7）

◆同時履行の抗弁権が「認められない」事例

①造作買取請求権行使による造作代金支払債務と家屋明渡債務（最判昭29.7.22）
②借家明渡債務と敷金返還債務（最判昭49.9.2、民法622条の2第1項1号）
③債務の弁済と債権証書の交付（民法487条）
④譲渡担保における債務の弁済と譲渡担保の目的物の返還（最判平6.9.8）
⑤債務の弁済と抵当権抹消登記（最判昭57.1.19）

ここで差をつける！ ── 同時履行の抗弁権の要注意判例！

① 「建物買取請求権」における「建物」と「建物代金」 ☞ 認められる。
   「造作買取請求権」における「建物」と「造作代金」 ☞ 認められない。
② 「債務の弁済」と「受取証書（領収書等）」の交付 ☞ 認められる。
   「債務の弁済」と「債権証書（契約書等）」の交付 ☞ 認められない。
☞債権証書を交付されなくとも、受取証書があれば弁済を証明できる。

POINT 8 「同時履行の抗弁権」と「留置権」の比較

　同時履行の抗弁権と留置権は、似ているため比較が問われる。最大の違いは、**留置権は物権であり、すべての人に対して主張することができるが、同時履行の抗弁権は債権であり**、双務契約の相手方以外の第三者に対しては主張しえないという点である。

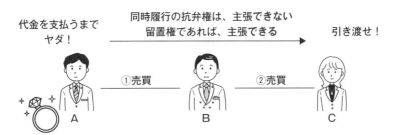

代金を支払うまでヤダ！　同時履行の抗弁権は、主張できない　留置権であれば、主張できる　引き渡せ！

　　　　A　①売買　B　②売買　C

1 承諾者が、申込みに条件を付し、その他変更を加えてこれを承諾したときは、承諾者により申込みが拒絶されたとともに、新たな申込みを当初の申込者に対してしたものとみなされる。

○ **本問の記述のとおりであ**る（民法528条）。

2 申込者が、申込みの意思表示の到達前に死亡し、その事実を承諾者が知って承諾の通知を発した場合であっても、その申込者の相続人に承諾の意思表示が期限までに到達すれば、契約が成立する。

× **相手方が承諾発信時までに申込者の死亡の事実を知った場合、申込みの効力は生じない**（民法526条）。

3 申込みに、承諾期間の定めがある場合でも、承諾者が承諾の通知を発する前であれば、申込みを撤回することができる。

× 承諾期間の定めがある場合、原則として、**申込みは撤回できない**（523条1項本文）。

4 申込みに、承諾期間の定めがない場合、申込者が承諾者から承諾の通知を受け取る前であれば、いつでもその申込みを撤回することができる。

× 承諾期間の定めがない場合であっても、承諾の通知を受けるのに**相当な期間を経過するまでは、撤回できない**（民法525条1項本文）。

5 申込みに承諾期間が定められている場合で、承諾の通知がその期間を経過後に到達した場合、申込者がこれに対して承諾をすれば、契約が成立する。

○ **承諾期間を遅延した承諾**について、申込者は新たな**申込み**とみなすことができ（民法524条）、申込者がこれに対して**承諾**をすれば、契約が成立する。

6 同時履行の抗弁権が付着している債権であっても、これを自働債権として相殺することができる。

× **同時履行の抗弁権の付着する債権を自働債権として相殺をすることはできない**。

7	同時履行の抗弁権を有する債務者が履行期を徒過した場合には、債権者は自己の反対債務の行の提供をしないと解除することはできないが、損害賠償を請求することはできる。	✕ 同時履行の抗弁権を有する場合、債務不履行責任を**免れる**。よって、損害賠償請求**もできない**。
8	同時履行の抗弁権は、解除による原状回復義務についても認められる。	◯ **本問の記述のとおり**である（民法546条、533条）。
9	宅地の売買契約における買主が、代金支払債務の弁済期の到来後も、その履行の提供をしない場合、売主は、当該宅地の引渡しと登記を拒むことができる。	◯ **売買契約は双務契約であ**り、各当事者の義務履行は同時履行の関係に**立つ**（民法533条本文）。
10	金銭の消費貸借契約の貸主が、借主の借金に係る抵当権設定登記について、その抹消登記手続の履行を提供しない場合、借主は、当該借金の弁済を拒むことができる。	✕ 金銭の消費貸借契約では、借主が先に貸金を弁済しない限り、貸主は抵当権抹消手続をする義務を**負わない**（最判昭57.1.19）。
11	家屋の賃貸借が終了し、賃借人が造作買取請求権を有する場合においては、賃貸人が造作代金を提供するまで、賃借人は、家屋の明渡しを拒むことができる。	✕ 「造作」買取請求権による同時履行の抗弁権において、**家屋の明渡しを拒むことはできない**（最判昭29.7.22）。
12	家屋の賃貸借が終了し、賃借人が敷金返還請求権を有する場合においては、賃貸人が敷金を提供するまで、賃借人は、家屋の明渡しを拒むことができる。	✕ **敷金の返還義務は、家屋を返還してから発生する**ものであり、同時履行の関係に**立たない**（最判昭49.9.2、民法622条の2第1項1号）。

問題 1

国家一般職（2022 年度）

契約の成立に関するア～オの記述のうち、妥当なもののみを全て挙げているのは
どれか。

ア　AがBに承諾の期間を定めて売買契約の締結の申込みをした場合において、そ
の期間内にAがBから承諾の通知を受けなかったときは、Aの申込みは承諾さ
れたものとみなされる。

イ　AがBに承諾の期間を定めずに売買契約の締結の申込みをした場合において、
Aがこれを撤回する権利を留保したときであっても、Aは、Bからの承諾の通
知を受けるのに相当な期間を経過するまでは、その申込みを撤回することはで
きない。

ウ　AとBが対話している間に、AがBに承諾の期間を定めずに売買契約の締結の
申込みをした場合には、Aの申込みは、AとBの対話が継続している間は、い
つでも撤回することができる。

エ　AがBに売買契約の締結の申込みの通知を発した後に死亡した場合において、
Bが承諾の通知を発するまでにAの死亡の事実を知ったときは、Aの申込みは
効力を有しない。

オ　AがBに売買契約の締結の申込みをしたところ、BがAの申込みに条件を付し
てこれを承諾した場合には、Bが承諾した時点で、その条件に従って変更され
た内容の契約が成立する。

1　ア、イ
2　イ、エ
3　ウ、エ
4　ウ、オ
5　エ、オ

→解答・解説は別冊 p.030

問題2

同時履行又は同時履行の抗弁権に関する記述として、最高裁判所の判例に照らして、妥当なものはどれか。

1 売買契約が詐欺を理由として取り消された場合における当事者双方の原状回復義務は、同時履行の関係に立たない。

2 双務契約の当事者の一方は、相手方から履行の提供が一度でもあれば、不受領の不利益を提供の継続という形で相手方に転嫁するのは公平に反するため、相手方の履行の提供が継続しなくても、同時履行の抗弁権を失う。

3 債務の弁済とその債務を担保するための抵当権設定登記の抹消手続とは、前者が後者に対し先履行の関係にあるものではなく、両者は同時履行の関係に立つ。

4 双務契約の当事者の一方が自己の債務の履行をしない意思を明確にした場合には、相手方が自己の債務の弁済の提供をしなくても、当該当事者の一方は、自己の債務の不履行について履行遅滞の責を免れることをえない。

5 家屋の賃貸借終了に伴う賃借人の家屋明渡債務と賃貸人の敷金返還債務とは、賃借人保護が要請されるため、特別の約定のない限り、同時履行の関係に立つ。

➡解答・解説は別冊p.030

問題3

同時履行の抗弁に関する次のア～オの記述のうち、妥当なもののみを全て挙げているものはどれか（争いのあるときは、判例の見解による。）。

ア 不動産の売買契約において、売主の移転登記の協力義務と買主の代金支払義務は同時履行の関係に立つ。

イ 動産の売買契約において、代金の支払につき割賦払いとされている場合、売主の目的物引渡義務と買主の代金支払義務は同時履行の関係に立つ。

ウ 建物の賃貸借契約における賃借人から造作買取請求権が行使された場合において、造作買取代金の支払と建物の明渡しは同時履行の関係に立つ。

エ 建物の賃貸借契約が終了した場合において、賃借人の建物の明渡義務と賃貸人の敷金返還義務は同時履行の関係に立つ。

オ 請負契約が締結されている場合において、物の引渡しを要しないときを除き、請負人の目的物引渡債務と注文者の報酬支払債務は同時履行の関係に立つ。

1 ア、イ
2 ア、オ
3 イ、エ
4 ウ、エ
5 ウ、オ

➡解答・解説は別冊p.031

問題4

国家一般職（2014年度）

同時履行の抗弁権に関する次の記述のうち、妥当なものはどれか。

1 双務契約の当事者の一方は、相手方の同時履行の抗弁権を消滅させるためには、常に相手方に対して現実の提供をすることが必要である。

2 双務契約の当事者の一方は、契約の相手方に対して同時履行の抗弁権を行使した場合であっても、契約上の債務の履行期日を徒過すれば債務不履行の責任を負う。

3 双務契約の当事者の一方が契約の相手方に対して訴訟上で債務の履行を請求する場合であっても、その相手方が同時履行の抗弁権を主張したときは、請求が棄却される。

4 同時履行の抗弁権は、留置権と同様、公平の見地から認められる制度であるから、契約当事者以外の第三者に対しても行使することができる。

5 双務契約である売買契約の解除によって発生した原状回復義務につき、売主及び買主は、原状回復義務の履行について、互いに同時履行の抗弁権を行使することができる。

➡解答・解説は別冊p.032

問題5 国家専門職（2015年度）

同時履行の抗弁権に関するア～オの記述のうち、妥当なもののみを全て挙げているのはどれか。ただし、争いのあるものは判例の見解による。

ア 目的物がAからB、BからCへと転売され、BがAに対して当該目的物の売買契約に基づく金銭債務を履行しない場合、Aは同時履行の抗弁権に基づき、Cからの目的物の引渡請求を拒むことができる。

イ 建物買取請求権を行使したときの代金債務と建物収去土地明渡義務は、同一の双務契約から生じたものではないから、同時履行の関係には立たない。

ウ 家屋の賃貸借終了に伴う賃借人の家屋明渡債務と賃貸人の敷金返還債務とは、特別の約定のある場合を除き、同時履行の関係に立つ。

エ 契約の解除に基づく原状回復義務は、民法第546条により相互に同時履行の関係に立つ。また、契約が取り消されたり無効となる場合において、給付された物を返還する義務が相互に生じるときも、当該義務は同時履行の関係に立つ。

オ 贈与契約は片務契約であるため同時履行の抗弁権は認められないが、負担付贈与は、その性質に反しない限り、双務契約に関する規定が準用されることから、同時履行の抗弁権の規定の適用がある。

1 ア、オ
2 イ、ウ
3 エ、オ
4 ア、イ、ウ
5 ウ、エ、オ

➡解答・解説は別冊 p.033

2 契約総論②（解除）

STEP 1 要点を覚えよう！

POINT 1 解除の方法

解除とは、一度は有効に成立した契約を事後的に消滅させることである。法律の規定により認められる解除権を**法定解除権**、当事者間の契約によって解除権が留保されている場合の解除権を**約定解除権**という。

なお、**約定解除**においては、**当事者の合意により、法定解除における要件や効果を修正することができる。**

この**解除権の行使**は、**相手方に対する意思表示**によってなされ、**相手方に到達して効力が生じた後は、撤回できない**（民法540条）。なお、**理由が示されない解除の意思表示も有効**である。

> 「解除する！」と言った後に、「やっぱりやめた！」という行為を認めると、相手方の立場が不安定になるからだよ。

また、**契約当事者の一方が複数あるときは、解除の意思表示は、全員から又は全員に対して行わなければならない**（民法544条1項）。この場合、**解除権が当事者のうち1人について消滅したときは、他の者についても消滅する**（同条2項）。

POINT 2 解除の要件①（催告解除、民法541条）

当事者の一方がその**債務を履行しない**場合において、相手方が**相当の期間を定めてその履行の催告**をし、その**期間内に履行がないとき**は、相手方は、契約の解除をすることができる。

ただし、解除を行おうとする債権者は、履行の催告に**相当の期間を定めなかったとしても、催告から解除までに相当の期間が経過していれば解除は有効である**（大判昭2.2.2）。

また、**相当の期間を経過した時における債務の不履行がその契約及び取引上の社会通念に照らして軽微であるときは、解除することはできない**（民法541条但書）。

なお、催告と同時に、**催告期間内に適法な履行のないことを停止条件とする解除の意思表示も有効**である（大判明43.12.9）。

契約の解除は、債権者を契約の拘束力から解放させるための制度で、懲罰ではないよ。だから、債務者の帰責事由は不要なんだ。

POINT 3 解除の要件②（無催告解除、民法542条）

解除は、以上のような催告を行ったうえで行うのが原則的な形態である。

しかし、催告の意味がないような場合にまで、解除の前提として債権者の催告を行うのは無駄である。そこで、一定の場合には**「無催告解除」**が認められる。これをまとめたのが次の表である。

◆無催告解除の要件等

解除の範囲	条文	要件
全部解除 （542条1項）	1号	債務の全部が履行不能
	2号	債務者が債務の全部の履行を拒絶する意思を明確に表示
	3号	①債務の一部が履行不能又は債務者が債務の一部の履行を拒絶する意思を明確に表示 ②残存する部分のみでは契約をした目的を達成できない場合
	4号	①契約の性質又は当事者の意思表示により、**特定の日時又は一定の期間内に履行しなければ契約の目的を達成できない**場合に、 ②債務者が履行をしないでその**時期を経過した場合**
	5号	その他、債務者がその債務の履行をせず、債権者が催告をしても契約をした目的を達するのに足りる履行がされる見込みがないことが明らか
一部解除 （542条2項）	1号	債務の一部が履行不能
	2号	債務者が債務の一部の履行を拒絶する意思を**明確に表示**

上の1号の履行不能のように、催告をしたところで履行ができない場合は、解除の要件に催告を求める意味がないからだよ。

上記4号の特定の日時又は一定の期間内に履行しなければ契約の目的を達成できないようなものを**「定期行為」**という。

例えば、結婚式で使用するつもりで購入したウエディングドレスについて、特定の日時を指定して購入した場合、結婚式までに履行してもらえなければ、結婚式後に催告をして履行してもらっても意味はない。このような場合においても、催告することなく解除できるのである。

ただし、債権者がそれでもよいと考えれば、特定の日時を経過した後でも、解除を行わずに履行を請求することも**できる**。

POINT 4 解除の効果

　契約が解除されると、**契約は遡及的に消滅**し、その結果、**当事者は原状回復義務を負う**（民法545条1項本文）。なお、**当事者双方が原状回復義務を負う**場合、これらは**同時履行の関係に立つ**。

　また、解除権の行使により、**解除前の第三者の権利を害することはできず**（同項但書）、解除前の第三者は善意・悪意を**問わず**保護される。いわゆる「解除前の第三者」の事例である。ただし、この第三者が保護されるための要件として、**対抗要件を備えていることが必要**である（最判昭33.6.14）。

◆解除前の第三者

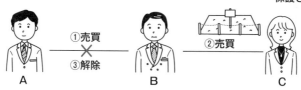

対抗要件さえ備えれば
保護される

①売買 ③解除
A

②売買
B

C

　他方、**不動産の売買契約を解除した者と「解除後」に出現した第三者との関係は民法177条の対抗関係**であり、**先に登記した者が権利を主張することができる**（最判昭35.11.29）。いわゆる「解除後の第三者」の事例である。

◆解除後の第三者

①売買 ②解除
A

③売買
B

C

Bを売主としたACへの
二重譲渡と状況が似ているため

先に登記を備えた
ほうが勝つ

　なお、解除により「金銭以外」の物を返還するときは、その受領の時以後に生じた果実をも返還しなければならない（民法545条3項）。

　また、**解除権の行使は、損害賠償の請求を妨げない**（同条4項）。つまり、**解除をしたとしても、別途、損害賠償請求も可能**ということである。厳密に考えると、解除によって契約は遡及的に消滅するため、債務不履行も何もないのだが、損害が生じた事実があるならば、その損害の賠償を認めるべきだからである。

　なお、「解除」の話からは逸れるが「解除前」及び「解除後の第三者」とセットで押さえておくべき話として、**「取消前」及び「取消後の第三者」**の話があるため、簡単に確認しておく（参民法Ⅰ、179ページ）。

◆ 「取消前」の第三者

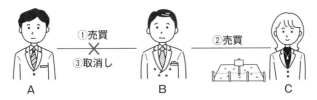

善意無過失で保護
（対抗要件は不要）

◆ 「取消後」の第二者

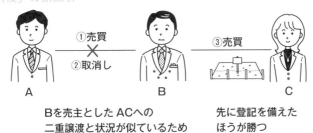

Bを売主とした ACへの
二重譲渡と状況が似ているため

先に登記を備えた
ほうが勝つ

POINT 5 催告による解除権の消滅

　解除権の行使について期間の定めがないときは、相手方は、解除権を有する者に対し、相当の期間を定めて、その期間内に解除をするかどうかを確答すべき旨の催告をすることができる。

　この場合において、その**期間内に解除の通知を受けないときは、解除権は消滅する**（民法547条）。

POINT 6 目的物の故意の損傷等による解除権の消滅

　解除権を有する者が、**故意若しくは過失**によって、**契約の目的物を著しく損傷し、若しくは返還することができなくなったとき**、又は**加工若しくは改造によってこれを他の種類の物に変えたときは、解除権は消滅する**。

　ただし、解除権を有する者が解除権を有することを知らなかったときは、解除権は消滅しない（民法548条）。

意図的もしくはうっかりで、目的物を別の物に変えてしまったような場合、解除権を行って、なかったことにすることはできないよ。

1 解除とは、一度は有効に成立した契約を事後的に消滅させることである。法律の規定により認められる解除権を法定解除権、当事者間の契約によって解除権が留保されている場合の解除権を約定解除権という。

○ **本問の記述のとおり**である。

2 約定解除においては、当事者の合意により、法定解除における要件や効果を修正することができる。

○ **本問の記述のとおり**である。

3 契約を解除した場合、当事者は既に引き渡した物の返還を請求することはできない。

× **契約が解除**されると、契約は遡及的に消滅し、その結果、**当事者は原状回復義務を負う**（民法545条1項本文）。

4 契約を解除する場合、必ず債務の履行の催告をしなければ、契約を解除することはできない。

× **無催告で解除できる**ケースが民法542条により規定されている。

5 契約を解除した場合、相手方に対して損害賠償を請求することはできない。

× 民法545条4項で**「解除権の行使は、損害賠償の請求を妨げない」**と規定されている。

6 定期行為を履行遅滞により解除する場合には、催告することなく解除することができる。

○ 一定の期限に履行されなければ契約の目的を達成できない行為（**定期行為**）については、履行の機会を与えるための**催告は無意味**であるから、**催告なしに解除することができる**（民法542条1項4号）。

7 他人の権利の売買において、売主から権利を取得して買主に移転することができない場合には、買主は催告することなく契約を解除することができる。

○ 他人物売買の売主が目的物の権利を取得できないという事例は、**債務の全部が履行不能であるから、催告することなく契約を解除することができる**（民法542条1項1号）。

8 債権者が期間を定めずに債務の履行の催告をした場合、相当期間経過後に解除の意思表示をしても契約を解除することはできない。

× **債権者が相当の期間を定めない催告を行った場合でも、相当の期間が経過**することで、解除する**ことができる**（大判昭2.2.2）。

9 契約当事者の相手方が複数あるときは、解除の意思表示は、その相手方の全員に対して行わなければならない。

○ **本問の記述のとおり**である（民法544条1項）。

10 物の売買契約を解除した場合、その物の使用利益を返還する義務を負う。

○ 金銭以外の物を返還するときは、その**受領の時以後**に生じた**果実**をも返還しなければならない（民法545条3項）。

11 不動産売買契約を解除した者と、解除後に出現した第三者では、解除後に出現した第三者が当然に権利を主張することができる。

× いわゆる「解除後の第三者」の事例である。不動産の売買契約を解除した者と解除後に出現した第三者との関係は民法177条の**対抗関係**であり、**先に登記**した者が権利を主張することができる（最判昭35.11.29）。

問題1

特別区Ⅰ類（2018年度）

民法に規定する契約の解除に関する記述として、通説に照らして、妥当なものはどれか。

1 契約又は法律の規定により当事者の一方が解除権を有するときは、その解除は、相手方に対する意思表示によってするが、当該意思表示は、任意に撤回することができる。

2 当事者の一方がその債務を履行しない場合において、相手方は、相当の期間を定めてその履行の催告をすることで契約を解除することができるが、期間を明示しない催告は、催告後相当期間を経過しても解除権は発生しない。

3 契約の性質により、特定の日時に履行をしなければ目的を達することができない契約において、当事者の一方が履行をしないでその時期を経過したときは、相手方は、催告をすることなく、直ちにその契約を解除することができる。

4 履行の全部又は一部が不能となったときは、その債務の不履行が債務者の責めに帰することができない事由によるものであるときは、債権者は、契約の解除をすることができない。

5 当事者の一方が解除権を行使したときは、契約の効力を遡及的に消滅させ、各当事者は相手方を原状に復させる義務を負うが、相手方の債務不履行を理由に契約を解除した者は、相手方に対して損害賠償を請求することができない。

➡解答・解説は別冊P.034

問題2

民法に規定する契約の解除に関する記述として、通説に照らして、妥当なものは
どれか。

1 当事者相互の契約によって解除権が留保されている場合の解除を約定解除とい
うが、解除権の行使方法や効果について、法定解除の限定された要件や効果を
修正するためにすることは一切できない。

2 定期行為の履行遅滞による解除の場合、催告をすることなく、直ちに契約を解
除したものとみなされるため、定期行為について解除しないで本来の給付を請
求することはできない。

3 契約の当事者の一方が数人ある場合には、契約の解除は、その全員から又はそ
の全員に対してのみ、することができ、解除権が当事者のうちの一人について
消滅したときは、他の者についても消滅する。

4 解除権が行使されると、解除によって遡及的に契約の効力が失われ、各当事者
は相手方を原状に復させる義務を負い、相手方の債務不履行を理由に契約を解
除する場合であっても、損害賠償を請求することはできない。

5 解除権を有する者が故意によって契約の目的物を著しく損傷したときは、解除
権は消滅するが、加工又は改造によってこれを他の種類の物に変えたときは、
解除権は消滅しない。

➡解答・解説は別冊P.034

債務不履行を理由とする契約の解除に関する次のア～オの記述のうち、妥当なもののみを全て挙げているものはどれか（争いのあるときは、判例の見解による。）。

ア　債務の全部の履行が不能である場合、債権者が契約を解除するためには催告をする必要がある。

イ　催告をして契約を解除する場合に相当期間を定めないでした催告は、催告時から客観的にみて相当期間が経過したとしても無効である。

ウ　催告をして契約を解除する場合、相当期間経過時における債務の不履行がその契約及び取引上の社会通念に照らして軽微であるときは、債権者は、契約を解除することができない。

エ　解除の意思表示は、解除の理由を示す必要がある。

オ　債務者の帰責事由は、契約を解除するための要件とされていない。

1　ア、イ
2　ア、オ
3　イ、エ
4　ウ、エ
5　ウ、オ

➡解答・解説は別冊P.035

契約の解除に関するア〜オの記述のうち、妥当なもののみを全て挙げているのは
どれか。ただし、争いのあるものは判例の見解による。

ア 当事者の一方が数人ある場合には、契約の解除は、その一人から又はその一人
に対してすることができ、また、解除権が当事者のうちの一人について消滅し
ても、他の者については消滅しない。

イ 契約又は法律の規定により当事者の一方が解除権を有する場合は、その解除は、
相手方に対する意思表示によってするが、解除に条件を付けることは認められ
ないことから、当事者の一方がその債務を履行しないときに、履行の催告をす
ると同時に、相当の期間内に履行しないならば解除する旨の意思表示を行うこ
とはできない。

ウ 解除権の行使について期間の定めがない場合は、相手方は、解除権を有する者
に対し、相当の期間を定めて、その期間内に解除するかどうかを確答すべき旨
の催告をすることができ、その期間内に解除の通知を受けないときは、解除権
は消滅する。

エ 当事者の一方がその解除権を行使した場合は、各当事者は、その相手方を原状
に復させる義務を負う。また、解除前の第三者に対しては、原状回復義務を理
由としてその権利を害することはできないが、当該第三者が解除原因を知って
いるときは保護されない。

オ 不動産を目的とする売買契約に基づき買主に移転した所有権が解除によって遡
及的に売主に復帰した場合において、売主は、その所有権取得の登記を了しな
ければ、その契約解除後に買主から不動産を取得した第三者に対し、所有権の
取得を対抗することができない。

1 ア・イ
2 ア・エ
3 イ・ウ
4 ウ・オ
5 エ・オ

➡解答・解説は別冊 P.035

3 贈与契約

STEP 1 要点を覚えよう！

POINT 1 意義・性質

　贈与契約とは、**当事者の一方がある財産を無償で相手方に与える意思を表示し、相手方が受諾をすることによって、その効力を生ずる契約**をいう（民法549条）。

> 要するに、モノを「タダであげる」契約だよ。契約だから、相手方の受諾も必要となるんだ。

POINT 2 贈与の効果

　書面によらない贈与契約が結ばれた場合、**各当事者は解除をすることができる**（民法550条本文）。ただし、**履行の終わった部分については、解除ができない**（同条但書）。

　「履行の終わった」とは、動産については、目的物の引渡し（この場合の引渡しは、現実の引渡しに限られず、占有改定や指図による占有移転も含まれる）、不動産については、**目的物の引渡し又は所有権移転の登記**のいずれか一方がされればよい（最判昭40.3.26）。

> 目的物の引渡しや登記が終わるまでは、どちらの当事者も解除できるんだ。

　他方、書面による贈与契約においては、書面による契約書が存在する以上、**撤回することができない**。

POINT 3 贈与者の引渡義務等

　上記のとおり、**贈与は、当事者の一方がある財産を無償で相手方に与える意思を表示し、相手方が受諾をすることによって、その効力を生ずる**ので、**諾成契約**である。

　そして、意思表示のみで効力が生じる以上、契約時点で目的物を引き渡していないことが通常であり、**贈与者には引渡義務がある**。他方、**受贈者には代金支払等の義務がない**ので、**片務契約であり、無償契約**となる。

　ただし、贈与には**受贈者に一定の債務を負担させることを条件**にした**負担付贈**

与という形式もあり、この場合、受贈者にも義務が生じる以上、**双務**契約となる。

またこの場合、贈与者は、その負担の限度において、売主と同様の契約不適合責任（担保責任）を負う（☞142ページ）。

なお、**贈与者**は、贈与の目的である**物又は権利**を、贈与の目的として**特定した時の状態**で引き渡し、又は移転することを約したものと推定される（民法551条1項）。

POINT 4 定期贈与

通常の贈与だけではなく、民法では特殊な贈与についても規定されている。

定期贈与とは、例えば、「今後10年に渡って毎年10万円ずつ贈与する」といったように、**定期的に贈与を行う契約**である。

これには終期（終わりの時期）を定める期限付きである場合と、無期限の場合があるが、どちらにせよ**定期贈与は、特約がない限り、贈与者又は受贈者の死亡**によって、その**効力を失う**（民法552条）。

定期贈与は、「その人」だからこそ無償で贈与を行うという前提があるよ。だから当事者間にのみ効力を発生させているんだ。

POINT 5 負担付贈与

負担付贈与は、**受贈者に一定の債務を負担させることを条件**にした贈与契約である。負担付贈与については、贈与に関する規定のほか、その**性質に反しない限り、双務契約に関する規定（例：同時履行の抗弁権、解除など）が準用される**（民法553条）。

POINT 6 死因贈与

死因贈与とは、贈与者と受贈者の間で、「**贈与者が死亡した時点**で、事前に指定した**財産を贈与する**」という**契約**を結ぶことである。

似ている制度に「**遺贈**」があるが、遺贈とは、被相続人の**遺言**により、遺産を譲ることをいい、遺贈は**遺言者の単独行為**である「遺言」によって財産を与える点で、**契約である死因贈与とは異なる**。

ただし、死因贈与は遺贈と似ているため、その性質に反しない限り、**遺贈に関する規定が準用される**（民法554条）。

例えば、死因贈与の方式や執行方法などは遺贈の規定が準用される。遺言は被相続人の最終の意思を尊重する制度であるため、遺言者は自由に撤回ができるが、**死因贈与契約も、原則として、自由に撤回できる**。

ただし、**負担付死因贈与**の場合、贈与者の**生前に既に負担の履行が済んでいた**など特段の事情がある場合には、**撤回できない**（最判昭57.4.30）。

1　贈与契約は、原則として、片務契約である。

○　本問の記述のとおりである（民法549条）。

2　贈与契約は、目的物を引き渡すことでその効力を生ずる。

×　贈与は、**当事者の一方がある財産を無償で相手方に与える意思を表示し、相手方が受諾をすることによって効力を生ずる**（民法549条）。つまり、**契約時**に効力が生じる。目的物の引渡しは、効力発生要件ではない。

3　登記がされている建物を書面によらずに贈与した場合、贈与者が受贈者に対し建物を引き渡したときであっても、所有権の移転の登記をするまでの間は、贈与を解除することができる。

×　**贈与契約は、履行の終わった部分**については解除できない（民法550条但書）。そして、**不動産**については、目的物の**引渡し**又は所有権移転の**登記のいずれか一方**がされれば、履行が終わったといえる（最判昭40.3.26）。

4　動産を書面によらずに贈与した場合で、贈与者が受贈者に対し動産を占有改定により引き渡した場合には、贈与を解除することができる。

×　**贈与契約は、履行の終わった部分**については解除できない（民法550条但書）。そして、**動産**については、目的物の**引渡し**がされれば、履行が終わったといえ、**占有改定による引渡しも目的物の引渡し**に含まれる。

5 　負担付贈与契約を締結後、負担が履行され
ない場合でも、贈与者は贈与契約を解除す
ることはできない。

× 　負担付贈与契約を締結
後、**負担が履行されない場合**、
贈与者は贈与契約を解除す
ることが**できる**（民法553条）。

6 　定期贈与は、特約がない限り、受贈者の死
亡によって、その効力を失い、贈与者の死
亡では効力を失わない。

× 　**定期贈与は、特約がない
限り、贈与者又は受贈者の死
亡によって、その効力を失う**
（民法552条）。要するに、**当
事者のどちらが死亡しても効
力は失われる**。

7 　死因贈与契約は、単独行為である。

× 　**死因贈与契約は契約**であ
り、**当事者の意思の合致が必
要**となる。なお、「遺贈」は
単独行為である。

8 　死因贈与契約は、遺言が撤回自由であるこ
とに準じて、原則として自由に契約を解除
することができる。

○ 　**本問の記述のとおり**であ
る。贈与者の死亡によって効
力を生ずる贈与については、
その性質に反しない限り、遺
贈に関する規定が準用されて
いる（民法554条）。

9 　負担付贈与が行われた場合、贈与者は、売
買契約の売主と同様の契約不適合責任（担
保責任）を負うことはない。

× 　**負担付贈与における贈与
者は、その負担の限度**におい
て、**売主と同様の契約不適合
責任（担保責任）を負う**（民
法551条2項）。

10 　書面による贈与契約が締結された場合、贈
与の目的物を給付していなくとも、当事者
は撤回することができない。

○ 　**本問の記述のとおり**であ
る。

STEP 3 過去問にチャレンジ！

問題1　　　　　　　　　　　　　　　　　　　　特別区Ⅰ類（2019年度）

民法に規定する贈与に関する記述として、判例、通説に照らして、妥当なものは
どれか。

1　贈与とは、当事者の一方が自己の財産を無償で相手方に与える意思を表示し、
　相手方が受諾をすることによって、その効力を生じる契約のことをいい、契約
　類型として、契約によって当事者双方が債務を負担しそれが互いに対価たる意
　義を有する双務契約であり、契約が成立するために物の引渡しを必要とする要
　物契約である。

2　贈与者は、贈与の目的である物又は権利を贈与の目的として特定した時の状態
　で引き渡し、または移転することを約したものと推定されるが、負担付贈与の
　場合は、その負担の限度において、売主と同じく担保の責任を負うものではない。

3　定期の給付を目的とする贈与は、贈与者又は受贈者の死亡によって、その効力
　を失うが、当該贈与が終期の定めのない無期限贈与又は終期の定めのある期間
　付贈与である場合は、特約の有無にかかわらず、それによってその効力を失わ
　ない。

4　最高裁判所の判例では、不動産の贈与契約において、当該不動産の所有権移転
　登記が経由されたときは、当該不動産の引渡しの有無を問わず、贈与の履行が
　終わったものと解すべきであり、当事者間の合意により、移転登記の原因を形
　式上売買契約としても、履行完了の効果を生ずるについての妨げとなるもので
　はないとした。

5　最高裁判所の判例では、売主から不動産を取得した贈与者がこれを受贈者に贈
　与した場合、贈与者が司法書士に依頼して、登記簿上の所有名義人である売主
　に対し、当該不動産を受贈者に譲渡したので売主から直接受贈者に所有権移転
　登記をするよう求める旨の内容証明郵便を差し出したとしても、それは単なる
　第三者に宛てた書面であるから、贈与の書面に当たらないとした。

➡解答・解説は別冊P.036

問題 2　　　　　　　　　　　　　　　　　　　　　　特別区 1 類（2017 年度）

民法に規定する贈与に関する記述として、通説に照らして、妥当なものはどれか。

1　贈与とは、当事者の一方が自己の財産を無償で相手方に与える意思を表示し、相手方が受諾をすることによって成立する契約のことをいい、無償契約、片務契約であり、諾成契約である。

2　書面によらない贈与は、贈与の目的物が動産である場合、その動産の引渡しをもって履行の終了となり、各当事者は贈与契約を解除することができなくなるが、この引渡しは、現実の引渡しに限られ、占有改定や指図による移転は含まれない。

3　贈与者は、贈与の目的である物又は権利を贈与の目的として特定した時の状態で引き渡し、または移転することを約したものと推定されるため、負担付贈与の場合であっても、担保責任を負わない。

4　定期の給付を目的とする贈与は、贈与者又は受贈者の死亡によって、その効力を失い、特約により反対の意思表示があったとしても、贈与者又は受贈者の死亡によって、当然に、その効力を失う。

5　贈与者の死亡によって効力を生ずる贈与については、受贈者の承諾を不要とする単独行為であり、遺贈に関する規定を準用するため、遺言の方式に関する規定によって行われなければならない。

➡解答・解説は別冊 P.037

4 | 売買契約

STEP 1 要点を覚えよう！

POINT 1 解約手付による解除

　そもそも売買契約とは、当事者の一方がある財産権を相手方に移転することを約し、相手方がこれに対してその代金を支払うことを約することによって、その効力を生ずる契約をいうが（民法555条）、この**売買契約の締結の際に「手付」**というものが付されることがある。

　手付とは、売買契約の締結の際に、当事者の一方から相手方に対して交付される金銭等をいう。手付には、**証約手付***、**違約手付**、**解約手付の3種類**があるが、出題されるのは解約手付についてであり、解約手付に限定して解説する。

　手付は「当事者の一方から相手方に対して交付される金銭」であるが、当然、何の意味もなく金銭を交付するわけではない。手付は、どのような趣旨で交付したのかを明らかにしていない場合、反対の意思表示がない限り、**解約手付の性質を有する**ものと解され（最判昭29.1.21）、**解約手付とは、締結した契約を理由のいかんにかかわらず、後で解除することができる**ようにするための手付を意味する。

　解約手付が交付された場合、買主はその手付を放棄し、売主はその倍額を現実に提供することで、**契約の解除ができる**ようになる。ただし、その**相手方が契約の履行に着手した後は、この限りではない**（民法557条1項）。

> 売主は「倍額」を現実に提供とあるけれど、そもそも売主は手付を受け取っている。解除する場合の金銭的な負担は、買主と変わらないよ。

　そして、ここでいう**履行の着手**とは、客観的に外部から認識できるような形で履行行為の一部を行い、又は履行の提供のために不可欠の前提行為を行うことをいうが、判例は、**不動産の他人物売買契約**において、売主が、不動産を買主に譲渡する前提として、**当該不動産につき所有権を取得**し、かつ、自己名義の所有権取得**登記を得た場合**には、**履行の着手にあたる**とした（最大判昭40.11.24）。

　なお、**違約手付**とは、債務不履行が発生した場合には、手付が没収される（又は手付の倍額を償還する）という手付を意味するが、判例は、**1つの手付が解約手付と違約手付の両者を兼ねることはできる**し、契約書面に「違約手付」であることを記載していても、**それだけで解約手付を排除するものではない**としている（最判昭24.10.4）。

＊　**証約手付（しょうやくてつけ）**…売買契約など、契約が成立したことを証するために交付される手付のこと。

◆解約手付による解除の要件等

要件	①相手方が履行に着手していないこと ②買主が解除する場合 ☞手付を放棄する 　売主が解除する場合 ☞手付の倍額を返還する
効果	①契約が失効する ②損害賠償請求権は発生しない（民法557条2項）
合意により契約が解除されたとき	特約のない限り、手付を交付した者は、不当利得（民法703条）として、相手方に手付の返還を請求することができる

POINT 2 　売買契約に関する費用

　売買契約に関する**費用**は、契約で特に定めなかった場合は、**当事者双方が等しい割合で負担**する（民法558条）。

POINT 3 　他人物売買

　ここまでも話が出てきたが、他人物であっても売買契約の目的物とすることができる。目的物の入手前に転売契約を行う場合などである。

　他人物売買の売主は、他人の権利（**権利の一部**が他人に属する場合におけるその権利の一部を**含む**）を売買の目的としたとき、その**権利を取得して買主に移転する義務を負う**（民法561条）。

　なお、**所有者が売主への売却の意思が全くない他人物売買の場合**であっても、**売買契約として有効**である。他人物売主の説得等により、翻意する可能性があるからである。

POINT 4 　果実

　売買契約が締結された際、**目的物の引渡前の果実は、売主に属する**。また、**買主は目的物の引渡しの日から代金の利息を支払う義務を負う**（弁済期が到来している場合、民法575条）。

　なお、**果実について売主は、代金の支払を受けるまでは、売主の責に帰すべき事由により目的物の引渡しを遅滞している場合でも、目的物を引き渡すまでこれを使用し、果実を取得することができる**（大判大13.9.24）。

売買契約の売主は、とにかく目的物を引き渡すまで、目的物の果実を取得できるということだよ。

POINT 5 契約不適合と売主の責任

売買契約において、**売主が買主に引き渡した目的物**（売買の目的物が特定物か不特定物かを**問わない**）が、**種類又は品質**に関して、**契約の内容に適合しない場合**、**買主は**、売主に対して、**①追完請求権**、**②代金減額請求権**、**③損害賠償請求権**、**④解除権を選択して行使できる**。これを売主の**契約不適合責任**という。

ただし、契約不適合責任は、**買主がその不適合を知った時**から**1年以内にその旨を売主に通知しないときは、これらの請求ができない**（民法566条本文）。

では、①～④のそれぞれの権利について確認していこう！

①追完請求権

追完請求権とは、契約不適合責任が発生した場合、買主は、**目的物の修補、代替物の引渡し、不足分の引渡しの中から、選択して請求できる権利**である（民法562条1項本文）。

ただし、売主は、**買主に不相当な負担を課すものではないときは、買主が請求した方法と異なる方法で履行を追完することができる**（同項但書）。

②代金減額請求権

代金減額請求権とは、その名のとおり代金の減額を請求する権利である。

買主が、契約不適合責任の追及として、売主に対して代金減額請求をする際には、原則として、売主に対して、まず**相当の期間**を定めた**履行の追完の催告**をしなければならない（民法563条1項）。

ただし、**履行の追完が不能であるときや、売主が履行の追完を拒絶する意思を明確に表示したとき**など一定の場合には、この**催告なく直ちに代金減額請求をすることができる**（同条2項）。

③損害賠償請求権と④解除権

追完請求、代金減額請求といった**契約不適合責任の追及をすることができる場合でも、損害賠償の請求や契約の解除をすることができる**（民法564条）。

よって、契約の不適合につき、**売主に帰責事由がない場合**であっても、買主は、**解除の請求ができる**。なお、損害賠償請求には売主の帰責事由が必要である。

POINT 6 目的物の滅失等についての危険の移転

売買契約の**目的物が滅失**してしまった場合等において、次の場合には、**買主は**、**上記①～④の請求**、つまり、履行の追完の請求、代金の減額の請求、損害賠償の請求及び契約の解除をすることが**できなくなり**、また、**代金の支払を拒むことができない**（民法567条）。

◆危険が移転する場合

①**特定物売買の目的物及び種類物売買で特定した目的物が買主に引き渡された
場合**において、その**引渡しがあった時以後**にその**目的物が滅失し、又は損傷
した場合**に、**売主の帰責事由がないとき**（1項）
②**売主が契約の内容に適合する目的物**をもって、その引渡しの債務の履行を提
供したにもかかわらず、**買主がその履行を受けることを拒み、又は受けるこ
とができない場合**において、その**履行の提供があった時以後**にその**目的物が
滅失し、又は損傷した場合**に、**売主の帰責事由がないとき**（2項）

POINT 7　競売における特則

　競売とは、債務の返済ができなくなった場合、裁判所が債務者の財産を差し押
えて、強制的に売却する手続である。そして、**競売における買受人は、買い受け
た目的物の数量や移転された権利に不適合があるときは、債務者に対し、債務不
履行に基づく解除又は代金減額請求ができる**（民法568条1項）。

　ただし、通常の売買契約のように、**目的物の種類又は品質に関する不適合があ
るときは責任追及できない**（同条4項）。

POINT 8　代金の支払場所

　民法には「代金」の支払場所についても規定がある。**売買の目的物の引渡しと
同時に代金を支払うべきときは、その引渡しの場所において支払わなければなら
ない**（民法574条）。

　なお、目的物の引渡しと同時に代金を支払うべきときであっても、目的物の引
渡しを先に受けた場合は、民法484条1項（弁済の場所）に基づき、支払う場所
を決するとするのが判例である。

POINT 9　代金の支払いの拒絶

　売主より代金の請求をされた場合であっても、以下の場合、買主はその支払い
を拒める。

◆買主が代金の支払いを拒絶できる場合

①売買の目的について権利を主張する者があるために買主がその買い受けた権
利の全部又は一部を失うおそれがあるときは、買主はその危険の限度に応じ
て代金の支払いを拒むことができるが（民法576条本文）、売主が相当の担
保を供したときは、代金の支払いを拒むことはできない（同条但書）。
②買い受けた不動産について抵当権の登記があるときは、買主は、抵当権消滅
請求の手続が終わるまで、その代金の支払を拒むことができるが、この場合
において、売主は、買主に対し、遅滞なく抵当権消滅請求をすべき旨を請求し、
また、その代金の供託を請求することができる（民法577条1項、578条）。

1 手付とは、売買契約の締結の際に、当事者の一方から相手方に対して交付される金銭等をいう。

〇 **本問の記述のとおりである。**

2 手付は、当事者がどのような趣旨で交付したのかを明らかにしていない場合、解約手付の性質を有する。

〇 **本問の記述のとおりである**（最判昭29.1.21）。

3 土地の買主は、土地の引渡しを受けても、所有権移転登記を受けるまでは、手付を放棄して契約を解除できる。

✕ 土地の引渡しを受けたということは、**相手方が履行に着手しているため、手付による解除をすることはできない。**

4 買主は、売主に代金を提供して履行を求めた場合でも、売主が履行に着手していない場合には、手付を放棄して契約を解除できる。

〇 相手方が**履行に着手して**いないため、手付による解除をすることは**できる**（民法557条1項本文）。

5 売主が手付解除をするには、手付の倍額を償還する旨を告げ、その受領を催告するのみでは足りず、その現実の提供をしなければならない。

〇 手付の倍額の提供は、口頭では足りず、**現実の提供が**必要である（民法557条1項本文）。

6 特約や慣習がない限り、売買契約に関する費用は等しい割合で負担しなければならない。

〇 **本問の記述のとおりである**（民法558条）。

7 他人の物を売買の目的とする契約は、無効である。

✕ **他人物売買も有効で**ある。この場合、売主は、その権利を取得して買主に移転する義務を負う（民法561条）。

8　売買契約で引渡しを受けた物が契約の内容に適合しないものであったとき、修理が可能であるときは、代わりの物を引き渡すことによる履行の追完を請求することはできない。

×　契約不適合責任について、買主は追完請求として、目的物の**修補**、**代替物**の引渡し、**不足分**の引渡しから、**選択**して請求できる（民法562条1項本文）。

9　売買契約で引渡しを受けた物が契約の内容に適合しないものであったとき、その引渡しを受けた時から1年以内にその旨を売主に通知しないときは、損害賠償請求権を行使することができない。

×　買主がその不適合を知っ**た時**から**1年以内**にその旨を売主に**通知**しないときは、買主は、その不適合を理由として、履行の追完の請求、代金の減額の請求、損害賠償の請求及び契約の解除をすることができない（民法566条本文）。「引渡しを受けた時」ではない。

10　売買の目的物である建物を引き渡した後、地震により建物が損傷したときは、損傷した部分の追完を求めることができる。

×　履行の提供があった時以後に、売主に帰責事由がなく、目的物が滅失し、又は損傷したとき、買主は、債務不履行に基づく買主の権利を行使できない（民法567条1項）。

11　競売目的物に種類又は品質に関する不適合があるときは、買受人は、債務者に対し、債務不履行に基づく解除をし、又は代金減額請求ができる。

×　競売による売買については、目的物に「種類又は品質」に関する不適合があるときは責任追及できない（民法568条4項）。

STEP 3 過去問にチャレンジ！

問題1

裁判所職員（2020 年度）

手付に関する記述として最も妥当なものはどれか（争いのあるときは、判例の見解による。）。

1 買主が売主に手付を交付したときは、売主がその倍額を口頭で提供して、契約の解除をすることができる。

2 売買契約における手付は、反対の意思表示がない限り、解約手付の性質を有するものと解釈される。

3 1つの手付が解約手付と違約手付の両者を兼ねることはできない。

4 不動産売買契約において、買主が売主に手付を交付したとき、買主は、第三者所有の不動産の売主が第三者から当該不動産の所有権を取得し、その所有権移転登記を受けた場合であっても、手付を放棄して契約を解除することができる。

5 不動産売買契約において、買主が売主に手付を交付したとき、買主が売主に対して明渡しを求め、それが実行されればいつでも代金を支払われる状態にあった場合、買主は、売主が履行に着手していないときでも、手付を放棄して契約を解除することができない。

→解答・解説は別冊 P.038

問題 2

国家一般職（2022 年度）

売買に関する次の記述のうち、妥当なものはどれか。ただし、争いのあるものは
判例の見解による。

1　売買契約において、買主が売主に手付を交付した場合、その交付に当たって当
　事者が手付の趣旨を明らかにしていなかったときは、交付された手付は、違約
　手付と推定される。

2　売買契約の目的物である土地の一部が他人の所有に属していた場合のように、
　権利の一部が他人に属する場合であっても、売買契約は有効である。そのため、
　他人の権利を売買の目的とした売主は、その権利を取得して買主に移転する義
　務を負う。

3　売買契約において、引き渡された目的物が種類、品質又は数量に関して契約の
　内容に適合しないものであり、その不適合が買主の責めに帰すべき事由による
　ものでない場合、買主は、売主に対し、目的物の修補、代替物の引渡し又は不
　足分の引渡しによる履行の追完を請求することができる。その際、売主は、買
　主が請求した方法によらなければ履行の追完をしたことにはならない。

4　売買契約において、引き渡された目的物が種類、品質又は数量に関して契約の
　内容に適合しないものであり、その不適合が買主の責めに帰すべき事由による
　ものでない場合、買主は、売主に対し、その不適合の程度に応じて代金の減額
　を請求することができる。その際、買主は、売主が代金全額を受け取る機会を
　与えるため、必ず相当の期間を定めた履行の追完の催告をしなければならない。

5　売買契約において、引き渡された目的物が種類、品質又は数量に関して契約の
　内容に適合しないものである場合に、買主の救済手段として、一定の要件の下
　に、追完請求権や代金減額請求権が認められる。これらは紛争の早期解決を目
　的とする民法上の特則であるため、買主は、追完請求権や代金減額請求権を行
　使することができるときは、民法第415条の規定による損害賠償の請求や同法
　第541条の規定による解除権の行使をすることはできない。

➡️**解答・解説は別冊 P.038**

売買に関する次の記述のうち、妥当なものはどれか。ただし、争いのあるものは判例の見解による。

1 売買契約締結に際し、買主から売主に対し手付が交付された場合において、その後買主が履行に着手することにより売主が契約の履行に対する期待を抱いた以上、売主がいまだ履行に着手していないときであっても、履行に着手した買主は売主に対して契約を解除することはできない。

2 売買契約締結に際し、買主から売主に対し手付が交付された場合であっても、契約書にその手付について「買主に契約不履行があるときは、売主は手付を没収し、売主に契約不履行があるときは、売主は買主に手付の倍額を損害賠償として提供する」と定めているときには、売主は、この手付を根拠にして、手付の倍額を返還して契約を解除することはできない。

3 他人の権利を売買の目的とする売買契約を締結した場合において、その他人に権利を譲渡する意思がないことが明らかなときは、その売買契約は原始的不能を理由に無効となる。

4 強制競売も売買と同一の性格を持つので、競売の目的物の種類又は品質に関する不適合があったときは、買受人は、売主の地位に立つ債務者に対し、担保責任を追及することができる。

5 売買契約において、引渡前に目的物から生じた果実は売主に帰属し、買主は目的物の引渡日より代金の利息の支払義務を負うから、売主は、目的物の引渡しを遅滞していても、代金が未払である限り、果実を収得することができる。

→解答・解説は別冊P.039

問題 4

民法に規定する売買に関する記述として、妥当なものはどれか。

1 売買の一方の予約は、相手方が売買を完結する意思を表示した時から、売買の効力を生ずるが、その意思表示について期間を定めなかったときは、予約者は、相手方に対し、相当の期間を定めて、その期間内に売買を完結するかどうかを確答すべき旨の催告をすることができる。

2 買主が売主に手付を交付したときは、相手方が契約の履行に着手した後であっても、買主はその手付を放棄し、売主はその倍額を現実に提供することで、契約の解除をすることができる。

3 他人の権利を売買の目的としたときは、売主は、その権利を取得して買主に移転する義務を負うが、他人の権利には、権利の一部が他人に属する場合におけるその権利の一部は含まれない。

4 引き渡された目的物が種類、品質又は数量に関して、買主の責めに帰すべき事由により、契約の内容に適合しないものであるときには、買主は売主に対し、目的物の修補による履行の追完を請求することはできるが、代替物の引渡し又は不足分の引渡しによる履行の追完を請求することはできない。

5 売主が買主に売買の目的として特定した目的物を引き渡した場合において、その引渡しがあった時以後にその目的物が当事者双方の責めに帰することができない事由によって損傷したときは、買主は、その損傷を理由として、代金の減額の請求をすることができる。

➡解答・解説は別冊P.040

民法に規定する売買の効力に関する記述として、妥当なものはどれか。

1 売買の目的である権利の全部が他人に属することにより、売主がこれを買主に移転することができないときは、買主は、契約の解除をすることができ、この場合において、買主が契約時にその権利が売主に属しないことを知っていたときには、損害賠償の請求をすることができない。

2 売主が買主に移転した権利が、地上権、永小作権又は地役権等が付着しているために契約の内容に適合しないものとなっている場合には、買主は損害賠償請求ができるほか、契約の目的を達成できないときは、契約の解除もできるが、これ以外の救済手段である履行の追完請求や代金減額請求などは認められない。

3 売買の目的である権利は、契約の成立したときに買主に移転するが、権利の移転と目的物の引渡しとの間には、時間的な差が生じうるものであるため、権利移転後もまだ引き渡されていない売買の目的物が果実を生じたときは、その果実は、当然買主に帰属する。

4 売買の目的について権利を主張する者があるために買主がその買い受けた権利の全部又は一部を失うおそれがあるときは、売主が買主との合意に基づいて担保物権を設定した場合においても、買主は、その危険の限度に応じて、代金の支払を拒むことができる。

5 買い受けた不動産について契約の内容に適合しない抵当権の登記があるときは、買主は、抵当権消滅請求の手続が終わるまで、その代金の支払を拒むことができるが、この場合において、売主は、買主に対し、遅滞なく抵当権消滅請求をすべき旨を請求し、また、その代金の供託を請求することができる。

→解答・解説は別冊 P.041

問題 6

売買に関する次のア～オの記述のうち、妥当なもののみを全て挙げているものは
どれか（争いのあるときは、判例の見解による。）。

ア 買主は、目的物の引渡しと同時に代金を支払うべき契約においては、目的物の
引渡しを先に受けた場合でも、目的物の引渡しを受けた場所において代金を支
払わなければならない。

イ 売主は、代金の支払を受けるまでは、売主の責に帰すべき事由により目的物の
引渡しを遅滞している場合でも、目的物を引き渡すまでこれを使用し果実を取
得することができる。

ウ 他人の土地の所有権を買主に移転するという債務が売主の責に帰すべき事由に
より履行不能となった場合、売買契約を締結した買主は、目的物である土地を
売主が所有していないことを知っていたとしても、売主に対して損害賠償を請
求することができる。

エ 売買の目的物が契約の内容に適合しないものである場合、その契約の不適合に
つき売主の責に帰すべき事由がないときは、買主は、契約の解除及び損害賠償
請求をすることができない。

オ 買主が売主に対して売買の目的物の品質が契約の内容に適合しないことについ
ての担保責任に基づいて契約の解除及び損害賠償を請求する場合、買主は売買
契約が成立した時から1年以内にこれをしなければならない。

1　ア、イ
2　ア、ウ
3　イ、ウ
4　イ、エ
5　ウ、オ

➡解答・解説は別冊 P.041

5 消費貸借・使用貸借契約

STEP 1 要点を覚えよう！

POINT 1 消費貸借契約の意義

　消費貸借契約とは、当事者の一方が種類、品質及び数量の同じ物をもって返還**をする**ことを約して、**相手方から金銭その他の物を受け取ることによって、その効力を生ずる**契約である（民法587条）。

　そして、「消費」貸借とあるように、借りた物自体は消費してしまい、種類、品質、数量が同じ物を返すというものである。

> お金の貸し借りが典型例だ。借りた「その物」自体は消費してしまう点で、賃貸借契約とは異なるよ。

　なお、目的物を「受け取る」というのは、「引渡し」を意味するが、これは現実の引渡しのみならず、**簡易の引渡しや占有改定でもよい**。

POINT 2 消費貸借契約の成立要件

　消費貸借契約には、契約の成立に目的物の**引渡し**を要する**要物**契約のほか、当事者間の**合意のみで成立する諾成的消費貸借契約**もある。成立要件をまとめると、以下のようになる。

◆消費貸借契約の成立要件

種類	成立要件
要物的消費貸借	貸借の合意＋目的物の引渡し（民法587条）
諾成的消費貸借	書面による貸借の合意（民法587条の2第1項）

　なお、諾成的消費貸借契約について、借主は、目的物を受け取るまで契約を解除でき（民法587条の2第2項）、借主が目的物を受け取る前に、当事者の一方が破産手続開始の決定を受けたときは、その効力を失う（同条3項）。

POINT 3 消費貸借契約の利息

　上記のとおり、消費貸借契約の典型例は金銭の消費貸借契約であるが、消費貸借契約では、原則として、**利息を請求できない**（民法589条1項）。ただし、**特約**

があれば、**目的物の受領日以後**の利息を請求することができるため（同条2項）、通常は利息を付ける特約を結ぶ。

POINT 4　消費貸借契約の目的物の返還時期

消費貸借契約における目的物を返還する（返還請求できる）時期については、当事者間の契約で返還時期の定めがあるか否かで異なる。以下の表でまとめよう。

◆消費貸借契約の目的物の返還時期

	返還時期の定めがある場合	返還時期の定めがない場合
貸主	期限前の返還請求はできない	いつでも相当の期間を定めて返還の催告をすることができる（民法591条1項）
借主	いつでも返還できる（同条2項）	

返還時期の定めがない場合、貸主は借主に対して、**いつでも相当の期間**を定めて返還の**催告**をすることができる。**相当の期間**を定めるのは、突然返せと言われても困るので、債務者に返還するための準備期間を与える趣旨である。

「貸主」についてはケースによって返還請求できる時期が異なるけれど、「借主」は、返還時期の定めがあろうが、なかろうが、いつでも返還することができる点に注意しておこう。

POINT 5　準消費貸借契約

準消費貸借契約とは、金銭その他の**代替物を給付する義務を負う者**がある場合に、当事者が**その物をもって消費貸借の目的とすることを約する契約**である（民法588条）。要するに、金銭債権の**債務者**が、その弁済すべき金銭債務を**借りていること（＝金銭消費貸借）**とするものである。

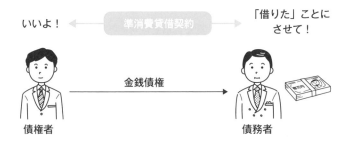

「金銭その他の物を給付する義務」とは、**売買代金や損害賠償債務、消費貸借上の債務であってもよい**とされる（大判大2.1.24）。

もちろん、準消費貸借契約は**基礎となる旧債務が存在しなければならず**、もしそれが**存在しなかったり、無効であったとき**は、**準消費貸借契約は無効**となる（最判昭43.2.16）。

ここから「使用」貸借契約の話に入るよ。要するに、無料（タダ）で物を貸してあげる契約の話だよ。

STEP 1

要点を覚えよう！

POINT 6 　使用貸借契約の意義

使用貸借契約は、当事者の一方がある物を引き渡すことを約し、相手方がその受け取った物について**無償で使用及び収益**をして、**契約が終了したときに返還をすることを**約することによって、その効力を生ずる（民法593条）。

当事者間で上記内容を「約する」ことで「効力を生ずる」ので、**使用貸借契約は諸成契約**である。

なお、判例では、**不動産の借主が、固定資産税を負担**している場合、借主には費用がかかっているが、その負担が目的物の使用の対価の意味を持つものと認める特段の事情がない限りは、**使用貸借契約と解されている**（最判昭41.10.27）。

POINT 7 　使用貸借契約の使用及び収益

前述のとおり、使用貸借契約の借主は、目的物を無償で使用及び収益できる。この点について、以下の規定がある。

◆**借主による使用及び収益について**

①**借主は、契約又はその目的物の性質によって定まった用法に従い、その物の使用及び収益をしなければならない**（民法594条1項）。

②**借主は、貸主の承諾を得なければ、第三者に借用物の使用又は収益をさせることができない**（同条2項）。

③**借主が上記①②に違反して使用又は収益をしたときは、貸主は、契約の解除をすることができる**（同条3項）。
　☞この解除権を行使する場合、**貸主は借主に対する催告は不要**である。

④**借主は、借用物の通常の必要費を負担しなければならない**（民法595条1項）。**それ以外の借用物にかかる費用（通常の必要費以外の必要費、有益費）については、借用物の返還時に、貸主に対して償還を請求することができる**（同条2項、583条2項）。

なお、使用貸借契約の**貸主は**、目的物を引き渡す債務を負担するが、贈与契約に関する民法551条が準用される結果（民法596条）、**契約不適合責任を負わない**。

「贈与」契約の贈与者は、「負担付」である場合のみ、双務契約となるので契約不適合責任を負うんだ。でも、「負担付」の使用貸借契約はないので、契約不適合責任は負わないよ。

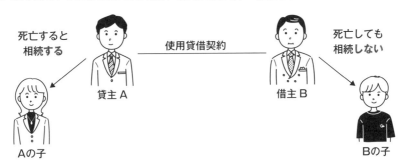

POINT 8 使用貸借契約の終了・解除

使用貸借契約の終了についてまとめると、以下のようになる。

◆使用貸借契約の終了・解除

①**貸主は、借主が借用物を受け取るまで、契約の解除ができる。**
☞ただし、**書面による**使用貸借については、この解除権を行使できない（民法593条の2）。

②**当事者が期間を定めた場合**
☞期間終了により終了する（民法597条1項）。

③**当事者が**期間を定めなかった**が、使用収益の**目的の定めがある**場合**
☞借主がその目的に従って**使用収益を終える**ことで終了する（同条2項）。
☞借主が**使用収益をするのに足りる期間の経過**によって、貸主から解除できる（民法598条1項）。

④**当事者が**期間も使用収益の目的も定めない**場合**
☞**貸主及び借主は、いつでも契約の解除ができる**（民法598条2項、3項）。

⑤**借主の死亡により終了**（民法597条3項）。
☞「**貸主**」の死亡では、終了しない点に注意。

少し補足しておくと、上記①について、使用貸借契約はいわば貸主の好意によるものなので、**書面**でなされた使用貸借契約ではない限り、**貸主は借主が目的物を受け取るまでは、いつでも契約を解除できる。**

また、⑤について、貸主としては、「その借主」だからこそ無料で貸しているといえるため、**借主が死亡した場合、使用貸借契約は相続されない。**

死亡すると相続する　　使用貸借契約　　死亡しても相続しない

貸主 A　　借主 B

Aの子　　Bの子

1 消費貸借契約には、契約の成立に目的物の引渡しを要する要物的消費貸借と、当事者間の合意のみで成立する諾成的消費貸借の規定がある。

× **本問の記述のとおりである**（民法587条、587条の2）。以前は要物契約であることが規定されていたが、改正により現在では諾成的消費貸借の規定もある。

2 ある物を無償で借りた後、その物自体を返還する場合は消費貸借契約である。

× **消費貸借契約は、借りた物自体は消費**してしまい、種類、品質、数量が同じ物を返すというものである。無償で借りた物自体を返還するのは**使用**貸借契約である。

3 金銭消費貸借契約において利息の特約がある場合、利息は借主が金銭を受け取った日以後から発生する。

〇 **本問の記述のとおりである。特約があれば、受領日以後**の利息を請求することができる（民法589条2項）。

4 書面でする消費貸借の借主は、貸主から金銭その他の物を受け取るまで、契約の解除をすることができる。

〇 **本問の記述のとおりである**（民法587条の2第2項）。

5 消費貸借の貸主は、返還時期の定めがない場合には、借主に対していつでもその返還を請求することができる。

× **返還時期の定めがない場合、消費貸借の貸主は、相当の期間を定めて返還の催告をすることができる**（民法591条1項）。返還の準備期間が必要であり、いつでも返還請求できる**わけではない。**

6 消費貸借における借主は、返還の期限が定められている場合には、その期限前に返還することができない。

× 消費貸借契約の借主は、**返還時期の定めの有無にかかわらず、いつでも返還することができる**（民法591条2項）。

7 使用貸借契約は、借主が物を受け取ることによってその効力が生じる。

× **使用貸借契約は諾成契約**である（民法593条）。物を受け取っていなくても**成立する**。

8 書面によらない使用貸借契約の場合、貸主は、借主が目的物を受け取るまで契約を解除することができる。

○ **本問の記述のとおり**である。ただし、**書面による使用貸借**については、この解除権はない（民法593条の2）。

9 使用貸借契約における借主は、任意に第三者に借用物の使用又は収益をさせることができる。

× 使用貸借契約の借主は、**貸主の承諾を得なければ、第三者に借用物の使用又は収益をさせることができない**（民法594条2項）。

10 使用貸借契約における借主は、借用物の通常の必要費を負担しなければならない。

○ **本問の記述のとおり**である（民法595条1項）。

11 使用貸借契約における貸主が死亡した場合、当該契約は終了する。

× **使用貸借契約は「借主」の死亡により終了するが**（民法597条3項）、**「貸主」の死亡では終了しない**。

12 使用貸借契約において、当事者が期間も使用収益の目的も定めない場合、借主はいつでも契約の解除ができるが、貸主は借主の使用収益に必要な期間を経過しなければ、契約の解除ができない。

× 使用貸借契約において、**当事者が期間も使用収益の目的も定めない場合、貸主及び借主は、いつでも**契約の解除ができる（民法598条2項、3項）。

問題 1

裁判所職員（2021 年度）

消費貸借契約に関する次のア〜オの記述のうち、妥当なもののみを全て挙げているものはどれか（争いのあるときは、判例の見解による。）。

ア Aが、Bに対し、展示会用に米俵3俵を貸し渡し、Bが、Aに対し、展示会終了後その米俵3俵を返すことを内容とする契約は、消費貸借契約である。

イ 消費貸借契約は、無利息であることが原則である。

ウ AがBに対し100万円を貸し渡すこと及びBがAに対し一定期間経過後に同額を返還することを合意した場合、それが口頭の合意であっても、100万円の交付を要せずに直ちに消費貸借契約が成立する。

エ 消費貸借契約が成立した場合には、借主は、合意した金銭その他の物を貸主から借りる債務を負担する。

オ 消費貸借契約において、返還の時期を合意した場合であっても、借主は、いつでも目的物を返還することができる。

1　ア、ウ
2　ア、エ
3　イ、エ
4　イ、オ
5　ウ、オ

➡解答・解説は別冊 P.042

問題 2

裁判所職員（2020 年度）

消費貸借に関する記述として最も妥当なものはどれか（争いのあるときは、判例の見解による。）。

1　私人間の消費貸借は、特約がなくても、貸主が借主に利息を請求することができる。

2　返還時期の定めがある無利息の消費貸借では、借主は、返還時期に限り、目的物を返還することができる。

3 返還時期の定めのない消費貸借では、借主は、貸主から返還を求められれば、直ちに返還しなければならない。

4 返還時期の定めのない消費貸借では、借主は、相当な期間を定めて催告しただけでは返還をすることができない。

5 利息付きの消費貸借では、貸主は、借主が目的物を受け取った日以後の利息を請求することができる。

➡解答・解説は別冊P.043

問題3

裁判所職員（2013年度）

消費貸借・準消費貸借・使用貸借に関する次のア〜エの記述の正誤の組み合わせとして、最も適当なものはどれか（争いのあるときは、判例の見解による。）。

ア 準消費貸借は、消費貸借によらないで金銭その他の物を給付する義務を負う者がいる場合に、当事者の合意によって成立するものであるから、消費貸借上の債務を準消費貸借の目的とすることはできない。

イ 準消費貸借契約は、目的とされた旧債務が存在しない場合には、無効である。

ウ 消費貸借において、当事者が返還時期を定めなかったときは、貸主は、借主に対して、いつでも返還の請求を行うことができ、貸主から返還の請求があった場合、借主は、直ちに返還すべき義務を負う。

エ 使用貸借は、借主が無償で目的物の使用及び収益を行うものであるから、建物の借主が建物に賦課される固定資産税を負担している場合には、使用貸借ではなく賃貸借とされる。

	ア	イ	ウ	エ
1	正	正	正	正
2	誤	正	正	誤
3	正	誤	正	正
4	誤	正	誤	誤
5	誤	誤	誤	正

➡解答・解説は別冊P.043

国家一般職（2021 年度）

使用貸借に関する次の記述のうち、妥当なものはどれか。

1　使用貸借契約は、当事者の一方が無償で使用及び収益をした後に返還すること
　を約して相手方からある物を受け取ることによって、その効力を生ずる。

2　使用貸借契約の貸主は、書面による場合を除き、借主が借用物を受け取るまで、
　その契約を解除することができる。

3　使用貸借契約の借主は、自らの判断で自由に、第三者に借用物の使用又は収益
　をさせることができる。

4　使用貸借契約は、借主が死亡しても、特約のない限り、その相続人と貸主との
　間で存続する。

5　使用貸借契約における借用物の保管に通常必要な費用は、貸主が負担しなけれ
　ばならない。

→解答・解説は別冊 P.044

問題 5

使用貸借に関するア〜オの記述のうち、妥当なもののみを全て挙げているのはどれか。

ア 使用貸借は、借主が物を受け取ることによってその効力が生じる。「受け取る」とは、借主が物の引渡しを受けることであるが、使用貸借の効力が生じるためには、簡易の引渡しや占有改定では足りず、借主への現実の引渡しが必要である。

イ 使用貸借において、借主が、貸主の承諾を得ずに借用物を第三者に使用又は収益をさせた場合、貸主は、借主に催告をしなければ、契約を解除することはできない。

ウ 使用貸借の借主は、無償で借用物の使用及び収益をすることができることとの均衡を図るため、特約のない限り、借用物の通常の必要費、災害により破損した借用物の修繕費等の特別の必要費及び借用物の有益費のいずれも負担しなければならない。

エ 使用貸借の貸主は、貸借物が種類・品質及び数量に関して契約の内容に適合した目的物でなかった場合、担保責任を負う。

オ 使用貸借は、返還時期の定めがある場合、期限到来により終了する。また、使用貸借は、借主が死亡した場合も、特約のない限り、終了する。

1　イ
2　オ
3　ア・ウ
4　イ・エ
5　エ・オ

➡解答・解説は別冊 P.044

6 賃貸借契約①

STEP 1 要点を覚えよう！

POINT 1 賃貸借契約の意義

賃貸借契約は、当事者の一方がある**物の使用及び収益を相手方にさせることを約し**、相手方がこれに対してその**賃料を支払うこと**及び引渡しを受けた物を**契約が終了したときに返還すること**を**約する**ことによって、その**効力を生ずる**（民法601条）。

> 賃貸借契約の説明は不要だと思うけれど、賃料が要素となる点で使用貸借と、諸成契約である点で消費貸借と異なるよ。

POINT 2 賃貸物の修繕等

賃貸借契約を締結すると、**賃貸人は賃貸物の使用及び収益に必要な修繕をする義務を負う。**ただし、賃借人の責めに帰すべき事由によってその修繕が必要となった場合、賃貸人は修繕義務を負わない。

また、**賃貸人が賃貸物の保存に必要な行為**をしようとするときは、**賃借人は、これを拒むことができない**（民法606条2項）。

なお、**賃貸人が賃借人の意思に反して保存行為をしようとする場合**において、そのために**賃借人が賃借をした目的を達することができなくなるとき**は、**賃借人は、契約の解除をすることができる**（民法607条）。

また、**賃借物の修繕が必要**である場合において、以下の場合は、**賃借人が自ら修繕**することもできる。

◆**賃借人が自ら修繕できる場合**（民法607条の2）

①**賃借人が賃貸人に修繕が必要である旨を通知し、又は賃貸人がその旨を知ったにもかかわらず、賃貸人が相当の期間内に必要な修繕をしないとき**（1号）。
②**急迫の事情があるとき**（2号）。

POINT 3 賃借人の費用償還請求権

賃借人が賃貸物について費用を支出した場合、その費用は賃貸人に対して償還の請求をすることができる。ただし、これは支出したものが必要費か有益費かによって償還請求ができる時期などが異なる。この点についてまとめたのが次ページの表なので、これは押さえておこう。

◆賃借人の費用償還請求権のまとめ

	必要費（608条1項）	有益費（608条2項）
意義	保存・管理するための必要費用	利用・改良のための必要費用
負担者	特約がない限り賃貸人 ☞ 賃貸人の地位の移転があった場合には、新賃貸人が費用償還義務を承継する（民法605条の2第4項）	
償還請求が可能な範囲	支出した費用	賃貸人の選択に従い、支出した費用又は増価額のいずれか
償還請求権の行使時期	支出したら直ちに請求できる	原則：賃貸借契約の終了後 例外：賃貸人の請求により裁判所が相当の期限を許与したときは、その期限後

POINT 4 不動産の賃貸人たる地位の移転

　賃貸目的物である不動産の所有権が移転した場合、賃貸人たる地位が移転するのか、また、移転するとして、それを賃借人に対抗できるのかなどについて問題となり、まとめたのが以下の表である。これは「賃借権」に対抗要件があるか否かで異なってくる。

◆賃貸人たる地位の移転についてのまとめ

賃借権に対抗要件あり	地位の移転があるか	原則：移転する（賃借人の承諾不要） 例外：不動産の譲渡人及び譲受人が、賃貸人たる地位を譲渡人に留保する旨及びその不動産を譲受人が譲渡人に賃貸する旨の合意をしたときは、移転しない（民法605条の2第2項）
	賃借人への対抗	賃貸人たる地位の移転を新賃貸人が主張するには、賃貸物である不動産について所有権の移転の登記をしなければ、賃借人に対抗することができない（同条3項）
賃借権に対抗要件なし		原則：移転しない 例外：譲渡人と譲受人の合意で移転（民法605条の3）

　なお、**賃借人が有益費を支出した後に賃貸人が交替**したときは、判例は、特段の事情がない限り、**新賃貸人が償還義務を負う**とした（民法605条の2第4項、最判昭46.2.19）。

POINT **5** 賃借権の譲渡・転貸

　賃借人は、**賃貸人の承諾を得なければ、賃借権を譲り渡し、又は賃借物を転貸**することができない。そして、**無断で第三者に賃借物の使用又は収益**をさせたときは、**賃貸人は、契約の解除**をすることができる（民法612条）。

　ただし、この場合であっても、**信頼関係を破壊しない特段の事情があれば、賃貸人の解除権は発生しない**とされている（最判昭28.9.25）。

> 賃借権の無断譲渡等があった場合、条文上は解除できるとされているけど、判例で要件が修正されていると考えよう。

　なお、賃借人が賃貸人の承諾を得て、**適法に賃借物を転貸**したときは、**転借人**は、賃貸人と賃借人との間の賃貸借に基づく**賃借人の債務の範囲を限度として、賃貸人に対して、転貸借に基づく債務を直接履行**する義務を負う（民法613条1項）。他方、**「賃貸人」は「転借人」に対して、直接の義務は負わない**。

　また、**借地人が所有する建物を第三者に賃貸するのは、借地権（土地賃借権）の転貸とはならない**（大判昭8.12.11）。

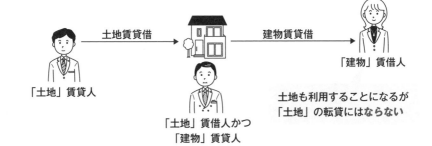

「土地」賃貸人 → 土地賃貸借 → 「土地」賃借人かつ「建物」賃貸人 → 建物賃貸借 → 「建物」賃借人

土地も利用することになるが「土地」の転貸にはならない

POINT **6** 賃料の支払時期

　賃料は、**動産、建物及び宅地については毎月末**に、その他の**土地については毎年末**に、支払わなければならない。ただし、収穫の季節があるものについては、その季節の**後**に遅滞なく支払わなければならない。すべて**後払い**だ（民法614条）。

POINT **7** 賃借権の対抗要件

　不動産の賃貸借は、**賃借権を登記**したときは、その不動産について物権を取得した者その他の**第三者に対抗することができる**（民法605条）。

　なお、特約がない限り、賃借人は、**賃貸人に対して賃借権の登記をするよう請求できない**（大判大10.7.11）。

前述のとおり、賃借権の登記は、賃貸人の義務ではないので、賃貸人が賃借権の登記をしてくれないと、賃借人は賃借権を対抗できなくなる。そこで、借地借家法*という特別法で、賃借人は保護されている。

まず、「**借地**」については、**借地権者名義の借地上の建物の登記**があれば、借地権を対抗できる（借地借家法10条1項）。

ただし、この建物登記は借地人名義でなければならず、例えば、**その建物に同居している家族名義の建物の登記では、借地権の対抗要件は取得できない**（最大判昭41.4.27）。

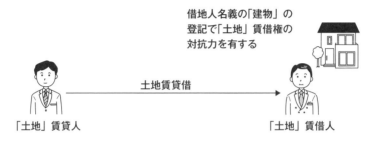

借地人名義の「建物」の登記で「土地」賃借権の対抗力を有する

土地賃貸借

「土地」賃貸人 → 「土地」賃借人

次に、「**借家**」については、**建物の引渡しを受けることで対抗力を有する**（借地借家法31条）。

なお、**対抗要件を備えた不動産賃借人は、不動産賃借権に基づいて妨害排除請求権や返還請求権を行使することができる**（民法605条の4）。

POINT 8 敷金

敷金とは、いかなる**名目**によるかを問わず、賃料債務その他の**賃貸借に基づいて生ずる賃借人**の賃貸人に対する金銭の給付を目的とする**債務を担保する目的**で、**賃借人が賃貸人に交付する金銭**をいう（民法622条の2第1項）。例えば、賃貸借契約の終了時に、未払賃料があった場合の担保となる金銭である。

賃貸人は、**賃借人が賃貸借に基づいて生じた金銭の給付を目的とする債務を履行しないときは、敷金をその債務の弁済に充てることができる。この場合、賃借人から、賃貸人に対して、敷金をその債務の弁済に充てる請求はできない。**

◆敷金に関するポイント（民法605条の2、622条の2）

項目	内容
敷金の返還義務の発生時期	①賃貸借が終了して**賃借物が返還されたとき**（1号） ☞賃借人の敷金返還請求権は、**賃借物を返還してはじめて発生する**ため、**賃貸物の返還と敷金返還請求権は、同時履行ではない。** ②賃借人が適法に賃借権を譲渡した時（2号）
地位の移転があった場合の処理	「賃貸人」の地位の移転　☞新賃貸人に承継される。 「賃借人」の地位の移転　☞新賃借人には承継されない。

* **借地借家法**…一般的に弱者である不動産賃貸借の借主の保護のために、民法の特別法として定められた法律のこと。この法律で、建物所有を目的とする土地賃借権と地上権が「借地権」と定義されている。

1 賃貸借契約の目的である建物が損傷した場合、賃借人は、特約がない限り、その建物の修繕義務を負う。

× **賃貸物の使用・収益に必要な修繕をする義務を負うのは賃貸人である**（民法606条1項）。

2 賃借人が必要費を支出したときは、賃借人は、賃貸借契約終了後に限り、賃貸人に対して支出した費用の償還請求ができる。

× **必要費は支出と同時に請求することができる**（民法608条1項）。

3 賃借人が有益費を支出したときは、賃借人は、直ちに、賃貸人に対して支出した費用の償還を請求することができる。

× **有益費は、賃貸借契約終了後に請求することができる**（民法608条2項本文）。

4 賃借人が有益費を支出した後、賃貸人たる地位が移転したときは、有益費の償還請求は、旧賃貸人に対してしなければならない。

× **賃貸人の地位の移転があった場合、費用償還義務は新賃貸人が承継する**（民法605条の2第4項）。

5 賃借人が賃借権の対抗要件を備えている賃貸不動産の所有権が譲渡された場合には、譲受人は当該不動産の所有権移転登記を経なければ賃借人に賃料請求ができない。

○ **賃貸人たる地位の移転があった場合、新賃貸人は、賃貸物である不動産について所有権の移転の登記をしなければ、賃借人に対抗することができない**（民法605条の2第3項）。

6 借地人が借地上に同居の母名義で登記をした建物を所有している場合で、当該借地が第三者に譲渡された場合には、当該第三者に借地権を対抗することができる。

× **借地借家法において、借地の対抗要件とされる借地上の建物登記は、借地人名義でなければならず、同居家族名義の建物の登記では、借地権の対抗要件は取得できない**（最大判昭41.4.27）。

7 土地の賃借権の対抗要件を備えた後、第三者が不法に当該土地に建物を建てこれを使用している場合には、賃借人は当該第三者に対し賃借権に基づき当該建物を収去して当該土地を明け渡すことを求めることができる。

○ 対抗要件を備えた不動産賃借人は、不動産賃借権に基づいて妨害排除請求権や返還請求権を行使することができる（民法605条の4）。

---

8 賃貸人は、敷金を未払の賃料債権の弁済に充てることができない。

× 賃貸人は、賃借人が賃貸借に基づいて生じた金銭の給付を目的とする債務を履行しないときは、敷金をその債務の弁済に充てることができる。

---

9 賃借人は、敷金を未払の賃料債権の弁済に充てることを賃貸人に請求することができる。

× 「賃貸人」は、賃借人の未払い賃料等について、敷金で充てることが**できる**が、「賃借人」はそのような充当を賃貸人に請求することが**できない**。

---

10 建物の賃貸借終了に伴う賃貸人の敷金返還債務と賃借人の建物明渡債務とは、同時履行の関係に立つ。

× 建物の賃貸借終了に伴う賃貸人の敷金返還債務と賃借人の建物明渡債務とは、**同時履行ではない**（民法622条の2第1項1号）。敷金返還請求権は、賃貸建物を返還してから発生するものだからである。

---

11 賃借人たる地位が、賃貸不動産にかかる賃借権の譲渡により移転したときは、敷金の返還請求権は当該賃借権の譲受人が承継する。

× 「賃借人」の地位の移転があった場合、**敷金は新賃借人に承継されない**（民法622条の2第1項2号）。旧賃借人が、新たな賃借人の未払賃料等を負担するのはおかしいからである。

問題 1

特別区Ⅰ類（2020年度）

民法に規定する賃貸借に関する記述として、判例、通説に照らして、妥当なものはどれか。

1 賃貸人が賃貸物の保存に必要な行為をしようとする場合において、そのために賃借人が賃借をした目的を達することができなくなるときは、賃借人は、これを拒むこと又は賃料の減額を請求することができる。

2 賃借人は、賃借物について賃貸人の負担に属する必要費を支出したときは、賃貸人に対し、賃貸借を終了した時に限り、その費用の償還を請求することができる。

3 最高裁判所の判例では、家屋の賃貸借における敷金契約は、賃貸人が賃借人に対して取得することのある債権を担保するために締結されるものであって、賃貸借契約に付随するものであるから、賃貸借の終了に伴う賃借人の家屋明渡債務と賃貸人の敷金返還債務とは、一個の双務契約によって生じた対価的債務の関係にあり、特別の約定のない限り、同時履行の関係に立つとした。

4 最高裁判所の判例では、適法な転貸借関係が存在する場合、賃貸人が賃料の不払を理由として賃貸借契約を解除するには、特段の事情のない限り、転借人に通知をして賃料の代払の機会を与えなければならないとした。

5 最高裁判所の判例では、土地賃借権が賃貸人の承諾を得て旧賃借人から新賃借人に移転された場合であっても、敷金に関する敷金交付者の権利義務関係は、敷金交付者において賃貸人との間で敷金をもって新賃借人の債務の担保とすることを約し、又は新賃借人に対して敷金返還請求権を譲渡する等、特段の事情のない限り、新賃借人に承継されないとした。

➡解答・解説は別冊P.045

賃貸借契約に関する次のア～オの記述のうち、妥当なもののみを全て挙げているものはどれか（争いのあるときは、判例の見解による。）。

ア 土地の賃借人は、当該土地上に自己名義の登記のされた建物を所有している場合には、当該土地の譲受人に対し、当該土地の賃借権を対抗することができる。

イ 賃借人が適法に賃借物を転貸した場合、転借人は、賃貸人に対し、直接、賃貸目的物を使用収益させることを求めることができる。

ウ 賃借人は、賃貸目的物である建物の雨漏りを修繕するための費用を支出したときは、賃貸人に対し、直ちに、その償還を請求することができる。

エ 建物の賃貸借契約において、賃貸人が未払賃料の支払を求めた場合、賃借人は、既に差し入れている敷金をもって充当することを主張して、その支払を免れることができる。

オ AB間の建物の賃貸借契約が解除された場合、賃借人として当該建物に居住していたBは、従前の賃貸借契約の期間中、賃貸目的物を不法に占有していたことになる。

1　ア、ウ
2　ア、オ
3　イ、エ
4　イ、オ
5　ウ、エ

→**解答・解説は別冊 P.046**

賃貸借に関するア〜オの記述のうち、妥当なもののみを全て挙げているのはどれか。
ただし、争いのあるものは判例の見解による。

ア　土地の賃借人は、当該土地上に同居する家族名義で保存登記をした建物を所有
　している場合であっても、その後当該土地の所有権を取得した第三者に対し、
　借地借家法第10条第1項により当該土地の賃借権を対抗することはできない。

イ　建物の賃貸借契約終了に伴う賃借人の建物明渡債務と賃貸人の敷金返還債務と
　は、敷金返還に対する賃借人の期待を保護する観点から、同時履行の関係に立つ。

ウ　民法、借地借家法その他の法令の規定による賃貸借の対抗要件を備えた不動産
　の賃借人は、当該不動産の占有を第三者が妨害しているときは、当該第三者に
　対して妨害の停止の請求をすることができる。

エ　土地の賃貸借契約において、適法な転貸借関係が存在する場合、賃貸人が賃料
　の不払を理由として賃貸借契約を解除するには、特段の事情のない限り、転借
　人に通知等をして賃料の代払の機会を与えることが信義則上必要である。

オ　賃貸人は、賃借人が賃貸借に基づいて生じた金銭の給付を目的とする債務を履
　行しないときは、敷金をその債務の弁済に充てることができる。また、賃借人
　も、賃貸人に対し、敷金をその債務の弁済に充てることを請求することができる。

1　ア、ウ
2　ア、オ
3　イ、エ
4　イ、オ
5　ウ、エ

（参考）　借地借家法
（借地権の対抗力）
第10条　借地権は、その登記がなくても、土地の上に借地権者が登記されている
　建物を所有するときは、これをもって第三者に対抗することができる。
2　（略）

→解答・解説は別冊 P.046

問題 4

賃貸借に関するア〜オの記述のうち、妥当なもののみを全て挙げているのはどれか。ただし、争いのあるものは判例の見解による。

ア 賃料の支払は、特約又は慣習がない場合には、前払いとされている。ただし、収穫の季節があるものについては、後払いとされている。

イ 賃借人が賃貸人の承諾を得ずに賃借物を転貸して第三者に使用又は収益をさせた場合であっても、賃借人の当該行為が賃貸人に対する背信的行為と認めるに足りない特段の事情があるときには、賃貸人は民法第612条第2項により契約を解除することはできない。

ウ 対抗力のある土地の賃貸借の目的物が譲渡された場合、旧所有者と賃借人との間に存在した賃貸借関係は法律上当然に新所有者と賃借人との間に移転し、旧所有者はその関係から離脱するが、その所有権の移転について未登記の譲受人は、賃貸人たる地位の取得を賃借人に対抗することができない。

エ 家屋の賃貸借契約が終了しても、賃借人は、特別の約定のない限り、敷金が返還されるまでは家屋の明渡しを拒むことができる。

オ 土地の賃借権が賃貸人の承諾を得て旧賃借人から新賃借人に移転された場合であっても、旧賃借人が差し入れた敷金に関する権利義務関係は、特段の事情のない限り、新賃借人に承継されない。

1 ア、エ
2 ウ、オ
3 ア、イ、エ
4 イ、ウ、オ
5 イ、エ、オ

➡解答・解説は別冊P.047

7 賃貸借契約②

STEP 1 要点を覚えよう！

POINT 1　賃貸借契約の終了①（期間の満了）

　期間の定めのある賃貸借は、その**期間の満了**によって**終了**する（民法622条、597条1項）。

　そして、期間満了後に賃借人が賃借物の使用・収益を継続している場合に、賃貸人がその事実を知りながら異議を述べないときは、従前の賃貸借と同一の条件で更に賃貸借をしたものと推定される（民法619条1項前段）。

POINT 2　賃貸借契約の終了②（解約の申入れ）

　存続期間の定めのない賃貸借においては、**各当事者はいつでも解約の申入れをすることができる**。この場合において賃貸借契約は、**解約の申入後、以下の期間の経過時に消滅**する（民法617条1項）。

◆解約申入後、終了する期間

①土地の賃貸借　☞**1年**（1号）
②建物の賃貸借　☞**3か月**（2号）
③動産及び貸席*の賃貸借　☞**1日**（3号）

POINT 3　賃貸借契約の終了③（賃貸借契約の解除）

　賃借人に義務違反があると、債務不履行となり、賃貸人からの解除によって賃貸借契約は終了する。そして、賃貸借契約は継続的契約であることから、**解除の効果は遡及せず、将来に向かってのみその効力を生ずる**。この場合において、損害賠償の請求もできる（民法620条）。

POINT 4　賃貸借契約の終了④（目的物の全部滅失）

　賃借物の全部が滅失したり、その他の事由により**使用及び収益をすることができなくなった場合**には、**賃貸借は終了する**（民法616条の2）。

> 当然の話だけど、賃貸借契約の目的物がなくなってしまった場合には、賃貸借契約を継続しようがないよ。

---

*　**貸席（かしせき）**…料金をとって、時間決めで貸す座席のこと。

重要度

| 国家一般職：★★★ | 地方上級：★★★ | 特別区Ⅰ類：★★★ |
| 国家専門職：★★★ | 裁判所職員：★★★ | 市役所：★★★ |

CHAPTER

2

債権各論

7

賃貸借契約②

POINT 5 賃貸借契約の終了と転貸借契約の処理

　前述のとおり、賃貸借契約にはいくつかの終了事由があるが、もし「転貸借契約」がされていた場合、「原賃貸借契約」の終了が「転貸借契約」にどう影響するのかという問題がある。これらのポイントをまとめたものが以下の表である。

◆賃貸借契約の終了と転貸借契約の処理

終了原因	処理
期間満了	転貸借契約も終了する。 ☞転借人は、転借権を原賃貸人に対抗できなくなり、原賃貸人との関係では**不法占拠者**となる。
合意解除	**賃貸人は合意解除をもって、転借人に対抗できない**（民法613条3項本文）。 ただし、合意解除の当時、**賃貸人が賃借人の債務不履行による解除権を有していたときは、これを転借人に対抗できる**（同項但書）。
債務不履行解除	①転貸借契約は履行不能となり終了する。 ☞転借人は、賃貸人に転貸借契約を対抗できない。 ②**承諾のある転貸借契約において、賃貸借契約が賃借人の債務不履行を理由とする解除により終了した場合、転貸借契約は、原則として、賃貸人が転借人に対して目的物の返還を請求したときに、転借人の転借人に対する債務の履行不能により終了する**（最判平9.2.25）。 ③**賃料の延滞を理由に賃貸借を解除するには、賃貸人は賃借人に催告すれば足り、転借人にその支払いの機会を与える必要はない**（最判昭37.3.29）。

　上記の**「合意解除」**の場合、転借人とすれば、賃貸人と賃借人の間で勝手に「合意解除」され、自身の転借権が消滅するのは酷である。よって、転貸借契約は存続し、原賃貸人が転貸借契約の賃貸人となる。しかし、**「債務不履行による解除」**の場合、原賃貸人に何ら落ち度はなく、**原賃貸人は、転借人に対して支払いの機会を与える必要もない**とされている。

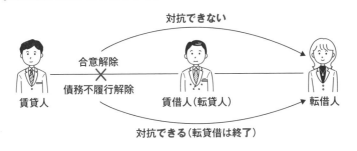

173

1 期間の定めのある賃貸借契約は、その期間の満了によって終了する。

○ **本問の記述のとおり**である（民法622条、597条1項）。

2 期間満了後に賃借人が賃借物の使用・収益を継続している場合に、賃貸人がその事実を知りながら異議を述べないときは、従前の賃貸借と同一の条件で更に賃貸借契約をしたものと推定される。

○ **本問の記述のとおり**である（民法619条1項前段）。

3 民法上、存続期間の定めのない賃貸借契約では、賃借人は賃料の支払い義務を負うため、いつでも解約の申入れをすることができるが、賃貸人は相当の期間を定めたうえで、解約の申入れを行うこととされている。

× **存続期間の定めのない賃貸借**においては、**各当事者はいつでも解約の申入れをすることができる**（民法617条1項前段）。

4 民法上、土地に対する存続期間の定めのない賃貸借契約において、当事者が解約の申入れをした場合、解約の申入れから3か月の期間を経過した時に賃貸借契約は終了すると規定されている。

× **土地の賃貸借**については、解約の申入れから**1年の期間の経過後に終了**する（民法617条1項1号）。

5 民法上、動産に対する存続期間の定めのない賃貸借契約において、当事者が解約の申入れをした場合、解約の申入れから3か月の期間を経過した時に賃貸借契約は終了すると規定されている。

× **動産の賃貸借**については、解約の申入れから**1日の期間の経過後に終了**する（民法617条1項3号）。

6 民法上、建物に対する存続期間の定めのない賃貸借契約において、当事者が解約の申入れをした場合、解約の申入れから3か月の期間を経過した時に賃貸借契約は終了すると規定されている。

○ **本問の記述のとおり**である（民法617条1項2号）。

7 賃貸借契約が債務不履行に基づき解除された場合、契約締結時に遡って、解除の効果が遡及するが、損害賠償請求は認められる。

× **賃貸借契約の解除の効果は遡及せず、将来に向かってのみその効力を生ずる。**なお、この場合において、**損害賠償の請求はできる**（民法620条）。

8 賃借物の全部が滅失したり、その他の事由により使用及び収益をすることができなくなった場合には、賃貸借契約は終了する。

◯ **本問の記述のとおり**である（民法616条の2）。

9 原賃貸人の承諾を得て転貸借契約が行われた場合において、その後に原賃貸借契約が合意解除されたとき、原則として、原賃貸人は、転借人に対し、目的物の返還を求めることができる。

× 賃貸人は、賃貸借契約の**合意解除**をもって、**転貸借契約の転借人に対抗することはできない**（民法613条3項本文）。よって、目的物の返還を求めることも**できない**。

10 原賃貸人の承諾を得て転貸借契約が行われた場合において、原賃貸人が原賃借人の債務不履行を理由に原賃貸借契約を解除する場合には、あらかじめ転借人に対して賃料の支払いを催告しなければならない。

× 賃料の延滞を理由に賃貸借を解除するには、**賃貸人は賃借人に催告**すれば足り、**転借人にその支払いの機会を与える必要はない**（最判昭37.3.29）。

11 原賃貸人の承諾を得て転貸借契約が行われた場合において、原賃貸人が原賃借人の債務不履行を理由に原賃貸借契約を解除したとき、転借人に対して目的物の返還請求をした時に、転貸借契約は終了する。

◯ **本問の記述のとおり**である（最判平9.2.25）。賃貸人が転借人に対して目的物の返還請求をした時に、転貸人の転借人に対する債務は**履行不能**となるためである。

過去問にチャレンジ！

STEP 3

過去問にチャレンジ！

問題1 　　　　　　　　　　　　　　　　　　　　　　　国家一般職（2020年度）

賃貸借に関するア〜オの記述のうち、妥当なもののみを全て挙げているのはどれか。

ア　賃貸人が賃借人の意思に反して保存行為をしようとする場合において、そのために賃借人が賃借をした目的を達することができなくなるときは、賃借人は、当該行為を拒むことができる。

イ　賃借人は、賃借物について有益費を支出したときは、賃貸人に対し、直ちにその償還を請求することができる。

ウ　賃借物の全部が滅失その他の事由により使用及び収益をすることができなくなった場合には、賃貸借は、これによって終了する。

エ　当事者が賃貸借の期間を定めなかったときは、各当事者は、いつでも解約の申入れをすることができるところ、動産の賃貸借については、解約の申入れの日から3か月を経過することによって終了する。

オ　賃借人が賃貸借に基づいて生じた金銭の給付を目的とする債務を履行しないときは、賃貸人は敷金をその債務の弁済に充てることができるが、賃借人が、賃貸人に対し、敷金をその債務の弁済に充てることを請求することはできない。

1　ア・ウ
2　ア・オ
3　イ・ウ
4　イ・エ
5　ウ・オ

➡解答・解説は別冊 P.048

問題2

賃貸借に関するア～オの記述のうち、妥当なもののみを全て挙げているのはどれか。
ただし、争いのあるものは判例の見解による。

ア 不動産の賃借人は、賃借権に基づいて、賃貸人に対して当然にその登記を請求する権利を有する。

イ 賃貸借契約の解除をした場合には、その解除は契約締結時に遡ってその効力を生ずるが、解除以前に生じた損害賠償請求権は消滅しない。

ウ 建物の賃借人が有益費を支出した後、建物の所有権譲渡により賃貸人が交替した場合には、特段の事情のない限り、新賃貸人が当該有益費の償還義務を承継し、旧賃貸人は償還義務を負わない。

エ 貸主Aが借主Bとの間で建物の賃貸借契約を締結し、更にBがAの同意を得てCとの間で当該建物の転貸借契約を締結した場合において、AB間の賃貸借契約がBの債務不履行を原因として解除により終了したときであっても、AはCに当該建物の返還を請求することはできない。

オ AがBに対して建物所有を目的として土地を賃貸しており、その契約中にBがAの承諾を得ずに借地内の建物の増改築をするときはAは催告を要せずに契約の解除ができる旨の特約があるにもかかわらず、BがAの承諾を得ずに建物の増改築をした場合において、当該増改築が借地人の土地の通常の利用上相当であり、土地賃貸人に著しい影響を及ぼさないため、賃貸人に対する信頼関係を破壊するおそれがあると認めるに足りないときは、Aは当該特約に基づき解除権を行使することができない。

1 ア・イ
2 ア・ウ
3 イ・エ
4 ウ・オ
5 エ・オ

➡解答・解説は別冊P.048

8 請負契約

STEP 1 要点を覚えよう！

POINT 1 請負契約の意義等

請負契約は、当事者の一方がある**仕事を完成することを約し**、相手方がその仕事の結果に対してその**報酬を支払うことを約する**ことによって、その効力を生ずる（民法632条）。**諾成・双務・有償契約**である。

建物などをつくってもらう契約が典型例だが、「何らかの仕事（の完成）」を依頼するものなので、講演会の依頼なども請負契約である。

請負契約における**報酬の支払いと目的物の引渡しは同時履行の関係にある**が（民法633条本文）、「**仕事の完成**」は**先履行**の関係にある。よって、**物の引渡しを要しない請負契約の場合、報酬は後払い**とされている（民法624条１項）。

```
仕事の完成  ◀── これは先履行（報酬は後払い）

目的物の引渡し ◀── ここが同時履行 ──▶ 報酬の支払
```

なお、請負の目的は、あくまで仕事の完成であるから、請負人自らが労働を提供する必要はなく、第三者に請け負わせて仕事を行わせてもよい。これを下請負という。

下請負契約は元の請負契約とは別個独立の関係にあり、注文者と下請負人との間には直接の法律関係はなく、下請負契約と元の請負契約とは互いに影響を与えるものではない。

POINT 2 目的物の所有権の帰属

請負契約においては、目的物の所有権の帰属が問題となる。例えば、建築の請負契約を締結した場合において、建物所有権は建物が完成した時点で注文者に帰属するのか、引渡しを行った時点なのかといった問題である。

◆請負契約における目的物の所有権の帰属

	材料提供者	所有権の帰属
①	注文者が材料の全部又は主要部分を提供した場合	完成と同時に、原始的に注文者に帰属

材料提供者	所有権の帰属
② 請負人が材料の全部又は主要部分を提供した場合	請負人に帰属するが、引渡しによって注文者に帰属
③ ②で注文者に帰属させる特約あり	注文者に帰属
④ ②で注文者が代金の全部又は大部分を支払っている場合	特約の存在が推認され、特段の事情がない限り、完成と同時に、原始的に注文者に帰属

POINT 3 請負人の契約不適合責任（担保責任）

　請負契約には、売買契約の規定の準用があり、仕事の目的物の**種類又は品質**が、契約の内容で定めたものと適合しないものである場合、**注文者は、①履行追完請求、②報酬減額請求、③損害賠償請求、④契約解除**を請求することができる（民法559条で562条、563条、564条を準用）。

　ただし、**契約不適合が注文者の供した材料又は注文者の与えた指図**によって生じた場合、注文者はこれらの請求を行うことができない。

　もっとも、請負人がその材料又は指図が不適当であることを**知りながら告げなかった**ときは、これらの請求を行うことができる（民法636条）。

　また、目的物が、種類又は品質に関して契約の内容に適合しない場合には、**注文者がその不適合を知った時から１年以内に、その旨を請負人に通知しないときは、**注文者はこれらの請求ができない（民法637条1項）。

　ただし、**この期間制限は、請負人の負担を軽減するためのものであるから、請負人が引渡しの時（引渡しを要しない時は、仕事終了時）に目的物が契約不適合であることについて悪意又は重過失の場合には適用しない**（同条2項）。

POINT 4 請負契約の終了

　請負人が仕事を完成しない間は、注文者は、いつでも損害を賠償して契約の解除をすることができる（民法641条）。

　また、目的物が可分であり、完成した部分だけでも注文者にとって利益がある場合は、未完成の部分についてのみ、契約を解除できる（民法634条前段）。

　さらに、**注文者が破産手続開始の決定**を受けたときは、請負人又は破産管財人は、**契約の解除**をすることができる。ただし、**仕事の完成後は、解除権の行使はできない**（民法642条1項）。

　なお、この場合、**請負人は既にした仕事の報酬**及びその中に含まれていない**費用について、破産財団の配当に加入することができる**（同条2項）。そもそも破産手続は、破産者の財産を換価処分して、それによって得た金銭を債権者に配当するという手続であるが、破産財団とは、破産手続において破産管財人にその管理及び処分をする権利が専属するものをいう。つまり、有する債権が破産財団に加えられることで、部分的な回収になるにせよ、配当に加入できることとなる。

1 請負契約は、諾成・双務・有償契約である。

〇　**請負契約は、**当事者の一方がある**仕事を完成すること**を約し、相手方がその仕事の結果に対してその報酬を支払うことを約することによって、その効力を生ずる（民法632条）。よって、**諾成・双務・有償契約である。**

2 報酬の支払時期につき特約がない場合において、請負人が建物を完成させたときは、注文者は、その建物の引渡しと同時に、請負人に対し、報酬を支払わなければならない。

〇　請負契約における**報酬の支払いと目的物の引渡しは、同時履行の関係にある**（民法633条本文）。

3 物の引渡しを要しない請負契約の場合、仕事の完成と報酬の支払いは同時履行の関係にある。

×　請負契約において、「**仕事の完成」は先履行**の関係にある。よって、物の引渡しを要しない請負契約の場合、報酬は**後払い**とされる（民法624条1項）。

4 仕事の目的物に契約の内容に適合しない欠陥が存在していた場合、注文者は、請負人に対して報酬の減額を請求することはできない。

×　仕事の目的物の**種類又は品質**が、**契約の内容**で定めたものと**適合しない**ものである場合、注文者は、①**履行追完請求**、②**報酬減額請求**、③**損害賠償請求**、④**契約解除**を請求することができる（民法559条、562条～564条）。

5 請負における注文者は、仕事の完成前においては、相手方に不利な時期に解除することができない。

×　請負人が**仕事を完成しない間**は、**注文者**は、**いつでも損害を賠償して契約の解除をすることができる**（民法641条）。

6　仕事の目的物に契約の内容に適合しない欠陥が存在していた場合で、注文者がその不適合を知った時から1年以内にその旨を請負人に通知しないときは、請負人がその不適合を知っていたときでも、注文者は請負人に対し、履行追完請求をすることができない。

✕　契約不適合責任の期間制限は、請負人の負担を軽減するためのものであるから、**請負人が引渡しの時（引渡しを要しない時は、仕事終了時）に目的物が契約不適合である**ことについて**悪意又は重過失の場合には適用されない**（民法637条2項）。

7　注文者が建物完成前に、請負代金の全額を請負人に支払った場合は、完成した建物の所有権は、注文者に帰属する。

◯　本問の場合、特約の存在が推認され、特段の事情がない限り、建物所有権は完成と同時に原始的に**注文者**に帰属する。

8　材料の主要な部分を注文者が提供した場合であっても、特約がない限り、完成した目的物の所有権は請負人に帰属する。

✕　本問の場合、完成と同時に原始的に**注文者**に帰属する。

9　請負人が自ら材料を提供しており、かつ、注文者に対する引渡しがされていないときは、完成した目的物の所有権は、当該請負人に帰属する。

◯　**本問の記述のとおり**である。なお、**引渡し**によって注文者に帰属する。

10　仕事の目的物に契約の内容に適合しない欠陥が存在していた場合で、それが注文者の与えた指図が原因であるときは、注文者は、その指図が不適当であることを知らなかった請負人に対し、履行追完請求をすることができない。

◯　契約不適合が**注文者の供した材料**又は**注文者の与えた指図**によって生じた場合、注文者は、契約不適合責任の追及ができない（民法636条但書）。

STEP 3 過去問にチャレンジ！

問題 1 　　　　　　　　　　　　　　　　　　　　　　特別区Ⅰ類（2019 年度）

民法に規定する請負又は委任に関する記述として、通説に照らして、妥当なものはどれか。

1　請負は、当事者の一方がある仕事を完成することを約し、相手方がその仕事の結果に対してその報酬を支払うことを約することによって、その効力を生ずる有償、双務及び諾成契約である。

2　注文者が破産手続開始の決定を受けたとき、請負人は、契約の解除をすることができるが、この場合に、請負人は、既にした仕事の報酬に含まれていない費用について、破産財団の配当に加入することができない。

3　委任は、各当事者がいつでもその解除をすることができるが、当事者の一方が相手方に不利な時期に委任の解除をしたときは、その当事者の一方は、必ず相手方の損害を賠償しなければならない。

4　委任は、特約の有無にかかわらず、委任者又は受任者の死亡、委任者又は受任者が後見開始の審判を受けたこと及び受任者が破産手続開始の決定を受けたことによって終了する。

5　受任者は、委任の本旨に従い、善良な管理者の注意をもって、委任事務を処理する義務を負うが、委任事務を処理するについて費用を要するときであっても、当該委任事務を履行した後でなければ、これを請求することができない。

➡解答・解説は別冊 P.049

問題2

民法上の請負に関する次のア〜エの記述の正誤の組み合わせとして最も妥当なものはどれか（争いのあるときは、判例の見解による）。

ア 仕事の目的物の引渡しを要しない場合には、請負人は、仕事の完成前であっても、注文者に対し、報酬の支払を請求することができる。

イ 注文者が仕事の完成前に代金の全額を支払っていた場合には、材料の主要部分を提供したのが注文者か請負人かにかかわらず、原則として、仕事の完成と同時に注文者が目的物の所有権を原始的に取得する。

ウ 請負人が、請け負った仕事の全部又は一部を下請負人に請け負わせた場合には、下請負人は、注文者に対して直接に義務を負う。

エ 請負人に債務不履行がない場合であっても、注文者は、請負人が仕事を完成しない間は、損害を賠償すれば請負契約を解除することができる。

	ア	イ	ウ	エ
1	正	誤	誤	正
2	正	誤	正	誤
3	誤	誤	正	正
4	誤	正	正	誤
5	誤	正	誤	正

➡解答・解説は別冊 P.050

請負に関するア～オの記述のうち、妥当なもののみを全て挙げているのはどれか。

ア 注文者Aと請負人Bが完成後に建物を引き渡す旨の約定で建物建築工事の請負契約を締結した場合には、AB間で特約がない限り、Aは、その建物の引渡しと同時にBに報酬を支払わなければならない。

イ 建物建築工事の請負契約の注文者Aの責めに帰することができない事由によって請負人Bが仕事を完成することができなくなった場合には、Bが既にした仕事の結果のうち可分な部分の給付によってAが利益を受けるときであっても、BはAに対して報酬を請求することができない。

ウ 建物建築工事の請負契約の目的物として請負人Bから引渡しを受けた建物に欠陥があった場合において、注文者Aがその欠陥があることを知った時から1年以内にその旨をBに通知しなかったときは、建物をAに引き渡した時に、Bがその欠陥の存在を知り、又は重大な過失によって知らなかったときを除き、Aは、その欠陥の存在を理由としてBに建物の修補を求めることができない。

エ 建物建築工事の請負契約において、注文者Aは、請負人Bがその工事を完成しない間は、損害を賠償することなく、いつでもその契約を解除することができる。

オ 注文者Aと請負人Bが、契約が中途で解除された際の出来形部分の所有権はAに帰属する旨の約定で建物建築工事の請負契約を締結した後に、Bがその工事を下請負人Cに一括して請け負わせた場合において、その契約が中途で解除されたときであっても、Cが自ら材料を提供して出来形部分を築造したのであれば、AC間に格別の合意があるなど特段の事情のない限り、その出来形部分の所有権はCに帰属するとするのが判例である。

1 ア、イ
2 ア、ウ
3 イ、エ
4 ウ、オ
5 エ、オ

→解答・解説は別冊P.051

問題4

請負に関するア～オの記述のうち、妥当なもののみを全て挙げているのはどれか。

ア　請負代金の支払時期は、仕事の目的物の引渡しを要しない場合には、請負人を保護する観点から、先払いとされている。

イ　注文者の責めに帰することができない事由によって仕事を完成することができなくなった場合において、請負人が既にした仕事の結果のうち可分な部分の給付によって注文者が利益を受けるときは、その部分は仕事の完成とみなされ、請負人は、注文者が受ける利益の割合に応じて報酬を請求することができる。

ウ　建物建築工事を元請負人から一括下請負の形で請け負った下請負人は、注文者との関係では、元請負人の履行補助者的立場に立つものにすぎず、注文者のためにする当該工事に関して元請負人と異なる権利関係を主張し得る立場にはないとするのが判例である。

エ　注文者が破産手続開始の決定を受けたときは、請負人は、仕事の完成後であっても、請負契約を解除することができる。

オ　請負人が仕事を完成しない間は、注文者は、正当な理由があるときに限り、損害を賠償して請負契約を解除することができる。

1　ア・イ
2　ア・オ
3　イ・ウ
4　ウ・エ
5　エ・オ

➡解答・解説は別冊 P.051

SECTION

9 委任契約

STEP 1 要点を覚えよう！

POINT 1 委任契約の意義

委任契約は、当事者の一方が**法律行為**をすることを**相手方に委託し、相手方がこれを承諾する**ことによって、その効力を生ずる（民法643条）。自分に代わって、「法律行為」を行うことを他人にお願いすることである。

委任契約は、原則として無償であり（民法648条1項）、特約がない限りは、**委任者（お願いしたほう）は、受任者（お願いされたほう）に対して、報酬を支払わなくてもよい。**

POINT 2 受任者の義務

受任者に対しては、様々な義務が規定されているので確認していく。

（1）善管注意義務

受任者は、委任の本旨に従い、**善良な管理者の注意をもって、委任事務を処理する義務を負う**（民法644条）。委任契約が有償か無償かで異なることはない。

委任契約は、当事者間の信頼が基礎にあることが前提となっているため、受任者は、**無償であっても善管注意義務を負う**こととなっている。

（2）復受任者の選任等

受任者は、委任者の許諾を得たとき、又はやむをえない事由があるときでなければ、復受任者を選任することができない（民法644条の2第1項）。

また、代理権を付与する委任において、受任者が代理権を有する復受任者を選任したときは、復受任者は、委任者に対して、その権限の範囲内において、受任者と同一の権利を有し、義務を負う（同条2項）。

なお、代理人・復代理人間で復委任契約が締結された場合において、復代理人が委任事務を処理するにあたり受領した物を代理人に引き渡したときは、特別の事情がない限り、復代理人の本人に対する受領物引渡義務は消滅する（最判昭51.4.9）。

（3）報告義務

受任者は、**委任者の請求があれば、いつでも委任事務の処理の状況を報告し、委任終了後は、遅滞なく、その経過及び結果を報告**しなければならない（民法645条）。

（4）受取物などの引渡義務

受任者は、委任事務を処理するに当たって**受け取った金銭その他の物・収取した果実を委任者に引き渡さなければならない**（民法646条1項）。

そして、受任者が自分の名義で権利を取得した場合には、受任者は権利の名義を委任者に移転しなければならない（同条2項）。

委任契約によって当然に受任者に代理権が発生するわけではないよ（代理権授与が必要）。この義務は、そのための規定なんだ。

（5）受任者の金銭消費の責任

受任者が委任者に引き渡さなければならない金銭、又は委任者の利益のために用いなければならない金銭を**受任者が自己のために消費**してしまったときは、その**消費した日以後の利息を支払い**、さらに**損害があるときは、これを賠償**しなければならない（民法647条）。

POINT 3 委任者の義務

他方、委任者に対しては、以下のような義務が規定されている。

（1）報酬支払義務（特約がある場合）

前述のとおり、委任は**無報酬**が原則であり、**特約がなければ報酬を請求できない**（民法648条1項）。

そして、報酬特約がある場合、**報酬の支払は後払い**が原則だが、**期間をもって報酬を定めたときは、その期間経過後に請求できる**（同条2項、民法624条2項）。

報酬について期間を定めたときは「期間経過後」という点に注意。「委任事務の履行後」ではないよ。

また、**委任者の責めに帰することができない事由**によって、**委任事務の履行をすることができなくなった**場合や、委任が**履行の中途で終了**した場合、受任者は、既にした**履行の割合に応じて報酬を請求することができる**（同条3項）。

（2）費用前払義務

委任者は、**受任者の請求**があれば、**委任事務を処理するのに必要な費用を前払い**しなければならない（民法649条）。

（3）費用償還義務

委任者は、**受任者が必要と認められる費用を支出**したときは、その**費用及び支出日以後の利息を償還**しなければならない（民法650条1項）。

（4）債務の代弁済・担保提供義務

委任者は、**受任者が委任者のために自己の名で債務を負担**したときは、受任者の**請求**により、債務の**肩代わり**又は**相当な担保**を提供しなければならない（民法650条2項）。

（5）損害賠償義務

受任者が委任事務を処理するため、**自己に過失なく損害を受けたとき**は、委任者は、**受任者の請求により、その損害を賠償しなければならない**（民法650条3項）。この場合、委任者の故意・過失を**要しない**（無過失責任）。

責任を負う！　　　　　　　　　　　①過失なく損害が発生

②損害賠償請求

委任者　　　　　　　　　受任者
（無過失）

POINT 4 委任の終了事由（任意解除）

委任契約の終了事由としては、当事者の任意解除（民法651条）と、法律で定められた終了事由（民法653条）がある。

まず**任意解除**についてだが、**委任契約の当事者は、いつでも解除**することができる。この場合、原則として、相手方への損害を賠償する必要は**ない**。なお、解除の効力は遡及しない（将来効）。

ただし、①**相手方に不利な時期に解除**する場合、②委任者が**受任者の利益**（専ら報酬を得ることによるものを除く）**をも目的とする委任を解除**する場合は、**相手方の損害を賠償**しなければならない。

とはいえ、その**解除がやむをえない事由**に基づく場合は、**賠償責任を負わない**。まとめると、以下のようになる。

> **ここで差をつける！** 委任契約の解除
>
> ・当事者は、委任契約をいつでも解除できる！
> 　　　↓ただし
> ・以下の場合は、相手方の損害を賠償しなければならない。
> 　①相手方に**不利な時期**に解除する場合
> 　②委任者が受任者の利益（報酬除く）をも目的とする委任を解除する場合
> 　　　↓もっとも
> ・その**解除がやむをえない事由**に基づく場合は、賠償責任を負わない。

なお、解除による損害賠償が必要な場合であっても、先に損害を賠償しなければ解除ができない**わけではない**。損害賠償についての規定は、解除後の効果を定めたものと解されている。

ポイントは、当事者はいつでも解除できること。また、解除による損害を賠償しなければならない場合があるけれど、やむをえない事由があった場合は、損害賠償が不要になるよ。

POINT 5 委任の終了事由（法定終了原因）

　委任契約の法定終了原因は、以下のとおりである（民法653条）。

◆委任契約の法定終了原因

当事者	死亡	破産	後見開始の審判
委任者	終了する	終了する	終了しない
受任者	終了する	終了する	終了する

　覚え方としては、「**委任者**」に「**後見開始の審判**」がされた場合だけ、**終了しない**という方法がよい。委任者に後見開始の審判がなされたということは、原則として、委任者が単独で有効な法律行為を行えなくなっており、むしろ法律行為を本人に代わって行うべき場合といえる。

　なお、委任契約は、委任者又は受任者の死亡により終了するが、これは委任契約が当事者間の信頼関係を基礎としているためである。つまり、「その人だから頼んだ。依頼を受けた」という関係がある可能性があり、相続人が当然に相続するという規定にはしていない。

　ただし、**これは任意規定**であるため、「当事者の死亡によっても終了しない」という**特約により、委任契約を存続させることもできる**。

例えば、委任者が「自身の死亡後、自身の葬儀を執り行うこと」を委任するために特約を結ぶ場合などだよ。

　ちなみに、**委任契約の終了事由は、これを相手方（＝受任者）に通知**したとき、又は**相手方（＝受任者）がこれを知っていた**ときでなければ、これをもってその**受任者に対抗できない**（民法655条）。ここにいう「**相手方**」とは、委任契約の相手方を指す。

STEP 2 一問一答で理解を確認！

1 受任者は、委任事務を処理したときは、特約がない場合でも、委任者に対して報酬を請求することができる。

× **委任契約は、無償が原則**であり（民法648条1項）、特約がない限り、委任者は受任者に対して報酬を**支払わなくてもよい**。

---

2 無償の委任の受任者は、自己のためにするのと同一の注意をもって事務を処理すれば足りる。

× 受任者は、**有償・無償を問わず**、委任の本旨に従い、**善良な管理者**の注意をもって、委任事務を処理する義務を負う（民法644条）。これは委任契約が当事者の信頼関係を基礎とした契約であるためである。

---

3 受任者は、委任者の請求があるときは、いつでも委任事務の処理の状況を報告しなければならない。

○ **本問の記述のとおりである**（民法645条）。

---

4 受任者は、委任者のために受任者の名をもって取得した権利を委任者に移転しなければならない。

○ **本問の記述のとおりである**（民法646条2項）。

---

5 事務処理の労務に対して報酬が支払われる場合において、受任者は、委任者の責めに帰することができない事由によって委任事務の履行をすることができなくなったとき、既にした履行の割合に応じて報酬を請求することができる。

○ **本問の記述のとおりである**（民法648条3項1号）。

---

6 委任事務を処理するにつき費用を必要とするときは、委任者は受任者の請求により、その前払いをしなければならない。

○ **本問の記述のとおりである**（民法649条）。

委任事務を処理するにつき受任者が過失なくして損害を被った場合でも、委任者が無過失であるときは、受任者に対する損害賠償の責任を負わない。

× **受任者**が、**委任事務を処理するため自己に過失なく損害を受けたとき**は、委任者は受任者の請求により、賠償をしなければならない（民法650条3項）。この場合、**委任者の故意・過失は要しない（無過失責任）**。

委任契約において、相手方に不利な時期に解除する場合は、必ず相手方の損害を賠償しなければならない。

× 相手方に**不利な時期**に解除する場合で、**やむをえない事由**の場合は、損害賠償義務を**負わない**（民法651条2項1号）。

委任契約は、当事者の死亡によっても終了しない。

× **委任契約**において、**当事者の死亡は法定終了原因**である（民法653条1号）。これは委任契約が当事者の信頼関係を基礎とした契約であるためである。

委任契約は、委任者が後見開始の審判を受けても終了しない。

○ **「委任者」が後見開始の審判**を受けたことは、委任の**終了原因とならない**（民法653条3号参照）。

委任契約は、当事者の死亡によって終了するため、委任者が、受任者に対して「自身が亡くなった後の葬儀の執り行い」を委任した場合であっても、委任者の死亡により終了することとなる。

× 委任契約において、当事者の死亡は**法定終了原因**であるが（民法653条1号）、これは**任意**規定であるため、**特約で排除することができる**。

過去問にチャレンジ！

問題1

裁判所職員（2020 年度）

委任に関する記述として最も妥当なものはどれか（争いのあるときは、判例の見解による。）。

1 受任者は、委任事務の処理をするにあたって、自己の財産に対するのと同一の注意をもって行うことで足りる。

2 受任者は、委任事務を処理するについて費用を要するときでも、その前払を請求することはできない。

3 受任者は、委任事務を処理するのに必要な費用を支出したときは、委任者に対し、その費用及びその支出の日以後における利息の償還を請求できる。

4 受任者が報酬を受ける場合、期間によって報酬を定めたときであっても、委任事務を履行した後でなければ、報酬を請求することができない。

5 委任は、原則として、委任者の死亡によっては終了しない。

➡解答・解説は別冊 P.052

問題2

裁判所職員（2018 年度）

委任に関する記述として最も妥当なものはどれか（争いのあるときは、判例の見解による。）。

1 委任契約の成立には、報酬の支払について合意することが必要である。

2 委任事務について費用が必要な場合、受任者は、委任者に対し、事務を行った後でなければ、その費用を請求できない。

3 委任は、委任者はいつでもその解除をすることができるが、受任者は、委任者に不利な時期には解除をすることができない。

4 受任者は、委任の本旨に従い、善良な管理者の注意をもって、委任事務を処理する義務を負う。

5 受任者が、委任事務の処理に際して自己の名をもって取得した権利については、

委任者のために取得したものだとしても、委任者に移転する義務を負わない。

➡解答・解説は別冊 P.053

問題3

裁判所職員（2015年度）

委任に関する次のア〜オの記述のうち、適当なもののみを全て挙げているものは
どれか（争いのあるときは、判例の見解による。）。

ア 有償の委任契約の成立には、委任者が受任者に委任状を交付することが必要で
ある。

イ 委任が受任者の責めに帰すことのできない事由によって履行の中途で終了した
場合には、受任者は、既にした履行の割合に応じた報酬を請求することができ
ない。

ウ 受任者は、委任事務を処理するため自己に過失なく損害を受けたときは、たと
え委任者に過失がなくとも、委任者に対し、その賠償を請求することができる。

エ 受任者の債務不履行を理由として委任契約が解除された場合であっても、解除
の効果は、将来に向かってのみ発生する。

オ 委任者は、受任者に生じた損害を賠償しなければ、委任契約を解除することが
できない。

1　ア・イ
2　イ・ウ
3　ウ・エ
4　エ・オ
5　オ・ア

➡解答・解説は別冊 P.053

委任に関する次の記述のうち、妥当なものはどれか。

1 受任者は、委任者が報酬の支払義務を負わない旨の特約がない限り、委任者に報酬の支払を請求することができるが、原則として、委任事務を履行した後でなければ、報酬の支払を請求することができない。

2 委任は、当事者の一方が法律行為をすることを相手方に委託し、相手方がこれを承諾することによって成立するが、当該承諾は書面によって行わなければならない。

3 委任は、各当事者がいつでもその解除をすることができるが、当事者の一方が相手方に不利な時期に委任の解除をした場合には、やむを得ない事由があっても、その当事者の一方は、相手方の損害を賠償しなければならない。

4 弁護士に法律事務の交渉を委託する委任が解除された場合、受任者である弁護士は、法律事務の交渉の相手方に当該委任が解除された旨を通知しなければならず、その通知をしないときは、委任が解除されたことをその相手方が知るまでの間、委任の義務を負う。

5 受任者が委任者に引き渡すべき金銭や委任者の利益のために用いるべき金銭を自己のために消費した場合は、受任者は、消費した日以後の利息を支払わなければならず、さらに利息以上の損害があるときには、その賠償責任も負う。

➡解答・解説は別冊 P.054

問題5

委任に関するア～オの記述のうち、妥当なもののみを全て挙げているのはどれか。
ただし、争いのあるものは判例の見解による。

ア 委任契約が成立するためには、委任者と受任者との間の事務処理委託に関する
合意のほかに、委任者から受任者に対する委任状など書面の交付が必要である。

イ 有償の委任契約においては、受任者は、委任の本旨に従い、善良な管理者の注
意をもって事務を処理する義務を負うが、無償の委任契約においては、受任者
は、委任の本旨に従い、自己の事務をするのと同一の注意をもって事務を処理
する義務を負う。

ウ 委任契約の受任者は、事務処理の過程で委任者の要求があれば、いつでも事務
処理の状況を報告する義務があり、委任が終了した後は、遅滞なくその経過及
び結果を報告しなければならない。

エ 委任契約の受任者は、事務処理に当たって受け取った金銭その他の物及び収取
した果実を委任者に引き渡さなければならない。

オ 委任契約は、委任者の死亡により終了するから、委任者の葬式を執り行うなど
委任者の死亡によっても終了しないという趣旨の委任契約が締結された場合で
あっても、かかる委任契約は委任者の死亡により終了する。

1　ア・イ
2　ア・ウ
3　イ・オ
4　ウ・エ
5　エ・オ

➡解答・解説は別冊 P.054

委任に関するア〜オの記述のうち、妥当なもののみを全て挙げているのはどれか。

ア 受任者は、委任者の請求があるときは、いつでも委任事務の処理の状況を報告し、委任が終了した後は、遅滞なくその経過及び結果を委任者に報告しなければならない。

イ 委任は無償契約であり、受任者は、自己の財産におけるのと同一の注意をもって、委任事務を処理する義務を負う。

ウ 本人・代理人間で委任契約が締結され、代理人・復代理人間で復委任契約が締結された場合において、復代理人が委任事務を処理するに当たり受領した物を代理人に引き渡したとしても、復代理人の本人に対する受領物引渡義務は消滅しないとするのが判例である。

エ 委任事務を処理するについて費用を要するときは、委任者は、受任者の請求により、その前払をしなければならない。

オ 受任者は、委任事務を処理するため自己に過失なく損害を受けた場合、委任者に当該損害の発生について過失があるときに限り、委任者に対して当該損害の賠償を請求することができる。

1 ア、イ
2 ア、ウ
3 ア、エ
4 イ、エ、オ
5 ウ、エ、オ

➡解答・解説は別冊 P.055

問題7

委任に関する次の記述のうち、妥当なものはどれか。

1 委任は、当事者の一方（委任者）が法律行為をすることを相手方に委託し、相手方（受任者）がそれを承諾すること及び委任者による委任状の交付があって初めて成立する。

2 無償委任は、各当事者においていつでも解除することができるため、受任者は委任者が不在中であっても委任を解除することができる。

3 委任は、委任者の死亡、破産若しくは委任者が後見開始の審判を受けたこと又は受任者の死亡、破産若しくは受任者が後見開始の審判を受けたことによって終了する。

4 有償委任の受任者の報酬債権は、委任成立の時に発生するため、受任者の事務処理義務と委任者の報酬支払義務は同時履行の関係に立つ。

5 有償委任の委任者は、受任者の請求があった場合、委任事務処理費用の前払をしなければならないが、無償委任の委任者は、同様の請求があっても、当該費用の前払をする必要はない。

➡解答・解説は別冊P.056

10 事務管理

STEP 1 要点を覚えよう！

POINT 1 　事務管理の意義

CHAPTER 2は「債権各論」として、契約の成立や各種契約内容について確認してきたが、最後に「契約関係にない」当事者間に発生する法律関係について「事務管理」「不当利息」「不法行為」を確認する。まずは「事務管理」を見る。

事務管理とは、義務なく他人のために事務の管理をすることをいう（民法697条1項）。例えば、Aの留守中にA宅で火災が発生したので、隣人のBがA宅の窓ガラスを割り、消火活動を行ったような場合の**AB間の法律関係**について、**民法は事務管理として規定**している。なお、この場合のBを「管理者」という。

POINT 2 　事務管理の要件

事務管理の成立要件は、以下のものである。

◆事務管理の成立要件

要件	関連事項
①法律上の義務がない	事前に管理を頼んでいたなどの事情がある場合は、その義務の履行となるだけであり、事務管理は成立しない。
②他人のため	**自己のためにする意思と併存していてもよい。** ☞管理者に自分のためにする意思があってもよい。
③事務の管理を始める	「事務」とは、法律行為でも事実行為でもよい。 「管理」には、一定の処分行為も含む。
④本人の意思・利益に反することが明らかでない	本人の意思ないし利益に反することが明らかな場合には、**事務管理は成立しない**（民法697条1項、2項、700条但書）。

POINT 3 　管理者の「義務」

（1）管理方法

管理者は、その事務の性質に従い、**最も本人の利益に適合する方法**によって、その**事務を管理**しなければならず（民法697条1項）、本人の意思を知っているとき、又はこれを**推知することができるとき**は、その**意思に従って事務管理をしなければならない**（同条2項）。また、原則として、**善良な管理者の注意**をもって管理しなければならない。

(2) 管理者の通知・報告義務

　管理者は、事務管理を始めたことを遅滞なく本人に通知しなければならない。ただし、**本人が既にこれを知っているときは、通知を要しない**（民法699条）。

(3) 管理者による事務管理の継続

　事務管理を開始した**管理者は、本人又はその相続人若しくは法定代理人が管理をすることができるに至るまで、事務管理を継続**しなければならない。

　ただし、**事務管理の継続が本人の意思に反し、又は本人に不利であることが明らかであるときは、管理を中止**しなければならない（民法700条）。

(4) 委任規定の準用（民法701条、645条～647条）

　事務管理には、委任の規定が準用される結果、管理者には以下の義務がある。

◆事務管理に準用される管理者の義務

①管理者は、本人の請求があれば、いつでも事務管理の状況を報告し、管理終了後は、遅滞なくその経過及び結果を報告しなければならない。
②管理者は、本人に対して、管理にあたり受け取った金銭その他の物、収取した果実、自己名義で取得した権利の移転をしなければならない。
③管理者は、本人に引き渡すべき金銭を自己のために消費した日以後の利息を支払わなければならず、損害があれば賠償する。

POINT 4 管理者の「権利」

　事務管理が成立すると、管理者には以下の権利が生じる。

◆事務管理の管理者の権利（民法702条）

①管理者が本人のために有益な費用を支出したときは、本人に対し、その償還を請求することができる。
②管理者が本人のために有益な債務を負担したときは、本人は、管理者に代わって弁済し、債務が弁済期にない場合は、相当の担保を供与する義務を負う。
③管理者が本人の意思に反して事務管理をしたときは、本人が現に利益を受けている限度においてのみ、上記①②の義務を負う。
④管理者に報酬請求権は認められない。
⑤管理者が事務管理中に損害を負っても、本人への損害賠償請求権はない。

POINT 5 緊急事務管理

　緊急事務管理とは、**本人の身体、名誉又は財産に対する急迫の危害を免れさせるために行う事務管理**である。この場合、管理者に悪意又は重大な過失があるのでなければ、本人に生じた損害を賠償する責任を負わない（民法698条）。

1 事務管理の管理者は、その事務の性質に従い、最も本人の利益に適合する方法によって、その事務を管理しなければならない。

○ **本問の記述のとおりである**（民法697条1項）。

2 事務管理の管理者は、本人の意思を知っているときに限り、その意思に従って事務管理をしなければならない。

× 事務管理の管理者は、**本人の意思を知っているとき、又はこれを推知することができるとき**は、その意思に従って事務管理をしなければならない（民法697条2項）。本人の意思を知っているときに**限られない**。

3 事務管理は、いわば管理者の好意で行われるものである以上、管理者は、自己の物に対するのと同一の注意義務をもって管理すればよい。

× 事務管理の管理者は、原則として、**善良な管理者の注意をもって管理しなければならないと解されている。

4 事務管理は、他人のために行うものであることが必要であるため、自己のために行う意思が併存している場合には成立しない。

× 判例は、**他人のために行う意思と自己のために行う意思が併存する場合**にも、事務管理が**成立する**としている。

5 事務管理者には、報酬請求権はない。

○ 事務管理者に、**報酬請求権は認められない**。

6 事務管理の管理者は、本人に対し、事務を処理するために過失なくして受けた損害の賠償を請求することはできない。

○ 事務管理者には、**本人に対する損害賠償請求権は認められない**。

7 事務管理の管理者は、本人の身体に対する急迫の危害を回避するために事務管理を行った場合において、管理者に過失があったときは、これによって、生じた損害を賠償する責任を負う。

× **緊急事務管理**をしたときは、管理者は**悪意又は重大な過失**があるのでなければ、生じた**損害を賠償する責任を負わない**（民法698条）。よって、単なる「過失」による損害について損害賠償責任を**負わない**。

8 事務管理者は、本人のために有益な費用を支出したときは、本人に対し、その償還を請求することができる。

○ **本問の記述のとおり**である（民法702条1項）。

9 事務管理者は、本人に対し、有益費の償還請求ができる以上、その費用の前払いを請求することもできる。

× 事務管理者の本人に対する有益費償還請求権について、委任契約のような前払請求権までは認められていない。

10 事務管理を開始した管理者は、いかなる場合であっても、本人又はその相続人若しくは法定代理人が管理をすることができるに至るまで、事務管理を継続しなければならない。

× 事務管理を開始した**管理者は**、本人又はその相続人若しくは法定代理人が管理をすることができるに至るまで、**事務管理を継続しなければならない**が、事務管理の継続が**本人の意思に反し、又は本人に不利であることが明らかであるときは、管理を中止**しなければならない（民法700条）。よって、「いかなる場合」でも継続しなければならない**わけではない**。

問題1

特別区 I 類（2020 年度）

民法に規定する事務管理に関する記述として、妥当なものはどれか。

1 管理者は、事務の性質に従い、最も本人の利益に適合する方法によって、その事務の管理をすることができるが、本人の意思を知っているときに限り、その意思に従って事務管理をしなければならない。

2 管理者は、事務管理の継続が本人の意思に反するときであっても、本人又はその相続人若しくは法定代理人が管理をすることができるに至るまで、事務管理を継続しなければならない。

3 管理者は、本人の身体、名誉又は財産に対する急迫の危害を免れさせるために事務管理をしたときは、悪意又は重大な過失があるのでなければ、これによって生じた損害を賠償する責任を負わない。

4 管理者は、本人のために有益な費用を支出したときは、本人に対して、その償還を請求することができるが、本人の意思に反して事務管理をしたときは、その費用を一切請求することができない。

5 管理者は、本人のために有益な債務を負担した場合、本人に対し、自己に代わってその弁済をすることを請求することができるが、この場合において、その債務が弁済期にないときであっても、相当の担保を供させることはできない。

➡解答・解説は別冊 P.056

202

問題2

事務管理に関するア～オの記述のうち、妥当なもののみを全て挙げているのはどれか。ただし、争いがある場合は判例の見解による。

ア　Aは、隣人Bが長期の海外出張で不在中に、B宅の庭の排水溝から汚水があふれ出ていることに気付き、このまま放置するとB宅の庭が水浸しになってしまうと思い、これを防止する意図で、自らの手で排水溝を修理した。この場合において、Aに、このような意図に加えて、排水溝からあふれ出た汚水が自宅の庭に流れ込むのを防止する意図があったときは、Aに事務管理は成立しない。

イ　Aは、隣人Bが長期の海外出張で不在中に、B宅の庭の排水溝から汚水があふれ出ていることに気付き、このまま放置するとB宅の庭が水浸しになってしまうと思い、これを防止する意図で、Aの名で業者と修繕契約を結び、排水溝を修理してもらった。この場合において、Aは、Bに対して、自己に代わって排水溝の修理代金を業者に支払うように請求することはできない。

ウ　Aは、隣人Bが長期の海外出張で不在中に、B宅の屋根の一部が破損していることに気付き、このまま放置すると雨漏りでB宅の内部が水浸しになってしまうと思い、これを防止する意図で、Bの名で業者と修繕契約を結び、屋根を修理してもらった。この場合において、AがBの名でした契約の効果は、原則としてBに帰属する。

エ　Aは、公園を散歩中に、公園のベンチで腕から血を流し気絶しているBに気付き、止血するものを持っていなかったので、とっさにBが着ていた衣服の袖を破ってBの腕を縛り、止血の応急措置をした。この場合において、原則としてAはBの衣服の毀損について賠償責任を負わない。

オ　Aは、隣人Bが突然の交通事故で意識不明の重体となり、長期間の入院を余儀なくされてしまったため、Bの不在中、Bが日頃から自宅の庭で大切に育てていた植木の手入れをBのためにしている。この場合において、Aはいつでもこの植木の手入れを中断することができる。

1　ア
2　エ
3　イ・オ
4　ウ・エ
5　ウ・オ

➡解答・解説は別冊 P.057

11 不当利得

STEP 1 要点を覚えよう！

POINT 1 不当利得の要件・効果

不当利得とは、法律上受け取る権利がないにもかかわらず、他人の財産又は労務によって受けた利益のことである（民法703条）。利益を受けた者を受益者、あるいは利得者というが、当然のことながら、受益者はこれを返還する義務を負う。不当利得が成立する要件は、以下のとおりである。

◆不当利得の成立要件

①他人の財産又は労務によって利益を得たこと
②他人に損失を与えたこと
③受益と損失との間に因果関係があること
④法律上の原因がないこと

POINT 2 不当利得の効果

不当利得が成立した場合、受益者は、損失者に対して**不当利得の返還義務**を負うが、その返還の範囲は以下のとおりである。

◆不当利得の返還の範囲

①善意の利得者（民法703条）
　☞**現存利益**
　☞善意の不当利得者が利得に**法律上の原因がないことを認識後**、返還請求を受けるまでの間に利益が消滅した場合、返還義務の範囲は減少しない（＝減少前の利益を返還する、最判平3.11.19）。
　☞金銭の不当利得返還請求訴訟における**現存利益の有無の主張・立証責任**は、**被告（不当利得者）**が負う（最判平3.11.19）。

「もう現存利益はない！」という主張・立証は、利得を得た者が行うということだよ。

②悪意の利得者（民法704条）
　☞**受けた利益すべて＋利息＋不法行為の要件を満たせば損害賠償**

前記①における最判平3.11.19について補足しておくと、**善意の不当利得者が返還すべき利益の範囲は、現存利益**であり、つまりは、**現時点で残っている**利益のみでよい。しかし、この事案では、不当利得者が得た利益を**「不当利得」と認識した後に消滅**させてしまった。

利益を得た時点では善意であったため、善意の不当利得者であることを前提とすれば、現存利益はなくなっており、返還しないでよいことになる。しかし、不当利得であることを**認識した後の消費分は、返還義務の範囲を減少させる理由とはならない**とした。つまり、**消費してしまった分の利益は現存している**と考える。

> この判例は「善意利得者→悪意利得者」とするわけではなく、「現存利益」というものの解釈で解決しているんだ。

POINT 3 不当利得に関する重要判例

上記の判例以外にも不当利得については重要判例が多い。次の判例の事案と結論は押さえておこう。

◆**騙取又は横領した金銭での弁済**（最判昭49.9.26）

判例（事案と判旨） **騙取又は横領した金銭**により、自己の債権者に対する債務を**弁済した場合**において、**債権者の金銭の取得が不当利得となるか**問題となった事案。

☞社会通念上、損失者の金銭で、債権者の利益をはかったと認められるだけの連結があるときは、両者の間の因果関係が認められる。

☞また、債権者には債権がある以上、利得を得る法律上の原因があるとも思えるが、**債権者に悪意又は重大な過失**があった場合、被害者に対する関係においては、法律上の原因を欠き**不当利得となる**。

返せ！

債権者 ←②騙取した 金銭で弁済— 債務者 ←①騙取— 被害者

◆**利得者の売却と不当利得**（最判平19.3.8）

判例（事案と判旨） 不当利得者が、**代替性のある利得物**（替わりのきく利得物）を第三者に売却処分した場合、**不当利得者は損失者に対して、売却代金相当額の金員の不当利得返還義務を負うか**問題となった事案。

☞**売却代金相当額の金員の不当利得返還義務を負う。**

◆真の預金通帳等を持参した者への弁済（大判昭17.5.23）

判例（事案と判旨） 真の債権者名義の**預金通帳**と印鑑を持参した者が無権限であることにつき**銀行が善意・無過失**であった場合、銀行の払戻しは有効となるが、**真の債権者**は、銀行からの払戻しを受けた無権利者に対し、不当利得返還請求をすることができるか。
☞不当利得返還請求をすることが**できる**。

POINT 4　特殊な不当利得①（非債弁済（ひさい））

　ここまでの一般的な不当利得とは別に、民法はいくつかの特殊な不当利得のケースについても規定している。

　まず、**非債弁済**とは、債務を負っていないのに弁済をする場合である。この点、**弁済者が、債務が存在しないことを知りながら、あえて弁済**した場合には、**弁済者は、返還請求することができない**（民法705条）。

　もっとも、この弁済は任意であること、つまりは**知りながらあえて弁済**したことが必要であり、**弁済者が、債務が存在しないことを過失によって知らなかった場合**（大判昭16.4.19）や、**強制執行を避けるため、又はその他の事由によりやむを得ず弁済をしたときは、民法705条の適用はない**（＝返還請求できる）。

POINT 5　特殊な不当利得②（期限前の弁済）

　期限到来前に債務を弁済した場合、弁済をしたものは、**返還請求をすることができない**。

　ただし、**債務者が錯誤により、期限が到来していないことを知らないで弁済したときは、債務者は債権者がこれによって受けた利益（利息）の返還は請求することができる**（民法706条）。

錯誤により期限前の弁済をしてしまった場合でも、返還を請求できるのは利息のみと考えてよいんだ。給付物自体は返還請求できないよ。

POINT 6　特殊な不当利得③（他人の債務の弁済）

　錯誤によって他人の債務を弁済したことで、**債権者が有効な弁済があったと誤信して、以下の行為**を行った場合は、**弁済者はその返還請求ができない**（民法707条1項）。

◆他人の債務の弁済において、返還請求ができなくなる債権者の行為

　①証書の滅失・損傷
　②担保の放棄
　③債権を時効消滅させた場合

ただし、この場合であっても、**弁済者は、本来の債務者に対して、求償権を行使することができる**（民法707条2項）。

不法な原因のために給付をした者は、その給付したものの**返還を請求することができない。ただし、不法な原因が受益者についてのみ存したときは、この限りでない**（民法708条）。

要するに、法律に反する原因のために給付をした者は、後になって返還請求ができないということである。例えば、愛人関係を維持するために金銭を給付した者は、後で金銭の返還を請求できない。この場合に返還請求を認めてしまうと、法律や裁判所が、不法なことを行っている者の手助けをしてしまうからである。

ただし、例えば、誘拐犯の要求に応じて、やむなく金銭を給付した場合など、**不法な原因が受益者についてのみ存したときは、返還を請求できる。**

ここで問題となるのは、**何をもって「給付」とされるか**である。つまり、「給付」とされれば返還請求できないこととなるが、例えば、AがBとの愛人契約を維持するために、Bに建物（不動産）を贈与したとする。不動産の取得を第三者に対抗するためには登記が必要となるが、建物の「引渡し」のみで「給付」といえるのか、「登記」まで要するのかという問題だ。

この点、判例は**未登記不動産**の場合、**引渡しのみで「給付」に該当するが、既登記不動産**の場合は、**引渡しに加えて登記がなされなければ「給付」に該当しない**としている（最大判昭45.10.21、最判昭46.10.28）。なお、動産については「引渡し」があれば「給付」に該当する。

ここで差をつける！ →「不動産」における不法原因給付の「給付」

・未登記不動産の場合　☞引渡しがあれば「給付」に該当する。
・既登記不動産の場合　☞引渡しに加えて登記がされなければ、「給付」に該当しない。つまり、引渡しのみの状態であれば、返還請求できる。

なお、もう一つ重要な判例として、**不法原因給付にあたる契約等**を行った後（本来、受益者には返還義務はない）、**当事者間で任意に給付物を返還する特約をあえて締結**した場合には、**その特約は有効**となるというものがある（最判昭28.1.22）。

受益者があえて返還しようとするのを禁ずることまではしないんだ。

1 善意の利得者の不当利得の返還義務の範囲は、現存利益にとどまる。

○　**本問の記述のとおり**である（民法703条）。

2 悪意の受益者は、その受けた利益に利息を付して返還しても、なお損失者に損害がある場合には、不法行為の要件を充足していれば損害賠償責任を負う。

○　**本問の記述のとおり**である（民法704条）。

3 受益者が利得に法律上の原因がないことを認識した後に、受益者の保持する利益がその責めに帰すべき事由により消滅させた場合には、その受益者の不当利得返還義務の範囲は減少する。

×　**善意の不当利得者**が利得に**法律上の原因がないことを認識後**、返還請求を受けるまでの間に**利益が消滅した場合、返還義務の範囲は減少しない**（最判平3.11.19）。

4 金銭の不当利得返還請求訴訟における現存利益の有無の主張・立証責任は、不当利得者ではなく、返還を求める者が負う。

×　不当利得返還請求訴訟における**現存利益の有無の主張・立証責任**は、**被告（不当利得者）**が負う（最判平3.11.19）。

5 弁済者が債務の不存在を知りながら弁済したが、強迫により弁済していた場合でも、弁済者は、返還請求することができない。

×　存在しない債務の弁済として給付をした者が、**強制執行を避ける**ため又はその他の事由により**やむを得ず弁済をしたときは、民法705条の適用はなく、返還を求めることができる**。

6 債務者が、期限が到来していないことを知らないで弁済したとき、債務者は債権者がこれによって受けた利益（利息）の返還を請求することができる。

〇 債務者が、期限が到来していないことを知らないで弁済したときは、**債務者は債権者がこれによって受けた利益（利息）の返還を請求することができる**（民法706条）。

7 債務が存在しないことを過失によって知らずに弁済してしまった場合でも、弁済者は返還を求めることができない。

× **弁済者が、債務が存在しないことを過失によって知らなかった場合は、返還を求めることができる**（大判昭16.4.19）。

8 錯誤によって他人の債務を弁済したことで、債権者がその債権証書を滅失した場合は、弁済者はその返還請求ができないが、損傷にとどまる場合は返還請求ができる。

× **錯誤によって他人の債務を弁済したことで、債権者が証書の滅失・損傷をした場合、弁済者はその返還請求ができない**（民法707条1項）。滅失のみならず、損傷も**含まれる**。

9 不法な原因のために給付をした者は、いかなる場合であっても、その給付したものの返還を請求することができない。

× **不法な原因のために給付をした者は、その給付したものの返還を請求することができない。ただし、不法な原因が受益者についてのみ存したときは、この限りでない**（民法708条）。

10 不法の原因により既登記建物の給付（贈与）を受けた場合、受贈者が贈与者の返還請求を拒むためには、その建物の占有が移転していればよく、所有権移転登記は不要である。

× 未登記不動産の場合は、**引渡しのみで「給付」に該当する**が（最大判昭45.10.21）、既登記不動産の場合は、引渡しに加えて、**登記がなされなければ「給付」に該当しない**（最判昭46.10.28）。

過去問にチャレンジ！

問題1

特別区Ⅰ類（2022年度）

民法に規定する不当利得に関する記述として、判例、通説に照らして、妥当なものはどれか。

1　善意で法律上の原因なく他人の財産又は労務によって利益を受け、そのために他人に損失を及ぼした者は、その受けた利益に利息を付して返還しなければならない。

2　債務の弁済として給付をした者は、その時において、債務の存在しないことを過失によって知らなかったときには、その給付したものの返還を請求することができる。

3　債務者が、錯誤によって、期限前の債務の弁済として給付をしたときには、不当利得とはならず、債権者に対し、債権者が給付により得た利益の返還を請求することができない。

4　債務者でない者が、錯誤によって、債務の弁済をした場合において、債権者が善意で時効によってその債権を失ったときには、その弁済をした者は、返還の請求をすることができる。

5　不法原因給付をした者は、その給付したものの返還を請求することができず、また、給付を受けた不法原因契約を合意の上解除し、その給付を返還する特約をすることは、無効である。

➡解答・解説は別冊P.058

問題2

民法に規定する不当利得に関する記述として、判例、通説に照らして、妥当なものはどれか。

1 債務者は、弁済期にない債務の弁済として給付をしたときは、その給付したものの返還を請求することができないが、債務者が錯誤によってその給付をしたときは、債権者は、これによって得た利益を返還しなければならない。

2 債務者でない者が錯誤によって債務の弁済をした場合において、債権者が善意で証書を滅失させ若しくは損傷し、担保を放棄し、又は時効によってその債権を失ったときは、その弁済をした者は、返還の請求をすることができるため、債務者に対して求償権を行使することができない。

3 最高裁判所の判例では、不法の原因のため給付をした者にその給付したものの返還請求することを得ないとしたのは、かかる給付者の返還請求に法律上の保護を与えないということであり、当事者が、先に給付を受けた不法原因契約を合意の上解除してその給付を返還する特約をすることは許されないとした。

4 最高裁判所の判例では、不当利得者が当初善意であった場合には、当該不当利得者は、後に利得に法律上の原因がないことを認識したとしても、悪意の不当利得者とはならず、現存する利益の範囲で返還すれば足りるとした。

5 最高裁判所の判例では、贈与が不法の原因に基づく給付の場合、贈与者の返還請求を拒みうるとするためには、既登記の建物にあっては、その占有の移転のみで足り、所有権移転登記手続がなされていることは要しないとした。

➡解答・解説は別冊P.058

不当利得に関する次のア～オの記述のうち、妥当なもののみを全て挙げているものはどれか（争いのあるときは、判例の見解による。）。

ア 不当利得における悪意の受益者は、その受けた利益に利息を付して返還しなければならず、なお損害があるときはその賠償の責任も負う。

イ 債務が存在しないにもかかわらず、その事実を知り、又は過失により知らないで、債務の弁済として給付をした者は、その給付したものの返還を請求することができない。

ウ 不法な原因のために給付をした場合であっても、その不法な原因が受益者についてのみ存する場合には、給付者の返還請求は妨げられない。

エ 妻子ある男が不倫関係を維持するために、その所有する不動産を愛人に贈与した場合でも、男は愛人に対してその贈与不動産の返還を請求することができる。

オ 債務者が、錯誤により弁済期にあると誤信して、弁済期にない自己の債務の弁済として給付をした場合には、その給付の返還を請求することができる。

1　ア・イ
2　イ・エ
3　ア・ウ
4　ウ・エ
5　ウ・オ

➡解答・解説は別冊 P.059

問題4

不当利得に関する次のア～エの記述の正誤の組み合わせとして最も適当なものはどれか（争いのあるときは、判例の見解による。）。

ア 不当利得返還請求を受けた善意の受益者は、利益が現存しないことについて自ら主張立証しなければ、利益を返還する義務を免れない。

イ 債務が存在しないことを知りながらその債務の弁済として給付をした者は、やむを得ずその給付をした場合でも、給付したものの返還請求をすることができない。

ウ Cが、Aから金銭を騙し取って、その金銭で自己の債権者Bに対する債務を弁済した場合、社会通念上Aの金銭でBの利益をはかったと認められるだけの連結があるときは、AからBに対する不当利得返還請求権の成立に必要な因果関係が認められる。

エ 不法な原因のために登記された建物の引渡しをした者は、所有権移転登記手続を完了したかどうかにかかわらず、その建物の返還請求をすることができない。

```
  ア イ ウ エ
1 正 正 誤 誤
2 正 誤 誤 正
3 正 誤 正 誤
4 誤 正 正 誤
5 誤 誤 誤 正
```

➡解答・解説は別冊P.060

裁判所職員（2015年度）

問題 5

事務管理又は不当利得に関する次のア～オの記述のうち、適当なもののみを全て挙げているものはどれか（争いのあるときは、判例の見解による。）。

ア　管理者に他人のためにする意思があれば、あわせて自己のためにする意思があったとしても、事務管理は成立する。

イ　管理者が、本人のために有益な費用を支出したときは、本人に対し、報酬を請求することができる。

ウ　法律上の原因なく代替性のある物を利得した受益者が、利得した物を第三者に売却処分した場合に、損失者は、受益者に対し、原則として代替物による返還を請求できる。

エ　債務者が、錯誤により、弁済期にない債務の弁済として給付をしたときは、その給付したものの返還を求めることができる。

オ　ひとたび不法原因給付をした場合であっても、当事者間でその給付を返還する旨の特約をすれば、その給付の返還を請求することができる。

1　ア・ウ　　2　ア・オ
3　イ・ウ　　4　イ・エ　　5　エ・オ

→解答・解説は別冊P.060

裁判所職員（2013年度）

問題 6

不当利得に関する次のア～エの記述の正誤の組み合わせとして、最も適当なものはどれか（争いのあるときは、判例の見解による。）。

ア　Aが、B銀行のAの預金口座から無権限で預金の払戻しを受けたCに対し、払戻しを受けた預金相当額の不当利得返還請求をした。これに対し、Cは、B銀行のCへの払戻しは無権利者に対する弁済として無効であり、Aの預金債権は消滅していないためにAには損失が生じていないと主張して、不当利得返還義務を免れることができる。

イ　AB間の売買契約に基づき、買主Aの代金支払及び売主Bの目的物引渡しがされた後に、Aが詐欺を理由として売買契約を取り消した場合、Aの代金相当額の金銭の不当利得返還請求権とBの目的物の不当利得返還請求権は同時履行の関係に立つ。

ウ 善意の受益者は、受益後に利益が消滅した場合は、受益後から利益の消滅までに悪意になったか否かにかかわらず、自らの利益の存する限度において不当利得返還義務を負う。

エ Aは、実際には存在しない債務の弁済としてBに金銭を支払ったところ、支払時にその債務が存在すると認識していたが、そのような認識を持ったことについて過失があった。この場合、Aは、Bに対して不当利得の返還を求めることができる。

	ア	イ	ウ	エ
1	正	誤	正	誤
2	誤	正	正	誤
3	誤	正	誤	正
4	正	誤	正	正
5	正	正	誤	正

➡解答・解説は別冊P.061

問題 7

国家一般職（2017年度）

不当利得に関する次の記述のうち、妥当なものはどれか。

1 法律上の原因なく他人の財産又は労務によって利益を受け、そのために他人に損失を及ぼした者（受益者）は、善意であっても、その受けた利益につき、利息を付して返還する義務を負う。

2 債務の弁済として給付をした者は、債務の存在しないことを知っていて弁済したときにおいても、その給付したものの返還を請求することができる。

3 債務者は、弁済期にない債務の弁済として給付をしたときであっても、弁済期が到来するまでは、その給付したものの返還を請求することができる。

4 債務者でない者が錯誤によって債務の弁済をした場合において、債権者が善意で証書を滅失させたときは、その弁済をした者は、返還の請求をすることができない。

5 不法な原因のために給付をした者は、不法な原因が受益者のみにあるときであっても、その給付したものの返還を請求することができない。

➡解答・解説は別冊P.062

12 不法行為①（一般不法行為等）

STEP 1 要点を覚えよう！

POINT 1 一般不法行為の意義

故意又は**過失**によって、**他人の権利**又は法律上保護される**利益を侵害した者は**、これによって生じた**損害を賠償する責任を負う**（民法709条）。要するに、他人に損害を与えてしまった者は、被害者の損害を賠償しなければならないという規定が不法行為である。

不法行為は、原則的な形態である**「一般不法行為」**と、特殊なケースである**「特殊不法行為」**に分けることができるが、まずは「一般不法行為」から確認する。「一般不法行為」の成立要件は以下のものである。

◆「一般不法行為」の成立要件

①行為者に**故意・過失**がある
②行為者に**責任能力**がある
③行為が**違法**である
④**損害の発生**
⑤行為と損害との間に**因果関係**がある

POINT 2 一般不法行為の要件①（行為者の故意・過失）

不法行為は、**行為者に故意・過失がなければ成立しない**。つまり、他者に損害を与えてしまったとしても、行為者に帰責事由がなければ、不法行為は成立しないということだ（過失責任主義）。なお、**帰責事由の立証責任は、債権者（被害者）にある**。

POINT 3 一般不法行為の要件②（行為者の責任能力）

不法行為は、行為者に責任能力がなければ成立しない。責任能力とは、不法行為上の責任を判断しうる能力をいい、自らの行為の善悪が判断できる能力と考えればよい。

加害者が未成年者や心神喪失者で**責任能力を有していなかった**場合、これらの者は**不法行為責任を負わない**（民法712条、713条）。ただし、これらの者が責任能力を有しているかは事案ごとに考慮され、責任能力を有すると認められる場合には、責任を負う。一律に「負わない」わけではない。

また、これらの者が責任を負わない場合であっても、これらの者の**監督者（親権者等）は責任を負いうる**。しかし、**監督義務を怠らなかったとき**、又は**監督義**

務を怠らなくても損害が生ずべきであったときは責任を免れる（民法714条）。

なお、意図的に飲酒するなどして、**故意・過失により一時的に責任無能力状態を自ら招いた場合**には、**不法行為責任を負う**（民法713条但書）。

そして、行為者の責任能力に関しては、多くの重要判例があるが、以下の事例と結論は押さえておこう。

◆**行為者の責任能力に関する重要判例**

①**責任無能力者の失火により第三者に損害が生じた場合**に、**監督義務者に監督について重過失がなければ、不法行為責任を免れる**（最判平7.1.24）。
　☞日本は木造建築が多いため、民法の特則として「失火責任法」という法律があり、失火による延焼*については、**行為者に重過失がなければ不法行為責任を負わないとされている**。
　☞この失火責任法を受けて、責任無能力者の「失火」については、**監督義務者の監督義務も重過失がある場合に制限に解されている**。
②**「責任能力のある」未成年者の監督責任者（親権者）の監督義務違反**と、未成年者の不法行為によって生じた結果との間に相当因果関係が認められるときは、**監督責任者（親権者）も民法709条に基づいて責任を負う**（最判昭49.3.22）。
　☞前述のとおり、「責任能力がない」未成年者の加害行為については、監督義務者は民法714条により責任を負いうる。しかし、**「責任能力がある」未成年者の加害行為については、民法714条が適用できないため、監督義務者の監督義務違反に対して、民法709条を適用することで責任を負いうるとしたものである**。

上記②について、未成年者に「責任能力がある」以上、未成年者に不法行為責任は発生するよ。しかし、損害を賠償する資力がないことが通常なので、監督義務者に責任を発生させるんだ。

POINT 4　一般不法行為の要件③～⑤（違法性、損害の発生、因果関係）

成立要件③のとおり、不法行為の成立には、他人の権利又は法律上保護される利益を違法に侵害したことが必要となる。

そして、成立要件④に関して、不法行為に基づき賠償を請求できる**「損害」は、財産的な損害に限られず、精神的な損害（慰謝料）も含まれる**（民法710条）。

さらに、成立要件⑤について、不法行為が成立するためには、加害行為と損害の間に相当因果関係が必要である。相当因果関係というのは、その行為がなければ、その損害が発生していなかったという関係である。

---

*　延焼（えんしょう）…火事が、火元から他の建物などへ燃え広がること。

POINT 5 一般不法行為の効果

不法行為が成立すると、その効果として損害賠償請求権が発生する。**原状回復は、法律の定め又は特約がある場合でない限り、認められない。**

なお、不法行為による損害賠償債務も期限の定めのない債務だが、判例は、政策的配慮により**損の発生と同時に期限が到来**するとしている。

そして、不法行為に基づく損害賠償請求権に関しては、多くの重要判例があるので、以下の事例と結論は押さえておこう。

◆**不法行為に基づく損害賠償請求権に関する重要判例**

①不法行為による**生命侵害の慰謝料請求権**は、被害者が当該請求権を放棄したものと解しうる特別の事情がない限り、生前に当該請求の意思を表明しなくても、**当然に相続される**（最大判昭42.11.1）。

②被害者が死亡した場合の父母・配偶者・子・兄弟姉妹には、財産的損害のみならず、精神的損害についても固有の賠償請求権が認められる（最判昭49.12.17）。民法711条に該当しない者であっても、被害者との間に同条所定の者との間と実質的に同視できる身分関係が存在し、被害者の死亡により甚大な精神的苦痛を受けた者には、**同条が類推適用される**ということである。

③被害者が「受傷」した場合であっても「死亡にも比肩しうべき精神的苦痛を受けた」と認められれば、被害者の父母等には、精神的損害の賠償請求権（慰謝料請求権）が認められる（最判昭33.8.5）。

④交通事故の被害者が、事故後に別の原因により死亡した場合には、死亡後に要したであろう介護費用をその交通事故による損害として請求することはできない（最判平11.12.20）。

上記の内容について補足していく。まず**上記①**について、不法行為により被害者が死亡した場合、たとえそれが**即死の状態であったとしても、被害者の下で一度、慰謝料（精神的苦痛に対する損害賠償）**請求権が発生し、それが**相続される**と考える。

「傷害」にとどまる場合は、慰謝料請求の意思表示ができるのに、死亡に至る損害を受けると、その意思表示ができるとは限らず、不均衡だよね。

また、**前記②**について、民法711条は、不法行為によって**被害者が死亡**してしまった場合、**被害者の父母、配偶者及び子への慰謝料請求権**を認めている。「被害者自身」に慰謝料請求権が認められるのは当然だが、ここでの話は、**被害者の「親族」について、被害者のものとは別に「親族自身」の慰謝料請求権が認められる**という話である。

そして、**条文上は「被害者の父母、配偶者及び子」**と規定されているが、この判例では「**兄弟姉妹**」の慰謝料請求も認めている。「被害者の父母、配偶者及び子」ではなくとも、これらの者と実質的に同視できる身分関係がある者にも、慰謝料請求権が認められるということである。

また、これは被害者が「死亡」した場合の話だが、前記③のように、被害者が「受傷」にとどまる場合であっても、「**死亡にも比肩しうべき精神的苦痛を受けた**」と認められれば、やはり被害者の「親族」について、**被害者のものとは別に「親族自身」の慰謝料請求権が認められる**。

「死亡にも比肩」とは、亡くなってしまうことに匹敵するような、という意味だよ。

POINT 6 損害賠償の方法

損害賠償の方法は、**金銭賠償が原則**である（民法722条1項、417条）。ただし、**名誉が毀損された場合は、謝罪広告等を命じることも認められる**（民法723条）。

この民法723条にいう名誉とは、人がその品性、徳行、名声、信用等の人格的価値について**社会から受ける客観的な評価**、すなわち社会的名誉を指すものであって、人が自己自身の人格的価値について有する**主観的な評価である名誉感情は含まない**（最判昭45.12.18）。

周囲から見てそんなことはないのに、「自分は○○だ！」という評価・感情を害された場合は、名誉毀損にならないということだね。

なお、**法人の名誉が侵害**されて損害が発生した場合であっても、その損害の**金銭的評価が可能**であれば、民法710条が適用され、**損害賠償請求することができる**（最判昭39.1.28）。

1 故意又は過失によって、他人の権利又は法律上保護される利益を侵害した者は、これによって生じた損害を賠償する責任を負う。

○ **本問の記述のとおり**である（民法709条）。

---

2 不法行為が成立するためには、行為者に責任能力が必要である。

○ **本問の記述のとおり**である（民法712条、713条）。

---

3 加害者が未成年者である場合には、責任能力がないため、不法行為が成立することはない。

× 未成年者であっても、責任能力は個別の事例ごとに判断されるため、責任能力が認められて不法行為が成立することは**ある**。

---

4 未成年者に責任能力がない場合であっても、これらの者の監督者（親権者等）は責任を負いうる。しかし、監督義務を怠らなかったときに限って、監督者は責任を免れる。

× 未成年者等の**監督義務者は、監督義務を怠らなかったとき、又は監督義務を怠らなくても損害が生ずべきであったときは責任を免れる**（民法714条）。

---

5 他人に損害を加えた場合の責任を弁識する能力を有する未成年者の加害行為については、その監督義務者は、損害賠償責任を負わない。

× 「責任能力のある」未成年者の監督責任者（親権者）の監督義務違反と未成年者の不法行為によって生じた結果との間に相当因果関係が認められるときは、監督責任者（親権者）も民法709条に基づいて責任を**負う**（最判昭49.3.22）。

---

6 名誉を違法に侵害された者は、損害賠償又は名誉回復のための処分を求めることがで

○ **名誉毀損**の場合に、損害賠償以外に、**謝罪広告**等を命

きる。

じることも例外的に認められている（民法723条）。

---

⑦ 不法行為により被害者が死亡した場合、その父母、配偶者及び子は、財産権を害されなかったときでも、損害の賠償を請求することができる。

○　**被害者が死亡**した場合には、**被害者の父母・配偶者・子・兄弟姉妹**には、財産的損害のみならず、精神的損害についても**固有の賠償請求権が認められる**（最判昭49.12.17）。

---

⑧ 不法行為が成立すると、その効果として損害賠償請求権のみならず、原状回復請求権も発生する。

×　不法行為が成立する場合、その効果として**原状回復は、法律の定め又は特約がある場合でない限り、認められない**。

---

⑨ 不法行為により被害者が即死した場合、被害者は慰謝料請求を行う旨を表明できないため、慰謝料請求権は発生しない。

×　不法行為による**生命侵害の慰謝料請求権は**、被害者が当該請求権を放棄したものと解しうる特別の事情がない限り、**生前に当該請求の意思を表明しなくても、被害者の下で発生し、当然に相続される**（最大判昭42.11.1）。

---

⑩ 民法711条は、不法行為によって被害者が死亡した場合のみに、被害者の父母等の慰謝料請求権を認めている以上、被害者が受傷にとどまる場合は、父母等の慰謝料請求権は認められない。

×　被害者が「受傷」にとどまる場合でも、**死亡にも比肩しうべき精神的苦痛を受けた**と認められれば、**被害者の親族に固有の慰謝料請求権が認められる**（最判昭33.8.5）。

---

⑪ 不法行為の損害賠償の方法は、金銭賠償が原則である。

○　**本問の記述のとおり**である（民法722条1項、417条）。

問題1

特別区 I 類（2014年度）

民法に規定する不法行為に関する記述として、妥当なものはどれか。

1 未成年者は、他人に損害を加えた場合において、自己の行為の責任を弁識するに足りる知能を備えていなかったときは、その行為について賠償の責任を負わない。

2 責任無能力者が第三者に損害を加えたときは、責任無能力者を監督する法定の義務を負う者は、監督義務を怠らなくても損害が生ずべきであった場合であっても、その責任無能力者が第三者に加えた損害を賠償する責任を負う。

3 数人が共同の不法行為によって他人に損害を加えたときは、各自が連帯してその損害を賠償する責任を負うが、行為者を教唆した者及び幇助した者は、損害を賠償する責任を負わない。

4 他人の不法行為に対し、第三者の権利又は法律上保護される利益を防衛するため、やむを得ず加害行為をした者であっても、損害賠償の責任を負うので、被害者から不法行為をした者に対して、損害賠償を請求することはできない。

5 裁判所は、被害者の請求により、被害者の名誉を毀損した者に対して、名誉を回復するのに適当な処分を命ずるときは、被害者の請求があっても、その処分とともに損害賠償を命ずることはできない。

➡解答・解説は別冊P.062

問題2

不法行為に関する次のア〜オの記述のうち、妥当なもののみを全て挙げているものはどれか（争いのあるときは、判例の見解による。）。

ア　人の生命又は身体を害する不法行為による損害賠償請求権の消滅時効期間は、被害者又はその法定代理人が損害及び加害者を知った時から5年間である。

イ　不法行為と同一の原因によって、被害者が第三者に対して損害と同質性を有する利益を内容とする債権を取得し、当該債権が現実に履行された場合、これを加害者の賠償すべき損害額から控除することができる。

ウ　被害者が不法行為によって即死した場合、被害者が不法行為者に対して有する不法行為に基づく損害賠償請求権は、被害者の死亡によって相続人に承継されない。

エ　会社員が、勤務時間外に、自己が勤務する会社所有に係る自動車を運転していた際、同自動車を第三者に衝突させた場合、当該会社が損害賠償責任を負うことはない。

オ　未成年者は、他人に損害を加えた場合において、自己の行為の責任を弁識するに足りる知能を備えていなかったとしても、その行為について賠償の責任を負う。

1　ア、イ
2　ア、オ
3　イ、ウ
4　ウ、エ
5　エ、オ

➡解答・解説は別冊P.063

不法行為に関する次のア～エの記述の正誤の組み合わせとして最も妥当なものはどれか（争いのあるときは、判例の見解による。）。

ア 生命を侵害された被害者の父母、配偶者及び子以外の親族には、固有の慰謝料請求権は認められない。

イ 未成年者が他人に損害を加えた場合において、未成年者が責任能力を有する場合であっても、監督義務者の義務違反と未成年者の不法行為によって生じた結果との間に相当因果関係が認められるときは、監督義務者について民法第709条に基づく不法行為が成立する。

ウ 不法行為による損害賠償債務は、請求を受けた日の翌日から履行遅滞に陥る。

エ 不法行為による損害賠償請求権の消滅時効の期間は、権利を行使することができることとなった時から10年である。

```
   ア  イ  ウ  エ
1  正  誤  正  誤
2  誤  正  誤  誤
3  正  正  正  誤
4  正  誤  正  正
5  誤  正  誤  正
```

→**解答・解説は別冊 P.064**

STEP 3

過去問にチャレンジ！

問題 4

不法行為に関する次のア～オの記述のうち、適当なもののみを全て挙げているものはどれか（争いのあるときは、判例の見解による。）。

ア 被用者と第三者が共同で不法行為をした場合、被害者に損害の全額を賠償した第三者は、使用者に対し、被用者の負担部分について、求償することができる。

イ 被害者に対する加害行為と被害者の疾患とがともに原因となって損害が発生した場合において、当該疾患の態様、程度などに照らし、加害者に損害全額を賠償させるのが公平でないときは、過失相殺の規定を類推適用することができる。

ウ 失火については、「失火ノ責任ニ関スル法律」により重過失の場合にのみ損害賠償責任を負うとされていることから、被用者の重過失により失火した場合、被用者の選任及び監督につき使用者に重過失がなければ、使用者は責任を負わない。

エ 法人は、名誉を毀損されても精神的苦痛を感じることがないから、謝罪広告を求めることができるとしても、損害賠償を求めることはできない。

オ 不法行為により身体に傷害を受けた者の近親者がその固有の慰謝料を請求することができるのは、被害者がその不法行為によって死亡した場合に限られる。

1 ア・イ
2 ア・ウ
3 イ・エ
4 ウ・エ
5 エ・オ

➡解答・解説は別冊 P.064

13 不法行為② （過失相殺・損益相殺）

STEP 1 要点を覚えよう！

POINT 1 過失相殺①

不法行為が成立した場合において、加害者のみならず、**被害者にも過失があっ**たときは、**裁判所は、損害賠償額の決定につき、これを考慮することができる**（民法722条2項）。

ここで注意したいのは「債務不履行」に基づく損害賠償についての過失相殺との違いである（参030ページ）。

債務不履行の過失相殺について規定する民法418条は、「債権者に過失があったときは、**裁判所は、これを考慮して、損害賠償の責任及びその額を定める**」として、「額」だけではなく「責任」についても考慮することとされている。

また、**不法行為**については「**考慮することができる**」とあるので、裁判所は被害者の過失を**考慮しなくてもよい**。

◆「不法行為」と「債務不履行」の過失相殺の違い

項目	不法行為	債務不履行
裁判所は必ず過失相殺を考慮するか	必須ではない	必須
考慮する対象	損害賠償の額	責任、損害賠償の額

POINT 2 過失相殺②

過失相殺を行う場合、被害者に責任能力がある必要はない。しかし、**事理弁識能力は必要**である（最大判昭39.6.24）。

ここで事理弁識能力とは、自己の行為の結果について弁識しうる能力（損害の発生を避けるのに必要な注意能力）のことである。

つまり、**不法行為が成立**するためには、「**加害者」には責任能力が必要**となるが、**不法行為の過失相殺を行うためには、「被害者」に事理弁識能力が必要**となるということだ。

> どちらも個別の事案ごとに判断されるけれども、一般的に「責任能力」は11〜12歳程度、「事理弁識能力」は5〜6歳程度で有するとされるよ。

　そして、**考慮される被害者の過失**には「被害者本人」の過失だけではなく、「**被害者側の過失**」も含まれる（最判昭34.11.26）。被害者側とは「被害者と身分上ないしは生活関係上一体をなすと認められるような関係にある者」をいうが（最判昭42.6.27）、被害者の生活費を賄っている者（＝親等）が被害者側に含まれるとイメージすればよいだろう。

　よって、例えば、**保育園の保育士の過失もあり、園児が被害者**となった場合、その保育士は「被害者側」に含まれないため、保育士の過失は考慮されない。

　なお、**被害者が本来的に有していた身体的特徴によって発生・拡大した損害**については、特段の事情がない限り、被害者の素因を理由に**賠償額を減額することはできない**（最判平8.10.29）。単なる身体的特徴は「被害者の過失」とまではいえないからである。

　しかし、**被害者の心因的素因や罹患していた疾患等の身体的素因は**、ともに賠償額算定の際の減額の要素として**考慮できる**と解されている。

> 単なる身体的な特徴と考えられるレベルでは、その特徴を考慮できないけれど、「疾患」といえるような場合は、考慮できるということなんだ。

POINT 3 損益相殺

　判例は、**不法行為と同一の原因**によって、**被害者が第三者に対して損害と同質性を有する利益を内容とする債権を取得**した場合は、**当該債権が現実に履行されたとき又はこれと同視しうる程度にその存続及び履行が確実であるときに限り**、これを加害者の賠償すべき**損害額から控除すべき**としている（最大判平5.3.24）。

　つまり、**加害行為によって、被害者が利益を得た**場合には、**損害額から控除する**ことができるが、これを**損益相殺**という。

　この損益相殺が認められるか否かについては、「**生命保険金**」について**認められない点**がよく出題される。生命保険は、被害者が保険料を支払っていることで認められるものであり、不法行為自体から発生するものとはいえないからである。

◆損益相殺の可否（被害者が死亡した場合）

事例	損益相殺の可否
被害者の生活費（最判平8.5.31）	できる
被害者の養育費（最判昭53.10.20）	できない
生命保険金（最判昭39.9.25）	できない
香典・見舞金	できない
遺族年金等（最大判平5.3.24）	できる

1 不法行為が成立した場合において、加害者のみならず、被害者にも過失があったときは、裁判所は、損害賠償額の決定につき、これを考慮することができる。

○ **本問の記述のとおりである**（民法722条2項）。

2 裁判所は、不法行為による損害賠償に関し、責任の有無及び損害賠償の額を定めるに当たり、被害者の過失を考慮しなければならない。

× **被害者にも過失**があった場合、**裁判所は損害賠償額の決定につき、これを考慮することができる**（民法722条2項）のであり、考慮しなければならない**わけではない**。また、考慮できるのは「**損害賠償額**」のみである。

3 債務不履行による損害賠償請求においては、裁判所は、債権者の過失を考慮して、損害賠償の責任及びその額を定めなければならない。

○ **本問の記述のとおりである。債務不履行の過失相殺**については、債権者に過失があったときは、**裁判所は、これを考慮して、損害賠償の責任及びその額を定める**として、「**額**」だけではなく「**責任**」についても考慮しなければならない（民法418条）。

4 夫が運転して妻が同乗している車と第三者が運転する車が双方の過失により衝突し、妻が負傷した場合、妻から第三者に対して請求する損害賠償額の算定に当たり、裁判所は、夫の過失を考慮することができる。

○ 被害者の過失には、「**被害者本人**」だけでなく、「**被害者側の過失**」も含まれる（最判昭34.11.26）。そして、被害者側とは「被害者と身分上ないし生活関係上一体をなすと認められるような関係にある者」をいい（最判昭42.6.27）、夫はこの者に**当たる**。

5 裁判所が過失相殺を行うためには、被害者に責任能力があることが前提となる。

× **過失相殺を行う場合、被害者に責任能力がある必要はない**。しかし、**事理弁識能力は必要である**（最大判昭39.6.24）。

6 被害者が本来的に有していた身体的特徴によって発生・拡大した不法行為の損害について、その身体的特徴が疾患に当たらないときでも、裁判所は、これを損害賠償の額を定めるに際して考慮することができる。

× **被害者が本来的に有していた身体的特徴によって発生・拡大した損害**については、特段の事情がない限り、**被害者の素因を理由に賠償額を減額することはできない**（最判平8.10.29）。

7 保育園の園児が不法行為の被害にあい、その園児の保育士に過失があった場合、裁判所は、損害額の算定にあたって、その保育士の過失を考慮することができる。

× **保育園の保育士の過失もあり、園児が被害者となった場合、その保育士は「被害者側」に含まれないため、保育士の過失は考慮されない**（最判昭42.6.27）。

8 交通事故により死亡した者の相続人に対して給付された生命保険金は、その死亡による損害賠償額から控除されない。

○ 生命保険は払い込んだ保険料の対価の性質を有し、もともとは不法行為の原因とは関係なく支払われるべきものであるから、**生命保険が支払われていても、損害賠償の算定にあたって損益相殺の対象にはならない**（最判昭39.9.25）。

STEP 3 過去問にチャレンジ！

問題1

裁判所職員（2010 年度）

不法行為に関する次のア〜オの記述のうち、妥当なもののみを全て挙げているものはどれか（争いのあるときは、判例の見解による。）。

ア 不法行為による生命侵害の慰謝料請求権は、被害者が生前に請求の意思を表明していなければ、相続人には承継されない。

イ 固有の慰謝料請求ができる近親者として民法第711条に列挙されていない者でも、同条の類推適用により、加害者に対して固有の慰謝を請求できる場合がある。

ウ 被害者が幼児である場合、その保護者に過失があったとしても過失相殺をすることはできない。

エ 被害者が未成年の場合、過失相殺においてその過失をしんしゃくするには、被害者たる未成年者に行為の責任を弁識する能力が必要である。

オ 自らは不法行為を実行していないが、他人を唆して不法行為をなす意思を決定させた者や、直接の不法行為の実行を補助し容易にした者も、不法行為責任を負う。

1　ア・イ
2　ア・ウ
3　イ・オ
4　ウ・エ
5　ウ・オ

➡解答・解説は別冊 P.065

不法行為に関する次のア～オの記述のうち、適当なもののみを全て挙げているものはどれか（争いのあるときは、判例の見解による。）。

ア 未成年者が他人に損害を与えた場合、未成年者に責任能力があれば、監督義務者が不法行為による責任を負うことはない。

イ 土地工作物によって他人に損害が生じた場合、工作物の占有者は、その損害の発生を防止するのに必要な注意を行ったことを立証すれば、損害賠償責任を免れることができる。

ウ 民法723条にいう名誉とは、自己自身の人格的価値について有する主観的な評価、すなわち名誉感情を含むものであるから、新聞に個人の名誉感情を害する記事が掲載された場合、同条に基づき、名誉を回復するための処分を求めることができる。

エ 不法行為による被害者が死亡した場合、支払われた生命保険金は、損害額から控除される。

オ 民法722条2項にいう被害者の過失には被害者側の過失が含まれるが、保育園に預けられている幼児が不法行為により損害を被った場合、保育園の保育士に監督上の過失があったとしても、過失相殺において、被害者側の過失として斟酌されない。

1 　ア・エ
2 　ア・ウ
3 　イ・エ
4 　イ・オ
5 　ウ・オ

➡解答・解説は別冊 P.066

STEP 1 要点を覚えよう！

POINT 1 不法行為の損害賠償請求権の消滅時効

不法行為による損害賠償の請求権は、次に掲げる場合には、時効によって消滅する（民法724条）。

◆不法行為の損害賠償請求権の消滅時効（民法724条、724条の2）

①被害者又はその法定代理人が損害及び加害者を知った時から**3年間**
  ☞ 人の生命又は身体を害する場合は**5年間**
  ☞ 「**損害を知った時**」とは、被害者が損害の発生を現実に認識した時となる（最判平14.1.29）。
  ☞ 使用者責任（後述）における「**加害者を知った時**」とは、被害者が、使用者並びに使用者と不法行為者との間に使用関係がある事実に加えて、一般人が、当該不法行為が使用者の事業の執行につきなされたものであると判断するに足りる事実をも認識した時となる（最判昭44.11.27）。
②**不法行為の時から20年間**

なお、**土地の不法占拠による継続的な不法行為の損害賠償請求権**は、**日々の損害が発生するごとに個別に消滅時効が進行する**（大連判昭15.12.14）。また、不法行為による損害賠償債務が「履行遅滞」に陥る時期は、**不法行為の時**である。これは被害者の保護を厚くする趣旨に基づく。

POINT 2 使用者責任①（意義と要件）

使用者責任とは、**被用者がその事業の執行**について、**第三者に損害を与えた場合**に、その**使用者が責任を負うこと**をいう（民法715条1項本文）。他人を使用して利益を得ている使用者は、その被用者の不法行為についても責任を負うべきという観点からの規定である。なお、**成立の前提として、被用者が一般不法行為（民法709条）の要件を満たすことが必要**である。

会社・使用者　　　　　不法行為の成立が前提　　　　使用者責任の追及

被用者　　　　　　被害者

そして、使用者責任が成立し、**使用者が被害者に対して損害の賠償**をしたとき、**使用者は、被用者に対して求償**することができる（民法715条3項）。

さらに判例は、**被用者と第三者が共同で不法行為**をした場合において、第三者が損害の全額を賠償した際、第三者は使用者に対し、被用者の負担部分について求償することができるとしている（最判昭63.7.1）。

POINT 4　注文者の責任（民法716条）

注文者の責任は、請負契約に関する話である。**請負人がその仕事について第三者に損害を加えても、注文者は、原則として、その損害を賠償する責任を負わない。**

ただし、**注文者が請負人に対してした注文又は指図に過失**があり、このために他人に損害を与えたときは責任を負う。

POINT 5　土地工作物責任（民法717条）

土地工作物責任とは、建物等の**土地の工作物に瑕疵（欠陥）**があり、これによって**他人に損害が生じた場合**に、**工作物の占有者**（建物の賃借人など）**又は所有者が責任を負う**ことをいう。例えば、建物の管理が悪かったため、壁材が崩れ落ちて通行人が負傷した場合などの責任である。

この場合、**第1次的には占有者が責任を負う**が、**占有者が相当な注意をしていた場合には責任を免れ、第2次的に所有者が責任を負う**。そして、この**所有者の責任は無過失責任である**（民法717条1項）。

なお、占有者及び所有者以外に、工作物の瑕疵を生じさせたことについて責任のある者がいるとき、賠償をした者はその者に対して、**求償できる**（同条3項）。

POINT 6　動物占有者責任（民法718条）

動物の占有者又は占有者に代わって動物を管理する者は、その動物が他人に加えた損害賠償責任を負う。例えば、飼い主が犬の散歩をしていた際に、犬が他人を噛んで負傷させたような場合である。

当たり前の話に思えるけれど、厳密に考えれば、他人を負傷させたのは動物であり、飼い主ではないため規定されたものなんだ。

ただし、これらの者が、動物の種類及び性質に従い**相当の注意をもってその管理**をしたときは、**責任を負わない**。

POINT 7　共同不法行為（民法719条）

共同不法行為とは、**数人の者が共同の不法行為によって他人に損害を加えたとき、全員が損害全額について、連帯して責任を負う**ことをいう（民法719条1項）。

行為者を教唆した者（そそのかした者）**及びほう助した者**（手伝った者）も、**不法行為の共同行為者とみなされ、連帯して損害賠償責任を負う**（同条2項）。

　なお、共同不法行為には、**加害者不明の共同不法行為（719条1項後段）**という規定があり、例えば、ABの2人がCを殴打して死亡させたが、ABどちらの殴打が死因となったのかが不明の場合、ABの各加害行為と死亡という結果の因果関係がなくなってしまう。しかし、共同行為者中の「誰か」に損害を受けたことが明らかであれば、AB全員に不法行為が成立するのである。

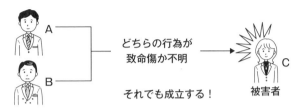

　そして、共同不法行為が成立すると、**加害者全員が損害全額について、連帯して責任を負い、その損害賠償責任は、単なる連帯債務ではなく、**被害者にとって都合のよい形に変容された**不真正連帯債務**という責任を負う。

　この点について、細かい内容を覚える必要はないが、連帯債務では、1人の連帯債務者に生じた事由が、他の連帯債務者に影響を及ぼす絶対効が認められるところ（■061ページ）、不真正連帯債務では、被害者に有利になるよう、この絶対効が制限されている。

　なお判例は、共同不法行為者の1人がその過失割合に従って定まる自己の負担部分を超えて賠償をした場合には、その超える部分につき、他の共同不法行為者に求償できるとしている（最判昭41.11.18）。

　また判例は、**交通事故の被害者が「医師の過失」も加わって死亡してしまった**場合、**交通事故の加害者と医者の双方に、死亡についての相当因果関係がある**ときは、**両者は共同不法行為に該当し、各不法行為者は被害者の被った損害の全額について連帯して責任を負うべき**としている（最判平13.3.13）。

POINT 8　　正当防衛（民法720条1項）

　正当防衛とは、**他人の不法行為**に対し、**自己又は第三者**の権利又は法律上保護される利益を防衛するため、やむを得ず加害行為をした者は、**損害賠償責任を負わない**という規定である。例えば、Aから殴りかかられたBが、逃げるためにCを突き飛ばして負傷させた場合（＝BのCに対する不法行為）、Bは責任を負わないというものである。

　なお、**被害者（C）から、元の不法行為者（A）に対する損害賠償請求はできる。**

POINT 9　　緊急避難（民法720条2項）

　緊急避難とは、**他人の物から生じた急迫の危難を避けるため、その物を損傷**した場合、**損害賠償責任を負わない**という規定である（民法720条2項）。

　例えば、Aが危険を避けるため、自身に倒れかかってきたBの花瓶を壊した場合、AはBからの花瓶を壊したことに対する損害賠償責任を負わないという話である。

STEP 2 一問一答で理解を確認！

1 不法行為の損害賠償請求権の消滅時効期間は、被害者又はその法定代理人が損害及び加害者を知った時から3年間である。

○ **本問の記述のとおり**である（民法724条1号）。なお、**損害「及び」加害者の双方を**知った時からでないと、時効期間は進行を開始しない点にも注意しておこう。

2 人の生命又は身体を害する不法行為による損害賠償請求権は、被害者又はその法定代理人が損害及び加害者を知った時から3年間行使しない場合、時効によって消滅する。

× 人の生命又は身体を害する不法行為による損害賠償請求権は、被害者又はその法定代理人が損害及び加害者を知った時から**5年間**行使しないときは、時効によって消滅する（民法724条の2）。

3 不法行為による損害賠償請求権の期間の制限を定める民法724条における、被害者が損害を知った時とは、被害者が損害の発生を現実に認識した時をいう。

○ **本問の記述のとおり**である（最判平14.1.29）。

4 不法行為による損害賠償債務の不履行に基づく遅延損害金債権は、当該債権が発生した時から10年間行使しないことにより、時効によって消滅する。

× 不法行為による損害賠償債権が消滅時効にかかるのは、損害及び加害者を知った時から3年ないし、**不法行為の時**から**20年**たった時である（民法724条2号）。

5 不法占拠により日々発生する損害については、加害行為が終わった時から一括して消滅時効が進行し、日々発生する損害を知った時から別個に消滅時効が進行することはない。

× **土地の不法占拠による継続的不法行為の損害賠償請求権**は、日々の損害が発生するごとに、個別に消滅時効が進行するものとされている（大連判昭15.12.14）。

6 被用者が使用者の事業の執行について第三者に損害を与えた場合、使用者は、第三者に対してその損害を賠償する責任を負う。

〇 **本問の記述のとおり**である（民法715条1項本文）。

7 被用者が使用者の事業の執行について第三者に損害を与え、第三者に対してその損害を賠償した場合には、被用者は、相当と認められる額について、使用者に対して求償することができる。

〇 STEP1で触れていないが**「被用者」からの求償も認められる**（最判令2.2.28）。

8 請負人がその仕事について第三者に対して加えた損害については、注文者は、注文又は指図について過失があったときでも、損害賠償責任を負わない。

✕ 注文者は、原則として、請負人の不法行為について責任を負わないが、**注文又は指図に過失**があった場合は、責任を負う（民法716条）。

9 建物賃借人は、当該建物の保存の瑕疵による損害の発生の防止に必要な注意をした場合、建物から生じた不法行為責任を負わない。

〇 建物賃借人は、建物の「占有者」である。そして、**土地工作物**の占有者は、土地工作物からの損害の発生を防止するのに**必要な注意**をしたとき、不法行為責任を負わない（民法717条1項但書）。

10 建物賃借人が当該建物の保存の瑕疵による損害の発生の防止に必要な注意をしたときは、建物所有者は過失がなくとも、損害賠償責任を負う。

〇 土地工作物責任における所有者は、**損害の発生を防止するのに必要な注意をしたとしても、責任を負う**（無過失責任、民法717条1項但書）。

11 共同不法行為について、第三者が行為者を教唆していた場合であっても、当該第三者が不法行為責任を負うことはない。

✕ 共同不法行為者を**教唆した者及びほう助した者**も、共同不法行為者とみなされる（民法719条2項）。

STEP 3 過去問にチャレンジ！

問題1 特別区Ⅰ類（2017年度）

民法に規定する不法行為に関する記述として、妥当なものはどれか。

1　責任無能力者を監督する法定の義務を負う者は、責任無能力者がその責任を負わない場合において、当該責任無能力者が他人に損害を加えた場合、監督義務を怠らなかったときであっても、その損害を賠償する責任を必ず負う。

2　ある事業のために他人を使用する者は、被用者がその事業の執行について第三者に加えた損害を賠償する責任を負うが、使用者に代わって事業を監督する者は、一切その責任を負わない。

3　土地の工作物の設置又は保存に瑕疵があることによって他人に損害を生じた場合、その工作物の所有者が損害の発生を防止するのに必要な注意をしたときは、所有者は免責される。

4　動物の占有者又は占有者に代わって動物を管理する者は、その動物が他人に加えた損害を賠償する責任を負うが、動物の種類及び性質に従い相当の注意をもってその管理をしたときは免責される。

5　裁判所は、他人の名誉を毀損した者に対して、被害者の請求により、損害賠償に代えて名誉を回復するのに適当な処分を命ずることができるが、損害賠償とともに名誉を回復するのに適当な処分を命ずることはできない。

➡解答・解説は別冊P.067

問題2 　　　　　　　　　　　　　　　　　　　裁判所職員（2022年度）

不法行為による損害賠償債権に関する次のア〜オの記述のうち、妥当なもののみ
を全て挙げているものはどれか（争いのあるときは、判例の見解による。）。

ア　不法行為による損害賠償債務は、不法行為の時に履行遅滞に陥る。

イ　民法第724条第1号にいう被害者が損害を知った時とは、被害者が損害の発生
　　の可能性を現実に認識した時をいう。

ウ　民法第724条第1号にいう被害者が加害者を知った時とは、被害者が損害賠償
　　を請求するべき相手方を知った時をいうから、使用者が民法第715条の責任を
　　負う場合における当該使用者との関係では、被害者が直接の加害者である被用
　　者を知った時がこれに当たる。

エ　民法第724条第2号の期間制限は、加害行為が終了してから相当の期間が経過
　　した後に当初予想し得なかった損害が発生した場合でも、加害行為の時から起
　　算される。

オ　民法第724条各号の期間経過による法的効果は、当事者が援用した場合に限り、
　　裁判所はこれを考慮することができる。

1　ア、ウ
2　ア、オ
3　イ、エ
4　イ、オ
5　エ、オ

（参照条文）民法
第724条　不法行為による損害賠償の請求権は、次に掲げる場合には、時効によっ
　　て消滅する。
一　被害者又はその法定代理人が損害及び加害者を知った時から三年間行使しな
　　いとき。
二　不法行為の時から二十年間行使しないとき。

➡解答・解説は別冊P.067

不法行為に関する次のア～エの記述の正誤の組み合わせとして最も妥当なものは
どれか（争いのあるときは、判例の見解による。）。

ア 故意又は過失によって財産権以外の権利又は法律上保護される利益を侵害した
者は、名誉を回復するのに必要な処分等、金銭賠償以外の方法によって不法行
為責任を負うのが原則である。

イ 被用者の行為によって他人に損害が発生した場合、使用者は被用者に故意も過
失もなかったときは、民法第715条の責任を免れる。

ウ 使用者責任を負った使用者は、損害の公平な分担という見地から信義則上相当
と認められる限度において、被用者に対して求償の請求をすることができる。

エ 賃借人が占有する家屋において、損害の発生を防止するのに必要な注意をして
いたが、工作物の瑕疵によって訪問客に損害が生じた場合、家屋の所有者は、
前記の瑕疵について過失がなければ、民法第717条の土地工作物責任を免れる。

```
    ア  イ  ウ  エ
1  誤  正  正  誤
2  正  正  誤  正
3  誤  正  誤  正
4  正  誤  正  誤
5  誤  誤  正  正
```

➡解答・解説は別冊P.068

問題4

不法行為に関する次のア〜オの記述のうち、適当なもののみを全て挙げているものはどれか（争いのあるときは、判例の見解による。）。

ア 生命を侵害された被害者の兄弟姉妹に、固有の慰謝料請求権が認められる場合がある。

イ 注文者は、注文又は指図について重過失がない限り、請負人がその仕事について第三者に加えた損害を賠償する責任を負わない。

ウ 共同不法行為責任が成立するためには、各共同行為者の行為について不法行為の一般的成立要件を満たすことが必要であるから、共同行為者のうちいずれの者が損害を加えたかを知ることができないときは、共同不法行為責任の成立が否定される。

エ 過失相殺において未成年者の過失を斟酌するためには、その未成年者に事理を弁識するに足りる知能だけではなく、行為の責任を弁識するに足りる知能が備わっていることが必要である。

オ 土地の不法占拠による継続的不法行為の損害賠償請求権は、日々の損害が発生するごとに個別に消滅時効が進行する。

1 ア・イ
2 ア・オ
3 イ・エ
4 ウ・エ
5 ウ・オ

➡解答・解説は別冊P.068

不法行為に関する次の記述のうち、最も適当なものはどれか（争いのあるときは、判例の見解による。）。

1 未成年者が他人に損害を加えた場合、その未成年者を監督する法定の義務を負う者は、監督義務を怠らなかったとき又は監督義務を怠らなくても損害が生ずべきであったときを除き、未成年者自身が不法行為責任を負うかどうかにかかわらず、民法714条に基づき、その損害を賠償する義務を負う。

2 被用者が、外形上は使用者の事業の範囲内に属する取引行為をして相手方に損害を与えた場合、それが被用者の職務権限内で適法に行われたものでないときは、そのことについての相手方の悪意又は過失の有無にかかわらず、使用者は相手方に対する使用者責任に基づく損害賠償義務を免れる。

3 土地の工作物の設置又は保存に瑕疵があることによって第三者に損害が生じた場合、その工作物の所有者は、その損害の発生を防止するのに必要な注意をしたことを立証すれば、損害賠償義務を免れることができる。

4 加害者の過失により生じた交通事故によってそのまま放置すれば死亡に至る傷害を負った者が、その後搬送された病院で適切な手術を受ければ本来は救命できたにもかかわらず、医師の手術中の過失により死亡した場合、交通事故の加害者と医師の双方が、それぞれの過失行為と相当因果関係のある死亡による損害の全額について連帯して賠償する義務を負う。

5 動物の占有者は、その動物が他人に損害を加えた場合、その動物の種類及び性質に従い相当の注意をもって管理していたとしても、損害賠償義務を負う。

➡解答・解説は別冊 P.069

問題6　　　　　　　　　　　　　　　　　国家一般職（2018年度）

不法行為の使用者責任に関するア〜オの記述のうち、判例に照らし、妥当なもののみを全て挙げているのはどれか。ただし、自動車損害賠償保障法については考慮する必要はない。

ア　兄Aが、その出先から自宅に連絡して弟BにA所有の自動車で迎えに来させた上、Bに自動車の運転を継続させ、これに同乗して自宅に帰る途中でBが運転を誤りCに損害を生じさせた場合において、Aが同乗中に助手席でBに運転上の指示をしていたなどの事情があるときは、Aは、Cに対して、民法第715条に基づく損害賠償責任を負う。

イ　大臣秘書官Aが、私用のために国が所有する自動車を職員Bに運転させてこれに乗車していたところ、当該自動車がCの運転する自動車と衝突してCに損害を生じさせた場合には、国は、Cに対して、民法第715条に基づく損害賠償責任を負わない。

ウ　銀行Aの支店長Bが、会社Cとの間で、Aの内規・慣行に反する取引を行ったところ、Cがその取引によって損害を被った場合において、Bの当該取引行為が、その外形からみて、Aの事業の範囲内に属するものと認められるときであっても、Cが、当該取引行為がBの支店長としての職務権限を逸脱して行われたものであることを知り、又は、重大な過失によりそのことを知らないで、当該取引をしたと認められるときは、Cは、Aに対して、民法第715条に基づく損害賠償を請求することができない。

エ　会社Aの従業員Bが、一緒に仕事をしていた他の従業員Cとの間で業務の進め方をめぐって言い争った挙げ句、Cに暴行を加えて損害を発生させたとしても、Aは、Cに対して、民法第715条に基づく損害賠償責任を負わない。

オ　会社Aの従業員Bが、Aの社用車を運転して業務に従事していたところ、Bの過失によりCの車に追突して損害を生じさせたため、AがCに対して修理費を支払った場合には、Aは、自らに過失がないときに限り、Bに対してその全額を求償することができる。

1　ア・ウ
2　ア・エ
3　イ・エ
4　イ・オ
5　ウ・オ

➡解答・解説は別冊 P.070

不法行為に関するア〜オの記述のうち、妥当なもののみを全て挙げているのはどれか。

ア　数人が共同の不法行為によって第三者に損害を加えたときは、各自が連帯して
　　その損害を賠償する責任を負うが、その行為者を教唆した者も、共同行為者と
　　みなされ、各自が連帯してその損害を賠償する責任を負う。

イ　土地の工作物の設置又は保存に瑕疵があることによって第三者に損害を生じた
　　場合、その工作物の所有者は、損害の発生を防止するのに必要な注意をしたと
　　きは、その損害を賠償する責任を負わない。

ウ　ある事業のために他人を使用する者は、被用者がその事業の執行について第三
　　者に加えた損害を原則として賠償する責任を負うが、使用者が第三者にその損
　　害を賠償したときは、使用者は被用者に求償権を行使することができる。

エ　未成年者が不法行為によって第三者に損害を加えた場合、その未成年者は、自
　　己の行為の責任を弁識するに足りる知能を備えていなかったときは、その損害
　　を賠償する責任を負わない。この場合において、その未成年者を監督する法定
　　の義務を負う者は、その義務を怠らなかったことを証明したときに限り、その
　　損害を賠償する責任を負わない。

オ　精神上の障害により自己の行為の責任を弁識する能力を欠く状態にある間に第
　　三者に損害を加えた者は、故意により一時的にその状態を招いたときは、その
　　損害を賠償する責任を負うが、過失により一時的にその状態を招いたときは、
　　その損害を賠償する責任を負わない。

1　ア・イ
2　ア・ウ
3　イ・オ
4　ウ・エ
5　エ・オ

→解答・解説は別冊 P.071

CHAPTER

親族・相続

この章で学ぶこと

○ 親族・相続は、メリハリを つけて広く浅く確実に

CHAPTER3・親族・相続では、これまで学んできた分野とは大きく異なり、**家族に関する法的規律**について学習します。ともに生活を営む親や子・兄弟姉妹といった家族に関しても、様々な法が定められています。それらの法がどのようなものなのかを、この章では学んでいきます。

親族・相続は、今まで学んできた財産法分野に比べると、**当事者の意思が尊重されやすいという特徴**があります。このことを念頭に置きながら各単元を見ていくと、知識が定着しやすくなります。

また親族・相続は、債権総論と同様に、苦手とする受験生が多くいます。財産法分野で学習すべき事項が多く、必然的に対策が後手に回りやすいため、知識が不十分なまま試験に突入しやすいからです。

もっとも、単純な**条文知識**で正解できる問題もあることから、出題の可能性が高い分野をある程度見ておくだけでも善戦できます。本書では、親族・相続の中で出題可能性の高い分野をまとめてあるので、本書掲載の重要事項と過去問を活用すれば、他の受験生と差をつけられるでしょう。

民法は深くて広い法分野であるからこそ、試験対策上は「広く浅く確実に」という意識をもって、重要基本事項から押さえるようにしましょう。

○ 後手に回りやすい単元も 一度は必ず目を通してみよう

親族・相続に限った話ではありませんが、**後手に回りやすい単元を丸ごと捨てない**ように注意しましょう。民法は試験範囲が広いので、学習が追いつかない分野が出てくるのはやむを得ないことですが、かといって丸ごと諦めるのは危険です。

丸ごと捨てた単元があると、試験本番で後悔や焦りにさいなまれ、実力が発揮できず、勉強してきたはずのことまでできなくなるという心理的なリスクがあるからです。親族・相続は捨てたくなりやすい分野です。でも、本書を一読するなど、**軽くでも良いので目を通しておきましょう**。

国家一般職

　全範囲からまんべんなく問われ、条文知識を問う問題が多い。まずは条文知識をしっかりと押さえたうえで、早くから過去問に取り組むのが良いだろう。

国家専門職

　相続が比較的出題されやすいため、相続を優先的に学習するのが望ましい。そのつぎに親族の学習に取りかかるとよいだろう。

地方上級

　出題頻度は他の試験種よりもかなり低く、この分野からの出題がない年度も多い。出題実績としては、相続がたまに出題されているので、余裕があれば相続を確認しておくのが望ましい。

裁判所職員

　この分野からの出題はないので、裁判所職員だけを受験する場合は、対策は不要である。他の試験種と併願する場合に学習しよう。

特別区Ⅰ類

　地方上級や市役所よりも出題頻度が高い。全範囲から出題されるが、出題数は１問程度なので、全範囲を一律に学習しても効率はあまり良くない。相続に関する内容を優先的に学習しておくのが得策である。

市役所

　この分野からの出題がない年度も多い。近年の出題実績は無いが、出題される場合は相続からの出題の可能性があるので、余裕があれば相続を一通り確認しておくのが望ましい。

親族①（親族・婚姻）

STEP 1 要点を覚えよう！

POINT 1 親族法と親族の範囲

　CHAPTER3では、いわゆる親族法と相続法について確認するが、まずは**親族法**について見ていこう。なお、「親族法」という法律があるわけではなく、民法において、夫婦や親子などの親族関係を規律する部分のことを意味する。

　親族法について、試験では、親族の意義や婚姻の要件・効果について問われることが多いため、ここでは親族の意義と婚姻に関する規定を確認していく。

　まず**親族の範囲**について、民法では親族を①**6親等** *内の**血族**、②**配偶者**、③**3親等内**の**姻族**と規定している（民法725条）。

◆親族の範囲（数字は親等数を表し、一部省略）

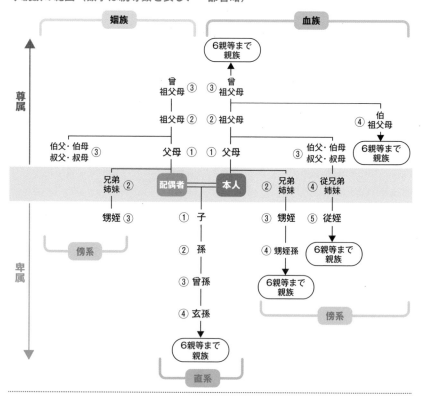

---

* **親等**（しんとう）…親族関係の距離（近さ）を表すもので、自分（本人）から近い順に1親等、2親等と数える。上図の丸数字が親等である。

血族とは、**血縁関係**にある人のことだが、生物学上の血縁（自然血族）だけではなく、養子縁組による法律上の血族（法定血族）も含まれる。

また、**配偶者**とは、いわゆる**夫か妻**である。配偶者は「6親等内の血族」「3親等内の姻族」**とは区別される親族**であり、**親等はない**（民法726条1項、2項）。

そして、**姻族**とは、「**配偶者の一方**」と「**他方の血族**」の相互の関係を指す。例えば、妻から見た夫の両親や兄弟姉妹、夫から見た妻の両親や兄弟姉妹だ。

POINT 2 　血族関係の発生と終了

「血族」関係は、以下の事由で発生し、消滅する。

◆血族関係の発生と終了

血族関係	発生原因	終了原因
自然血族	出生	死亡
法定血族	**養子縁組** （民法724条、792条など）	①**離縁**（民法729条） ②養子縁組の**取消し**

POINT 3 　婚姻と成立要件

（1）婚姻の届出（形式的要件）

婚姻とは、いわゆる結婚をすることである。**婚姻が成立**するためには、婚姻意思が合致することなどの**実質的要件**と、戸籍法の定めに従った**届出**をするという**形式的要件**が必要となる（民法739条）。

「形式的」要件について、婚姻が成立するには、婚姻の**届出が受理**されれば足り、戸籍簿に記入されなくても成立する。なお、届出は、当事者双方及び成年の証人2人以上署名した書面又はこれらの者から口頭でなす。

（2）婚姻意思の合致（実質的要件）

婚姻が有効であるためには、**社会通念上夫婦と認められる関係を創設する意思の合致**が必要である。なお、**成年被後見人が婚姻をするには、意思能力があれば足り、成年後見人の同意は必要ではない。**

婚姻意思に関連して、判例は、**子に嫡出子の身分を取得させるためだけに婚姻の届出**をすることは、**婚姻意思がないとして無効**とした（最判昭44.10.31）。

また、**男女が正式に婚姻をするために届書を作成したが、届出時には一方が病気のために昏睡状態**になっていた場合、届出前に翻意をするなど特段の事情がない限り、**婚姻は有効**としている（最判昭44.4.3）。

さらに、事実上の夫婦の一方が**他方の意思に基づかないで婚姻届を作成提出**した場合においても、**夫婦としての実質的生活関係が存在**しており、後に他方の配偶者が届出の事実を知ってこれを**追認**したときは、その**届出当初に遡って有効**になるとしている（最判昭47.7.25）。

CHAPTER

3

親族・相続

1

親族①（親族・婚姻）

（3）婚姻障害がないこと（消極的要件）

次ページで触れるとおり、下記の婚姻を妨げる事情（婚姻障害）がある場合、当事者等は婚姻を**取り消す**ことができる。あくまで**取り消す**ことができるものである以上、**これらの事由がある場合、当然に無効となるわけではない。**

◆婚姻障害（民法731条～734条）

婚姻障害	内容
①婚姻適齢に達していること	男女ともに18歳に達していることが必要。
②重婚でないこと	配偶者のある者は、重ねて婚姻ができない。
③女性は再婚禁止期間*を経過していること	原則：女性は、前婚の解消又は取消しの日から起算して100日を経過後でなければ、再婚できない。 例外：以下の場合、上記規定は適用されない。 　　　ア：女性が前婚の解消又は取消しの時に懐胎していなかった場合 　　　イ：女性が前婚の解消又は取消しの**後に出産**した場合
④近親婚でないこと（民法734条～736条）	ア：直系血族又は3親等内の傍系血族の間の婚姻禁止 　　☞ただし、養子と養方の傍系血族との間は可能 イ：直系姻族の間の婚姻禁止 　　☞姻族関係が終了した後も婚姻できない。 　　☞傍系姻族間での婚姻は可能。 ウ：「養子、その配偶者、養子の直系卑属又はその配偶者」と「養親又はその直系尊属」との間の婚姻禁止 　　☞親族関係の終了後も婚姻できない。

POINT 4 婚姻の効力

婚姻が成立すると夫婦相互に様々な権利義務が生じるが、主なものを確認する。

（1）同居・扶養義務（民法752条）

夫婦は同居し、互いに協力し扶助しなければならない。ただし、**同居義務**は、法的強制に親しまないため、**直接強制も間接強制も許されない**（大決昭5.9.30）。

（2）夫婦間の契約の取消し（民法754条）

夫婦間で契約をしたときは、その契約は、**婚姻中いつでも夫婦の一方からこれを取り消す**ことができる。ただし、**婚姻が実質上破綻**している場合には**適用されず、**その場合の取消しは**認められない**（最判昭33.3.6）。

---

* **再婚禁止期間**…父親が不確定になることを防ぐため、女性のみ婚姻解消後に再婚が禁止される期間のこと。ただし、2024年4月1日より廃止予定。

（3）日常家事債務の連帯責任（民法761条）

夫婦は日常家事に関して生じた債務について**連帯責任**を負う、また、**夫婦は日常家事に関する法律行為につき、相互に代理権**が認められる。ただし、第三者に対し責任を負わない旨を予告していた場合には、連帯責任を負わなくてよい。

POINT 5　婚姻の取消し

婚姻障害がある場合などは、婚姻を取り消すことができる。誰が取り消せるのかと、取り消せない場合を押さえておきたい。なお、**詐欺・強迫に基づく婚姻を除いて、取消権者に「検察官」が含まれる**が、これは公益的な理由に基づいているので、どの事由であっても、**取り消せる婚姻の夫婦の一方が死亡**した場合、**検察官は、取消しを請求できない**（民法744条1項但書）。

◆婚姻の取消権者（民法744条）、取消制限（民法745条〜747条）

取消事由	取消権者	取消制限等
不適齢婚	各当事者、親族、検察官	・適齢後の取消しはできない。 　☞ただし、本人は3か月間は取り消せる。 ・適齢後に追認すれば、取消しはできない。
重婚	各当事者、親族、検察官、当事者の配偶者	・後婚の解消が離婚による場合 　☞特段の事情がない限り、取消請求はできない（最判昭57.9.28）。 ・後婚の解消が重婚者の死亡による場合 　☞取消請求ができる。
再婚禁止期間違反	各当事者、親族、検察官、前配偶者	前婚終了後から起算して**100日経過後**、又は**再婚後に出産**すれば、取消しはできない。
近親婚	各当事者、親族、検察官	なし
詐欺・脅迫	**表意者のみ**	・追認により取消しはできない。 ・追認可能時から**3か月経過後**は取消しできない。

そして、**婚姻取消しの効果は、遡及しない**（民法748条1項）。よって、婚姻が取り消されることで、婚姻により生じていた**その子の身分に関する事柄にも影響がない**。なお、婚姻取消しの効果は離婚に類似するので、離婚の規定が準用される（民法749条）。

ただ、婚姻が取り消された場合、**婚姻当時に取消原因があったことについて悪意の当事者は、婚姻によって得た利益の全部を返還**することを要し、この場合に**相手方が善意であったときは、損害賠償も必要**である（民法748条3項）。

他方、**善意の当事者は、現に利益を受けている限度**においてその返還をすることを要する（同条2項）。

1 親族の範囲について、民法は6親等内の血族と姻族、配偶者としている。

× **親族の範囲**について、民法では①**6親等内の血族**、②**配偶者**、③**3親等内の姻族**と規定している（民法725条）。姻族は**3親等内まで**である。

2 養子と養親の血族関係は、養親の死亡によって消滅する。

× 養子縁組が行われると、養子と養親に血族関係（法定血族）が生じるが、当事者の死亡によって、この血族関係は**消滅しない**。消滅するのは、**縁組の解消**のみである。

3 婚姻の届出をすることについての意思の合致はあるが、社会通念上夫婦と認められる関係を創設することについての意思の合致がない場合、その婚姻は無効である。

○ **本問の記述のとおり**である（最判昭44.10.31）。

4 婚姻適齢に達していない未成年者の婚姻は無効であり、婚姻適齢に達した時に有効となる。

× いわゆる**不適齢婚は、取消事由**に該当し、**取り消すまでは無効となるわけではない**。なお、婚姻適齢後に追認すれば、取消しは**できなくなる**（民法745条2項但書）。

5 女性が離婚の1か月後に出産した場合、さらにその1か月後、再婚をすることができる。

○ 女性には再婚禁止期間があるが、**婚姻の解消後に出産**した場合には、**再婚禁止期間の規定は適用されない**（民法733条2項2号）。

6 事実上の夫婦共同生活関係にある者が、婚姻の意思に基づき届出書を作成したが、届出の時には意識を喪失した場合、その婚姻は無効である。

× 本問の事例において、判例は、**届出前に翻意をするなど特段の事情がない限り、婚姻は有効**であるとしている（最判昭44.4.3）。

7 17歳の者の婚姻届が誤って受理された場合、親権者の同意を得なければ婚姻の取消しを請求できない。

× 婚姻の取消しは、どの事由でも**各当事者**が請求でき、親権者の同意は**不要**である。

8 強迫による婚姻は、強迫を受けて婚姻の意思表示をした者が強迫を免れた後、3か月を経過したときは、取り消すことができない。

○ **本問の記述のとおり**である（民法747条2項）。

9 重婚が発生した場合において、当事者の一人が死亡した後は、検察官は後婚の取消しを請求することができない。

○ **検察官は、当事者の一方が死亡したときは、婚姻の取消しを請求できない**（民法744条1項但書）。これはSTEP1で触れていないので確認しておこう。

10 重婚が後婚の離婚によって解消された場合、特段の事情がない限り、後婚の取消しを請求することはできない。

○ **本問の記述のとおり**である（最判昭57.9.28）。

11 重婚が重婚者の死亡によって解消された場合、特段の事情がない限り、後婚の取消しを請求することはできない。

× **重婚が重婚者の死亡によって解消**された場合、後婚の取消しを請求することが**できる**（民法744条1項）。

12 嫡出子の出生後に婚姻が取り消されたときは、嫡出子たる身分を失う。

× **婚姻取消しの効果は遡及しない**（民法748条1項）。よって、**婚姻によって一度得た嫡出子の身分等も失わない**。

過去問にチャレンジ！

問題 1

国家一般職（2017年度）

親族に関する次の記述のうち、妥当なものはどれか。

1 親族は、6親等内の血族及び3親等内の姻族とされており、配偶者は1親等の姻族として親族に含まれる。

2 血族関係は、死亡、離縁及び縁組の取消しにより終了するため、養子と養親の血族との血族関係は、養親の死亡により終了する。

3 養子は、養子縁組の日から養親の嫡出子の身分を取得し、養子縁組以前に生まれた養子の子は、養子縁組の日から当該養親と法定血族の関係が生じる。

4 自然血族は、出生による血縁の関係にある者をいうが、婚姻関係のない男女から生まれた子については、認知がなければ父や父の血族との血族関係は生じない。

5 姻族関係は、婚姻により発生し、離婚、婚姻の取消し及び夫婦の一方の死亡により当然に終了する。

→解答・解説は別冊 P.072

問題2

民法に規定する婚姻に関するA～Dの記述のうち、妥当なものを選んだ組み合わせはどれか。

A 養子若しくはその配偶者又は養子の直系卑属若しくはその配偶者と養親又はその直系尊属との間では、離縁により親族関係が終了した後であれば、婚姻をすることができる。

B 近親者間の婚姻の禁止の規定に違反した婚姻は、各当事者、その親族又は検察官から、その取消しを家庭裁判所に請求することができるが、検察官は、当事者の一方が死亡した後は、これを請求することができない。

C 婚姻の時においてその取消しの原因があることを知っていた当事者は、婚姻によって得た利益の全部を返還しなければならず、この場合において、相手方が善意であったときは、これに対して損害を賠償する責任を負う。

D 離婚の届出は、当事者双方及び成年の証人2人以上が署名した書面で、又はこれらの者から口頭でしなければならず、この規定に違反して当該届出が受理されたときは、離婚の効力を生じない。

1　A・B
2　A・C
3　A・D
4　B・C
5　B・D

➡解答・解説は別冊P.072

婚姻に関するア～オの記述のうち、妥当なもののみを全て挙げているのはどれか。

ア 配偶者のある者が重ねて婚姻をした場合において、後婚が離婚によって解消されたときは、特段の事情がない限り、後婚が重婚に当たることを理由として、その取消しを請求することは許されないとするのが判例である。

イ 事実上の夫婦の一方が他方の意思に基づかないで婚姻届を作成・提出した場合において、その当時、両名に夫婦としての実質的生活関係が存在しており、かつ、後に他方の配偶者が届出の事実を知ってこれを追認したとしても、無効な行為は追認によってもその効力を生じないため、当該婚姻の届出は無効であるとするのが判例である。

ウ 詐欺又は強迫による婚姻の取消権は、当事者が、詐欺を発見し、若しくは強迫を免れた後3か月を経過し、又は追認をしたときは、消滅する。

エ 成年被後見人が婚姻をするには、その成年後見人の同意が必要である。

オ 婚姻が取り消された場合には、婚姻の当時、取消しの原因があることを知らなかった当事者であっても、婚姻によって得た利益の全部を返還しなければならない。

1 ア、イ
2 ア、ウ
3 イ、オ
4 ウ、エ
5 エ、オ

➡解答・解説は別冊 P.073

問題 4

婚姻の効力に関するア～オの記述のうち、妥当なもののみを全て挙げているのはどれか。ただし、争いのあるものは判例の見解による。

ア 当事者間に婚姻をする意思の合致があれば、民法上婚姻の効力が生じる。婚姻の届出は、あくまで行政関係法規に基づく義務であることから、届出の有無は、民法上の婚姻の効力には影響しない。

イ 婚姻の成立に必要な婚姻をする意思とは、法律上の夫婦という身分関係を設定する意思で足り、当事者間に真に社会観念上夫婦であると認められる関係の設定を欲する効果意思までも要求するものではない。

ウ 将来婚姻することを目的に性的交渉を続けてきた者が、婚姻意思を有し、かつ、その意思に基づいて婚姻の届出を作成したときは、仮に届出が受理された当時意識を失っていたとしても、その受理前に翻意したなど特段の事情がない限り、当該届出の受理により婚姻は有効に成立する。

エ 直系姻族間及び養親子間の婚姻は禁止されており、これに反して婚姻したとしても当然に無効であり、婚姻の効力は発生しない。

オ 事実上の夫婦の一方が他方の意思に基づかないで婚姻届を作成提出した場合においても、当時両名に夫婦としての実質的生活関係が存在しており、かつ、後に他方の配偶者が届出の事実を知ってこれを追認したときは、当該婚姻は追認によりその届出の当初に遡って有効となる。

1 ア、イ
2 ア、ウ
3 イ、ウ
4 イ、エ
5 ウ、オ

➡解答・解説は別冊 P.074

2 親族②（婚姻の解消）

STEP 1 要点を覚えよう！

POINT 1 協議離婚

　有効に成立した婚姻関係が、一定の事由によって消滅することを**婚姻の解消**といい、その原因の1つに**離婚**がある。離婚は、当初は有効に成立していたという点で、当初から婚姻の要件に問題があった「婚姻の取消し」とは異なる。

　また、離婚には「協議離婚」と「裁判上の離婚」の2つがあり、「協議離婚」の要件は、以下のものである。

◆協議離婚の要件

実質的要件	①離婚意思の合致（民法763条） ②未成年の子がいる場合は、親権者を決定しなければならない（民法765条1項、819条1項）。
形式的要件	届出 ☞**法定の方式を欠く届出が受理されてしまった場合でも、離婚は有効となる**（民法765条2項）。

　上記①について、**合意により離婚届を作成した当事者の一方が、届出時に翻意していた場合、離婚は無効である**（最判昭34.8.7）。また、**無効な届出**がされた場合でも、**その後に当事者の離婚意思が合致**した場合は、当事者の明示又は黙示の意思表示によって、**その届出を有効なものとすることができる**（最判昭42.12.8）。

◆将来の親権者の決定（上記②）

項目	親権者	監護者
適格者	父母の一方（民法819条1項）	父母の一方又は第三者 親権と監護権は分離できる
離婚届への記載	必要 （民法765条1項、819条1項）	不要

　なお、未成年者の子がいる場合において、一方が親権者、他方が監護者となった場合であっても、**父母ともに親子関係が消滅することなく、子に対する権利義務（扶養の権利義務や相続法上の権利）は、変更を生じない。**

POINT 2 裁判上の離婚

　夫婦の一方は、①配偶者に不貞な行為があったとき、②配偶者から悪意で遺棄*

---

* **遺棄**（いき）…そのまま放っておくこと。

されたとき、③配偶者の生死が3年以上明らかでないとき、④配偶者が強度の精神病にかかり回復の見込みがないとき、⑤その他婚姻を継続し難い重大な事由があるときに限り、離婚の訴えを提起することができる。

ただし、**これらの事由がある場合でも、裁判所は、一切の事情を考慮して婚姻の継続を相当と認めるときは、離婚の請求を棄却できる**（民法770条）。

POINT 3　婚姻解消の効果

◆婚姻解消の効果

項目		離婚	夫婦の一方の死亡
姻族関係		当然に終了 （民法728条1項）	意思表示により終了 （民法728条2項）
復氏	原則	復氏*する	復氏しない
	例外	離婚後3か月以内に、戸籍法による届出により、離婚の際の氏を称することができる（民法767条2項）	戸籍法による届出により、いつでも、婚姻前の氏に復することができる（民法751条1項）

POINT 4　財産分与

財産分与とは、夫婦が婚姻中に築いた財産を、離婚の際に分配する制度であり、**離婚当事者**の一方は、相手方に対して**財産分与の請求**ができる（民法768条、771条）。ただし、**離婚時から2年経過した場合には請求できない**（民法768条2項但書）。そして、この財産分与にどのような請求を含めることができるか等についてまとめたものが以下の表である。

◆財産分与のポイント

婚姻費用	夫婦の一方が「過当に負担」した婚姻費用の清算のための給付をも財産分与に含めることができる（最判昭53.11.14）。
慰謝料	①財産分与によって、請求者の精神的苦痛がすべて慰謝されたと認められる場合は、重ねて慰謝料請求はできない。 ②財産分与に損害賠償の要素を含めた趣旨とは解せられないか、額及び方法において請求者の精神的苦痛を慰謝するには足りないと認められる場合、別個に慰謝料請求できる（最判昭46.7.23）。
債権者代位権との関係	協議あるいは審判等によって、**具体的内容が形成される前の財産分与請求権を保全**するために、債権者代位権を行使することは**許されない**（最判昭55.7.11）。
詐害行為取消権との関係	財産分与は、分与者がすでに債務超過の状態にあり当該分与により一般債権者に対する共同担保を減少させる結果になるとしても、**特段の事情のない限り、詐害行為取消権の対象とならない**（最判昭58.12.19）。

＊　**復氏**（ふくし）…婚姻や養子縁組により氏（苗字）を改めた者が、以前の氏に戻ること。

1 協議離婚の要件は、離婚意思の合致と届出のみである。

× この内容に加えて、**未成年者の子**がいる場合には、その子の**親権者等を決定**しなければならない（民法765条1項、819条1項）。

2 協議離婚の意思に基づき離婚届を作成したが、当事者の一方が後に翻意し、その旨を相手方に通知したものの届出がされてしまった場合、当該離婚は有効である。

× 合意により離婚届を作成した**当事者の一方が届出当時に翻意**していた場合、離婚は**無効**である（最判昭34.8.7）。

3 父母の婚姻中に出生した未成年の子に対しては、父母の離婚後も、その協議により、共同で親権を行使する旨を定めることができる。

× 離婚後の親権者は父母の**一方のみ**とされ（民法819条1項）、**共同での親権の行使はできない**。

4 協議上の離婚をするときは、監護権は親権の一部であるから、親権者と監護をすべき者とを別人とすることはできない。

× **親権と監護権は分離する**ことができる。

5 未成年者の子がいる場合において、一方が親権者、他方が監護者となった場合であっても、父母ともに親子関係が消滅することなく、子に対する権利義務は、変更を生じない。

○ **本問の記述のとおり**である。例えば、子が死亡してしまった場合、父母ともに子の財産を相続する権利を**有する**ことになる。

6 結婚によって氏を改めた妻は、夫の死亡により婚姻前の氏に復するが、その死亡の日から3か月以内に届け出ることによって、死別の際に称していた夫の氏を続称することができる。

× 婚姻により氏を改めた妻は、**夫の死亡により復氏しない**。なお、戸籍法による**届出**により、**いつでも婚姻前の氏**に復することができる（民法751条1項）。

7 裁判上の離婚が認められるためには、民法に規定される離婚事由の存在が必要であり、この事由がある場合、裁判所は離婚を認めなければならない。

× 　**離婚事由がある場合**であっても、**裁判所は、一切の事情を考慮して婚姻の継続を相当と認めるときは、離婚の請求を棄却できる**（民法770条）。

8 財産分与とは、夫婦が婚姻中に築いた財産を、離婚の際に分配する制度であり、離婚当事者の一方は、相手方に対して財産分与の請求ができる。

○ 　**本問の記述のとおり**である（民法768条、771条）。

9 財産分与は、離婚時から1年を経過した場合には請求できない。

× 　**離婚当事者**の一方は、相手方に対して**財産分与の請求**ができるが（民法768条、771条）、**離婚時から2年経過した場合には請求できない**（民法768条2項但書）。

10 財産分与の内容には、当事者の一方が過当に負担した婚姻費用の清算のための給付を含めることができるが、慰謝料の支払としての損害賠償のための給付を含めることはできない。

× 　**夫婦の一方が過当に負担した婚姻費用の清算のための給付をも財産分与に含めることができる**（最判昭53.11.14）。また、**財産分与に損害賠償の要素を含めること**もできる。

11 財産分与に損害賠償の要素を含めた場合、請求者の精神的苦痛を慰謝するには足りないと認められる場合であっても、別個に慰謝料請求をすることができない。

× 　財産分与に**損害賠償の要素を含めた趣旨とは解せられないか、額及び方法において**請求者の**精神的苦痛を慰謝するには足りない**と認められる場合、**別個に慰謝料請求できる**（最判昭46.7.23）。

STEP 3 過去問にチャレンジ!

問題1   国家専門職（2020年度）

婚姻に関するア〜オの記述のうち、妥当なもののみを全て挙げているのはどれか。

ア　再婚禁止期間内にした婚姻は、女が再婚後に出産したときは、その取消しを請求することができない。

イ　協議上の離婚をした者の一方は、離婚の時から1年以内に限り、相手方に対して財産の分与を請求することができる。

ウ　未成年の子がいる父母が協議上の離婚をするに際して、その一方を親権者と定めた場合には、他の一方がその子の推定相続人となることはない。

エ　離婚によって婚姻前の氏に復した夫又は妻は、離婚の日から3か月以内に戸籍法の定めるところにより届け出ることによって、離婚の際に称していた氏を称することができる。

オ　建物賃借人の内縁の妻は、賃借人が死亡した場合には、その相続人とともに当該建物の共同賃借人となるため、賃貸人に対し、当該建物に引き続き居住する権利を主張することができるとするのが判例である。

1　ア、ウ
2　ア、エ
3　イ、ウ
4　イ、オ
5　エ、オ

➡解答・解説は別冊 P.074

問題2 国家専門職 (2018 年度)

夫婦関係に関する次の記述のうち、妥当なものはどれか。

1 婚姻中、夫婦の一方が、正当な理由なくして同居義務を履行しない場合には、他方は、同居を命ずる審判を求めることができ、同居を命ずる審判が下されると、当該義務が強制履行される。

2 夫婦関係が破たんに瀕している場合になされた夫婦間の贈与契約であっても、権利の濫用に当たらない限り、これを取り消すことができるとするのが判例である。

3 夫婦の一方の死亡後に婚姻が取り消されたときは、婚姻は当該死亡時に取り消されたものとされると一般に解されている。

4 夫婦が法定財産制と異なる契約をしたときは、婚姻の届出の前後にかかわらずその旨の登記をすれば、これを夫婦の承継人及び第三者に対抗することができる。

5 裁判所は、民法第770条第1項第1号から第4号までに規定する具体的離婚原因の事由を認定した場合には、離婚の請求を認めなければならない。

➡解答・解説は別冊P.075

3 親族③（内縁・嫡出子等）

STEP 1 要点を覚えよう！

POINT 1 内縁の意義

内縁とは、実質的には夫婦関係にありながら、婚姻の**届出をしていないために法律上の夫婦とは認められない**男女関係のことである。法律上の夫婦とは認められない以上、法律上の夫婦に認められる**相続権等の権利義務はない**。ただし、その実質面が考慮され、婚姻に準じた取扱いがなされることがある。

POINT 2 内縁者の建物賃借権

上記のとおり、内縁にはその実質面が考慮され、婚姻に準じた取扱いがなされることがあるが、その1つに**内縁者の建物賃借権**の問題がある。

例えば、内縁の夫婦が「夫の建物賃借権」に基づく家屋に住んでいたが、内縁の夫が死亡した場合、**内縁の妻には相続権がないため、当該建物賃借権を相続することができない**。すると、内縁の妻は住まいを失うことになってしまうため、以下のような取扱いがされている。

◆内縁の妻の建物賃借権

賃借人に相続人がいる場合	①相続人が賃借権を相続するが、内縁の妻はこれを援用し、居住する権利を主張することができる（最判昭42.2.21）。 ☞賃借権を相続するわけではないことに注意。 ②賃借権の相続人が、内縁配偶者に対して目的不動産の明渡しを請求することは、**権利の濫用**にあたる（最判昭39.10.13）。
賃借人に相続人がいない場合（借地借家法36条）	建物の賃借人と事実上夫婦又は養親子と同様の関係にあった同居者は、建物の賃借人の権利義務を承継する。 ☞ただし、賃借人の死亡を知った後1か月以内に建物の賃貸人に反対の意思を表示したときは承継しない。 ☞建物の賃貸借関係に基づき生じた債権又は債務は、建物の賃借人の権利義務を承継した者に帰属する（借地借家法36条2項）。

POINT 3 嫡出子

嫡出子（ちゃくしゅつし）とは、婚姻関係にある男女間の子をいう。これは夫婦が婚姻しているか否かで区別され、逆に、**婚姻関係にない男女間の子が非嫡出子**となる。

そして、「嫡出子」のなかでも「推定される嫡出子」（民法772条）と「推定されない嫡出子」という概念があり、**「推定される嫡出子」とは、婚姻中に生まれた**

子のうち「夫の子」である推定が働く嫡出子のことである。

婚姻中の男女に子が生まれたからといって、必ずしも婚姻中の夫の子とは限らない。そこで、「**婚姻中の夫の子**」と推定される**ケース**と、**推定されないケース**が規定されているんだ。

　この**推定**は、**妻が婚姻中に懐胎した子**（民法772条1項）、また、**婚姻成立の日（婚姻の届出の日）から200日後又は婚姻解消若しくは取消しの日から300日以内に生まれた子**に働く（同条2項）。

この推定がされた場合、
夫Aが自分の子ではないと争う
方法が決まっている

夫A　　妻

　そして、この推定が働くか否かで「その子が夫の子ではない」と家庭裁判所に主張する場合の訴えの形式が異なる。

◆「夫の子ではない」と訴える方法

・**推定される嫡出子の場合**
　☞**嫡出否認の訴え**（民法775条）
　　原則として、**父が出生を知った時から1年以内に提起する**＊。

・**推定されない嫡出子の場合**
　☞**親子関係不存在確認の訴え**
　　利害関係人はいつでも提起できる。

・**推定される嫡出子**だが、**妻が夫によって懐胎することが事実上不可能（刑務所に服役中など）である場合**は、**嫡出推定が及ばない**（推定が及ばない嫡出子、最判昭44.5.29、最判平10.8.31、最判平12.3.14）。
　☞**親子関係不存在確認の訴え**
　　利害関係人はいつでも提起できる。

＊　嫡出否認の訴えの提起期間は、2024年4月1日より、1年から3年となり（民法777条）、また、嫡出否認権が父のみではなく、子と母にも認められる法改正が予定されている。

なお判例は、**婚姻成立後200日以内に生まれた**ため前記の民法772条の推定を受けない子（**推定されない嫡出子**）、例えば、内縁の妻が内縁関係の継続中、その夫により懐胎し、適法に婚姻した後に出生した子は、**父の認知なくして当然に嫡出子たる身分を取得する**としている（大連判昭15.1.23）。

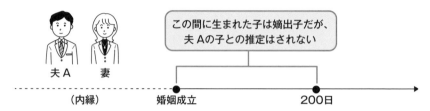

この間に生まれた子は嫡出子だが、夫 A の子との推定はされない

夫 A　妻

（内縁）　　　婚姻成立　　　　　200日

STEP 1

要点を覚えよう！

POINT 4 　非嫡出子と認知の意義

非嫡出子とは、婚姻関係にない男女から生まれた子をいう。**母親は分娩の事実により当然に親子関係が発生する**が（最判昭37.4.27）、法律上の父が定まっていないため、父の相続人となれない、父への扶養請求ができないといった不利益を被る。

この場合、父は意思表示又は裁判により**法律上の親子関係を発生させる制度である認知**をすることで、**法律上の父子関係を発生**させることができる。なお、**認知の効果は、子が出生時に遡及する**（民法784条）。

POINT 5 　任意認知の要件

父が自ら認知をすることを**「任意認知」**といい、**裁判所への認知の訴え**によって認知を求めることを**「強制認知」**というが、任意認知の要件は以下のとおりである。

◆任意認知の要件（民法780条～783条）

父の能力	父に意思能力があれば、認知ができる。 ☞認知者の意思に基づかない届出による認知は、認知者と被認知者との間に血縁上の親子関係があるときでも**無効**（最判昭52.2.14） ☞父が未成年者又は成年被後見人であっても、法定代理人の同意は**不要**（780条）		
承諾	原則	不要	
	例外	①成年の子を認知する場合　☞**子の承諾が必要**（782条） ②胎児を認知する場合　　　☞**母の承諾が必要**（783条1項） ③死亡した子を認知する場合（783条2項*） ☞その子に**直系卑属がいることが必要**であり、かつ、死亡した子の直系卑属が成年者であれば、その者の承諾が必要	

*　法改正により、2024年4月1日より、2項ではなく「3項」となる。

前記の表中③で「直系卑属」がいない場合、死亡した子を認知する法律上のメリット（死亡した子の直系卑属に財産を相続させる）がない。また、「直系卑属」がいる場合、その「直系卑属」に扶養を求めるために認知することがあり、その者の承諾を要するんだ。

　なお、**認知をした父は、その認知を取り消すことができない**が（民法785条）、**子その他の利害関係人は、認知に対して反対の事実を主張することができ**（民法786条）、**認知者はこの「利害関係人」に含まれるため、自らがした認知の無効を主張することができる**（最判平26.1.14）。

　また、認知者は、血縁上の親子関係がないことを知りながら認知をしたときでも、認知の無効を主張できる（最判平26.1.14）。

POINT 6 　認知の方式

（1）生前認知

　生前認知とは、認知者が生きている間に行う認知であり、生前認知は、届出により行われる（民法781条1項）。効力発生時期は届出時（創設的届出）であり、上記のとおり撤回は**できない**（民法785条）。

　なお判例は、**非嫡出子の父が、妻との子としてその子の「出生届」を出した場合、その届出には認知届としての効力が認められる**としている（最判昭53.2.24）。

（2）遺言認知

　遺言認知とは、父の遺言により行われる認知のことである（民法781条2項）。効力発生時期は遺言者の死亡時（届出は**報告的届出**）であり、撤回は遺言の方式に従って行うことが**できる**（民法1022条）。

　遺言は死亡する者の最後の意思を尊重する制度で、原則として、自由に撤回ができるんだよ。

1 内縁とは、実質的には夫婦関係にありながら、婚姻の届出をしていないために法律上の夫婦とは認められない男女関係のことであるが、婚姻に準じた取扱いがなされ、内縁の夫婦には相続権が認められる。

× **内縁の夫婦は**、法律上の夫婦とは認められない以上、**相続権が認められない**。ただし、その実質面が考慮され、一定の範囲で婚姻に準じた取扱いがなされている。

2 住居としていた家屋の賃借人である内縁の夫が死亡した場合において、その夫に相続人がいるときは、内縁の妻はその賃借権を相続人とともに相続し、当該家屋に居住する権利を主張することができる。

× 内縁の夫婦は、法律上の夫婦とは認められない以上、**相続権が認められない**。よって、**当該賃借権を相続することはない**。

3 住居としていた家屋の賃借人である内縁の夫が死亡した場合において、その夫に相続人がいるときは、内縁の妻はその賃借権を援用することで、当該家屋に居住する権利を主張することができる。

○ **本問の記述のとおりである**（最判昭42.2.21）。

4 父が推定される嫡出子に対して父子関係を争う場合、原則として、親子関係不存在確認の訴えによる。

× **父が推定される嫡出子に**対して父子関係を争う場合、原則として、**嫡出否認の訴え**による（民法775条）。

5 判例は、推定される嫡出子ではあるが、妻が夫によって懐胎することが事実上不可能である場合、その子には嫡出推定が及ばないとしている。

○ **本問の記述のとおりである**（最判昭44.5.29など）。

6 婚姻関係にない男女から生まれた子であっても、母親は分娩の事実によって、自らの子であることが明らかであるため、当然に親子関係が発生する。

○ **本問の記述のとおり**である（最判昭37.4.27）。

---

7 成年被後見人である父が子を認知する場合、成年後見人の同意を得なければ、有効な認知ができない。

× **認知は意思能力**があればよく、**成年被後見人であっても単独で行うことができる**（民法780条）。

---

8 認知は遺言によってもすることができるが、その効力は、認知者の死亡時より前に遡ることはない。

× **認知の効果は**、子の**出生時に遡及する**（民法784条）。

---

9 成年である子を認知するためには、その承諾を得ることを要する。

○ **本問の記述のとおり**である（民法782条）。

---

10 父は、胎児である子でも認知することができるが、その場合には、家庭裁判所の許可を得なければならない。

× **胎児**を認知する場合、**母の承諾が必要**となるが（民法783条1項）、**家庭裁判所の許可は不要**である。

---

11 判例は、非嫡出子の父が、妻との子としてその子の出生届を出した場合、出生届の効力はもとより、その届出には認知届としての効力も認められないとしている。

× 判例は、**非嫡出子の父が、妻との子としてその子の「出生届」を出した**場合、**その届出には「認知届」としての効力が認められる**としている（最判昭53.2.24）。

STEP 3 過去問にチャレンジ！

問題 1

国家一般職（2019 年度）

親子に関するア〜オの記述のうち、判例に照らし、妥当なもののみを全て挙げているのはどれか。

ア 嫡出でない子との間の親子関係について、父子関係は父の認知により生ずるが、母子関係は、原則として、母の認知をまたず、分娩の事実により当然発生する。

イ 認知者が、血縁上の父子関係がないことを知りながら、自らの意思に基づいて認知をした後、血縁上の父子関係がないことを理由に当該認知の無効を主張することは、被認知者の地位を不安定にすることから、認められない。

ウ 婚姻前に既に内縁関係にあり、内縁成立後200日を経過している場合であっても、婚姻成立後200日以内に出生した子については、嫡出子としての推定を受けないことから、父が子の嫡出性を争う場合には、嫡出否認の訴えではなく、父子関係不存在確認の訴えによる。

エ 配偶者のある者が未成年者を養子にする場合には、配偶者とともにこれをしなければならないことから、夫婦の一方の意思に基づかない縁組の届出がなされたときには、縁組の意思を有する他方の配偶者と未成年者との間で縁組が有効に成立することはない。

オ 親権者自身が金員を借り受けるに当たり、その貸金債務のために子の所有する不動産に抵当権を設定する行為は、当該借受金をその子の養育費に充当する意図であったとしても、民法第826条にいう利益相反行為に当たる。

1 ア・ウ
2 エ・オ
3 ア・イ・エ
4 ア・ウ・オ
5 イ・ウ・オ

（参考）民法
（利益相反行為）
第826条　親権を行う父又は母とその子との利益が相反する行為については、親権を行う者は、その子のために特別代理人を選任することを家庭裁判所に請求しなければならない。
（第2項略）

→解答・解説は別冊P.076

問題 2

親子に関するア～オの記述のうち、判例に照らし、妥当なもののみを全て挙げているのはどれか。

ア 父母が婚姻前から既に内縁関係にあり、婚姻をした後に出生した子は、婚姻の成立の日から200日以内に出生した場合であっても、父の認知を要することなく、出生と同時に当然に嫡出子たる身分を有する。

イ 妻が子を懐胎した時期に、夫が遠隔地に居住していたなど、嫡出子としての推定を受ける前提を欠く場合であっても、子と夫との間の父子関係の存否を争うときは、親子関係不存在確認の訴えによるのではなく、嫡出否認の訴えによらなければならない。

ウ 嫡出でない子について、血縁上の父から嫡出子としての出生届がされ、それが受理された場合、その出生届には事実に反するところがあるものの、出生した子が自己の子であることを承認し、その旨申告する意思の表示が含まれており、その届は認知届としての効力を有する。

エ 15歳未満の他人の子を実子として届け出た者の代諾によるその子の養子縁組は、代理権を欠く一種の無権代理と解されるから、その子が15歳に達した後にこれを追認した場合は、当初に遡って有効となる。

オ 親権者が、第三者の債務を担保するために、子を代理して子の所有する不動産に抵当権を設定する行為は、親権者自身の利益のためにするものではないが、子に経済的不利益をもたらすものであり、民法第826条にいう利益相反行為に当たる。

1　ア、イ
2　ウ、オ
3　ア、イ、オ
4　ア、ウ、エ
5　ウ、エ、オ

➡解答・解説は別冊 P.077

4 親族④ (養子縁組・利益相反行為等)

STEP 1 要点を覚えよう!

POINT 1 普通養子縁組と特別養子縁組

養子縁組とは、血のつながっていない親子の間において、**法律上、実の親子と同じ関係を成立させる行為**である。養子は嫡出子となる。

そして、この養子縁組には**「普通養子縁組」と「特別養子縁組」**があり、**「特別養子縁組」**とは、養子となる子の**実親(生みの親)との法的な親子関係を解消**し、養親となる者と養子となる子との間に、**実の子と同じ親子関係を結ぶ制度**である。特別養子縁組は、実の親との関係を解消させる点で要件が厳しい。

試験では、**特別養子縁組が問われる**ことが多いよ。分量は多いけれど、以下の表の赤字部分を中心に押さえておこう。

◆特別養子縁組と普通養子縁組の比較 ※( )は民法の条文

項目	特別養子縁組	普通養子縁組
成立方法	①養親となる者の請求 ②家庭裁判所の審判(817条の2第1項) ☞特別養子縁組の成立には、常に家庭裁判所の審判が必要	①縁組意思の合致 ②届出(創設的届出) ☞他人の子を自分たちの嫡出子として届出しても、嫡出親子関係のみならず、養親子関係も生じない(最判昭25.12.28)。子が養子縁組届として追認もできない ③未成年者を養子にする場合は、家庭裁判所の許可が必要 ☞自己又は配偶者の直系卑属を養子とする場合には不要 ④配偶者のある者が縁組をする場合には、配偶者の同意が必要
養親適格	①配偶者のある者(817条の3) ②25歳以上(817条の4) ③夫婦の一方が他方の嫡出子を特別養子とする場合には、夫婦共同縁組は不要(817条の3第2項但書)	①20歳に達した者(792条) ②配偶者のあることは不要 ③配偶者がある者が未成年者を養子とする場合は、原則として、夫婦共同縁組が必要

重要度	国家一般職：★★☆	地方上級：★☆☆	特別区Ⅰ類：★★☆
	国家専門職：★☆☆	裁判所職員：★★★	市役所：★☆☆

	④夫婦の一方が25歳以上ならば、他方は20歳以上でよい（817条の4但書）	☞配偶者の嫡出子を養子とする場合（配偶者の同意は必要）又は配偶者がその意思を表示できない場合は、単独での縁組可能
養子適格	原則：15歳未満（審判の申立時。817条の5第1項前段） 例外：15歳以上でも可能（817条の5第2項） ①15歳に達する前から養親候補者から引き続き養育を受け、かつ、 ②やむをえない事由により15歳までに請求がない場合 ↓ ただし、審判確定時に18歳に達している者は、縁組ができない（817条の5第1項後段）	①養親より年長でないこと ☞つまり、自分より1日でも年上の者を養子にはできない ②養親の尊属ではないこと
実父母の同意	原則：必要（817条の6本文） 例外：以下の場合は不要 ①実父母が意思表示できない場合 ②養子となる者の利益を著しく害する事由がある場合（817条の6但書）	15歳未満の養子については、法定代理人による代諾＊ができる（797条） ☞非代諾権者が代諾縁組をした場合でも、養子が15歳に達したときは、養子は養子縁組を有効に追認できる（最判昭27.10.3）
成立要件	実父母による監護が著しく困難又は不適当であること、その他特別の事情がある場合において、子の利益のため特に必要がある（817条の7）	なし
試験養育期間	請求時から6か月以上の期間監護した状況を考慮（817条の8第1項） ☞請求前の監護の状況が明らかであるときはこの限りではない（同条2項）	不要
実親との関係	原則：終了（817条の9本文） 例外：夫婦の一方が他方の嫡出子を養子とする場合には、夫婦の一方（実親）及びその血族との親族関係は終了しない（817条の9但書）	継続
離縁の方式	家庭裁判所の審判（817条の10） ☞特別養子縁組の離縁には、常に家庭裁判所の審判が必要	協議（811条）・調停・審判・裁判（814条）

＊　代諾（だいだく）…本人に代わって、代理人等が承諾を行うこと。

離縁の要件	①養子の利益を著しく害する事由があること、かつ、②実父母が相当の監護をすることができること（817条の10第1項）	裁判の場合は814条
離縁請求権者	養子・実父母・検察官（817条の10）	原則：当事者双方 例外：養子が15歳未満の場合、離縁後に養子の法定代理人となる者（811条2項、815条）
離縁の効果	養子と実父母及びその血族との間に、特別養子縁組によって終了した親族関係と同一の親族関係を生ずる（817条の11） ☞つまり、特別養子縁組によって終了した親族関係が復活するということである	①養親子の親族関係の終了 ☞養子が未成年者の場合は、実親の親権が復活 ②原則として、復氏する（816条1項本文） 例外：縁組の日から7年を経過した後に離縁して縁組前の氏に復した者で、離縁の日から3か月以内に届出をした者又は配偶者と共に養子をした養親の一方のみと離縁した場合、離縁の際に称していた氏を称することができる（816条1項但書、2項）

STEP 1

要点を覚えよう！

なお、**養親の死亡**により、**養子と養親の血族との血族関係**について、**これを終了させる規定は存在しない**。また、養子と、養親及びその血族との間においては、養子縁組によって法定血族関係が生じるが（民法727条）、それ以外の関係では、養子縁組によっても法定血族関係は生じないので、養子縁組以前に出生している養子の直系卑属（子）と、養親との間には法定血族関係は生じない。

POINT 2 　親権者の利益相反行為

　法律上の父母は、未成年の子に対して親権を有する（民法818条）。これは未成年者の子の財産管理や健全な育成のために行使され、その内容は広範にわたる。

　しかし、**親権を行う父又は母と、その子との利益が相反する行為**については、親権を行う者は、その子のために**特別代理人を選任することを家庭裁判所に請求**しなければならない（民法826条1項）。また、親権を行う者が**数人の子に対して親権**を行う場合において、**その1人と他の子との利益が相反する行為**についても同様である（同条2項）。

　ここで問題となるのは、**何をもって「利益相反行為」**となるのかの判断基準である。この点について判例は、親権者が子を代理して行った**行為自体を外形的・客観的に考察して判断**すべきであって、**親権者の動機・意図をもって裁判すべきではない**とする（最判昭42.4.18）。

つまり、親の意図は抜きにして、**形式的に「親」と「子」の利益が対立するか否かだけ**で判断すると考えよう。

◆親権者の利益相反行為となるかの具体例

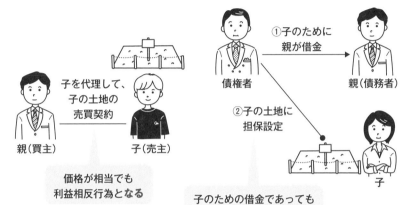

子を代理して、子の土地の売買契約

親（買主）　　子（売主）

価格が相当でも利益相反行為となる

①子のために親が借金

債権者　　親（債務者）

②子の土地に担保設定

子

子のための借金であっても利益相反行為となる

　また、判例は、**親権者が子を代理する権限を濫用して利益相反行為に当たらない法律行為**をした場合、利益相反行為ではない以上、特段の事情がない限り、代理権の濫用に当たらないとしつつ、その行為の**相手方が濫用の事実を知り又は知ることができた**ときは、民法93条1項但書の規定の「類推適用」により、その行為の効果は子に及ばないとしたが（最判平4.12.10）、現在は改正により民法107条が適用される。

POINT 3　扶養義務

　扶養義務とは、一定範囲内の**親族が相互に負っている生活保障の義務**である。

◆扶養義務の発生（民法877条、878条）

親族の範囲	義務を負う場合
直系血族・兄弟姉妹	**当然に扶養義務あり（877条1項）** ☞扶養義務を負う者が複数人いる場合の扶養すべき者の順序は ①当事者間の協議で定め、 ②協議が調わないときは家庭裁判所が定める（878条）
上記以外の3親等内の親族	特別の事情がある場合に、家庭裁判所の審判により義務を負う（877条2項）

1 養子縁組には、普通養子縁組と特別養子縁組があり、特別養子縁組とは、養子となる子の実親（生みの親）との法的な親子関係を解消し、養親となる者と養子となる子との間に、実の子と同じ親子関係を結ぶ制度である。

○　本問の記述のとおりである。

2 特別養子縁組は、戸籍法の定めるところにより、これを届け出ることによって、その効力を生じる。

×　**特別養子縁組は、家庭裁判所の審判によって効力が生じる。**普通養子縁組のように、当事者間の協議や届出のみで生じるもの**ではない。**

3 特別養子縁組において養親となる者は、配偶者のある者でなければならない。

○　**特別養子縁組の養親となる者は、配偶者のある者でなければならない**（民法817条の3）。

4 特別養子となる者が15歳に達している場合であっても、その子を特別養子とすることができる場合がある。

○　①**15歳に達する前**から養親候補者が**引き続き養育を**しており、かつ、②**やむをえない事由**により15歳までに請求がない場合、養子となる者が15歳以上でも特別養子となることができる（民法817条の5第2項）。

5 特別養子縁組における実父母は、何らかの問題があった者であるため、離縁を家庭裁判所に請求できる者には含まれていない。

×　**特別養子縁組の離縁の請求権者は、養子、実父母、検察官である**（民法817条の10第1項柱書）。

6 特別養子と実父母の親族関係は、特別養子と養親との離縁があっても、再び生じることはない。

× **特別養子縁組の離縁**があった場合、養子と実父母及びその血族との間に、特別養子縁組によって**終了した親族関係と同一の親族関係を生ずる**（民法817条の11）。つまり、**特別養子縁組によって終了した親子関係が復活する。**

---

7 養子の利益を著しく害する行為があった場合、当事者の協議等によって、特別養子縁組の離縁ができる場合がある。

× **特別養子縁組の離縁には、常に家庭裁判所の審判が必要**となる（民法817条の10）。つまり、成立と離縁の双方について、必ず家庭裁判所の審判が必要となる。

---

8 親権者と未成年の子との間で、子所有の不動産の売買を行うことは、その価格が相当である場合は、利益相反行為に該当しない。

× **親権者と子の間の売買**は、たとえ**価格が相当**であったとしても、**利益相反行為に該当する。**

---

9 親権者が子の養育費にあてるため、自己の名義で第三者から金銭を借り受け、その債務を担保するため、子を代理して子の所有不動産上に抵当権を設定する行為は、利益相反行為に該当しない。

× **利益相反行為に該当するか否かは、親権者の主観は考慮されず、外形的に判断**される。よって、**親権者が「自己の名義」で金銭を借り入れ、**その債務を担保するために「**子の所有する不動産」に抵当権を設定**する行為は、**利益相反行為に該当する。**

STEP 3 過去問にチャレンジ！

特別区 I 類（2021年度）

問題 1

民法に規定する特別養子縁組に関する記述として、妥当なものはどれか。

1 家庭裁判所は、養親となる者又は養子となる者の請求により、実方の血族との親族関係が終了する、特別養子縁組を成立させることができる。

2 養親となる者は、配偶者のある者であることは要しないが、25歳に達していなければならない。

3 特別養子縁組が成立するまでに18歳に達した者は、養子となることができない。

4 特別養子縁組の成立には、養子となる者の父母がその意思を表示することができない場合に限り、父母の同意を要しない。

5 家庭裁判所は、養親、養子又は検察官の請求により、特別養子縁組の当事者を離縁させることができるが、実父母の請求により離縁させることはできない。

➡解答・解説は別冊 P.078

問題 2

特別区 I 類（2015年度）

民法に規定する特別養子縁組に関するA～Dの記述のうち、妥当なものを選んだ組み合わせはどれか。

A 特別養子縁組は、原則として家庭裁判所の審判により成立するが、実父母が相当の監護をすることができない場合は、養親となる者と養子となる者の法定代理人との協議によりすることができる。

B 特別養子縁組の養親となる者は、配偶者のある者で、年齢は25歳に達していなければならないが、養親となる夫婦の一方が25歳に達していない場合も、その者が20歳に達しているときは養親になることができる。

C 特別養子縁組は、養子、実父母又は検察官の請求による家庭裁判所の審判によってのみ当事者を離縁させることができ、当事者の協議による離縁はすることができない。

D 特別養子縁組は、養子と実父母及びその血族との親族関係を終了させ、当該縁

組が離縁となった場合でも、特別養子縁組によって終了した親族関係と同一の親族関係は生じない。

1　A・B
2　A・C
3　A・D
4　B・C
5　B・D

➡解答・解説は別冊 P.078

問題3　　　　　　　　　　　　　　　　　　国家一般職（2015年度）

特別養子縁組に関する次の記述のうち、妥当なものはどれか。

1　特別養子縁組は、原則として家庭裁判所の審判によって成立するが、一定の要件を満たせば、父母又は未成年後見人と養親となる者との合意のみによって成立する。

2　特別養子縁組において養親となる者は、配偶者のある者でなければならない。

3　特別養子縁組における養子の年齢は18歳未満とされており、18歳以上の者を養子とするには、家庭裁判所の許可を得なければならない。

4　特別養子縁組により養子と養親及び養親の親族との間に法定血族関係が発生するが、原則として実方との親族関係も引き続き存続する。

5　特別養子縁組については、家庭裁判所がその成立に厳格に関与することから、縁組の無効・取消しは制度上想定されておらず、離縁を認める規定も存在しない。

➡解答・解説は別冊 P.079

SECTION **5** 相続①（総論・相続の承認等）

STEP 1 要点を覚えよう！

POINT 1 相続の開始

相続とは、ある人（被相続人）が死亡したときに、その人の権利や義務を特定の人（相続人）が引き継ぐことをいう（民法896条本文）。相続は被相続人の死亡によって開始する（民法882条）。ここにいう死亡とは、①**自然死亡**（認定死亡も含む）と、②**失踪宣告**（普通失踪、特別失踪）**による擬制*的死亡**の2つを意味する。

> 相続財産の**管理に関する費用**（相続人の**過失**によるものを**除く**）は、**相続財産の中から支弁**することになっているよ（民法885条）。

POINT 2 相続人とその順位

相続が開始された場合、**誰が相続人となるのか**、その優先順位が問題となる。これらが遺言等で定められていない場合について、民法は明確に規定しており、これを**法定相続人**という。

◆法定相続人と相続の順位（民法886条～890条）

常に相続人となる		配偶者
血族	第1順位	子（胎児は含まれるが、生きて生まれることが条件）
	第2順位	直系尊属
	第3順位	兄弟姉妹

法定相続人について、被相続人に配偶者がいる場合、**配偶者は、常に相続人となる**権利を有する（民法890条前段）。ただし、すでに離婚した配偶者や内縁の配偶者は含まれない。

そして、このうえで「**配偶者と、最も順位が高い者のみ**」が相続人となる。「最も順位が高い者」は数人いてもよいが、「配偶者」と「第1順位の者」と「第2順位の者」が法定相続人になることはない。

例えば、夫と妻、子と祖父がいた場合において夫が死亡した場合、相続人となるのは**配偶者である妻**と、**第1順位の子**までとなる。

POINT 3 代襲相続
（だいしゅうそうぞく）

代襲相続とは、相続の開始によって、**相続人となる地位を有する者が一定の事**

---

* **擬制（ぎせい）**…本当は異なる事がらを法律上は同一のものとみなすこと。それにより、同一の法律的効果を与えることを目的とする。

由によって相続人となれない場合、その者の子が代わって相続人となる制度である（民法887条2項本文）。

◆代襲相続のイメージ

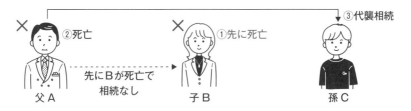

先にBが死亡で相続なし

父A　②死亡　　子B　①先に死亡　　③代襲相続　孫C

　そして、**代襲相続は、被相続人の「子」、又は「兄弟姉妹」の相続権の喪失の場合にのみ発生する**。上の図では、被相続人である祖父Aの子Bが先に死亡しているため、代襲相続が発生し、Bの子であるCがAを相続する。

　本来は相続人となるはずだった子が先に死亡するなどして相続権を喪失した場合、相続権を喪失した者の子が相続するということである。この「相続権の喪失」は代襲原因といわれ、以下のケースに限定されている。

◆**代襲原因（民法887条3項）**　☞「**相続放棄」は代襲原因とはならない。**

①相続開始以前の死亡（同時死亡を含む）
②**相続欠格**事由に該当
③**廃除**

　上記②の**相続欠格**とは、本来相続人となるべき者が一定の不正行為を行うことによって法律上当然に相続資格を失うことをいう（民法891条）。

　これと似たような制度である上記③の**廃除**とは、相続人に虐待を加えるなどをした者が、**相続人の請求**によって**相続権を喪失**する制度である。これらに該当した者は相続権を失うが、「**その子」は代襲相続できる**ということである。

　ここで注意点として、やはり相続権を失う制度として「相続放棄」があるが、**相続放棄が行われた場合、相続放棄をした者の子に代襲相続は発生しない**。

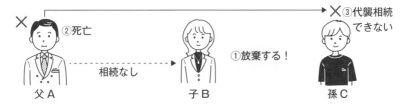

②死亡　　　　　①放棄する！　　　③代襲相続
　　　　　　　　　　　　　　　　　できない

父A　相続なし　　子B　　　　　　　孫C

　なお、**被代襲者が「被相続人の子」である場合**において、**代襲相続人も相続権を喪失**していれば、**さらにその子が代襲相続できる（再代襲）**。

　しかし、被代襲者が「**被相続人の兄弟姉妹**」である場合、**再代襲は認められない**（民法889条2項が887条3項を準用していない）。

◆再代襲の可否

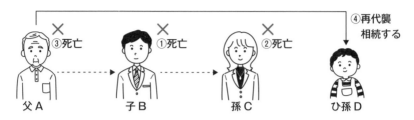

父 A　③死亡　×　子 B　①死亡　×　孫 C　②死亡　×　④再代襲相続する　ひ孫 D

POINT 4　相続欠格と欠格事由

　先述のとおり、**相続欠格**とは、本来相続人となるべき者が**一定の不正行為**を行うことによって**法律上当然に相続資格を失う**ことをいう（民法891条）。相続の欠格事由には、以下のものがある。

◆相続の欠格事由

①故意に被相続人又は相続について先順位若しくは同順位にある者を**死亡する**に至らせ、又は至らせようとしたために、**刑に処せられた者**（1号）
②被相続人の殺害されたことを知って、これを告発せず、又は告訴しなかった者。ただし、その者に是非の弁別がないとき、又は殺害者が自己の配偶者若しくは直系血族であったときは、除外される（2号）
③詐欺又は強迫によって、被相続人の相続に関する遺言の作成・撤回・取消し・変更を妨げた者（3号）
④詐欺又は強迫によって、被相続人に相続に関する遺言をさせ、又はその撤回、取消し、変更をさせた者（4号）
⑤相続に関する被相続人の遺言書を偽造・変造・破棄・隠匿した者（5号）
　☞相続人が相続に関する**被相続人の遺言書を破棄又は隠匿**した場合において、**相続人に不当な利益を目的とするものでなかったとき**は、当該相続人は「相続に関する被相続人の遺言書を偽造し、変造し、破棄し、又は隠匿した者」には**あたらない**（最判平9.1.28）。

POINT 5　相続の承認と放棄

　相続の**「放棄」**とは、相続人が被相続人の権利や義務を**一切受け継がない**ことである。他方、**相続の「承認」**には、相続人が被相続人の権利義務を**すべて受け継ぐ「単純承認」**と、被相続人の債務がどの程度あるか不明であり、財産が残る可能性も、債務が上回る可能性もある場合において、相続人が**相続によって得た財産の限度**で、被相続人の**債務の負担を受け継ぐ「限定承認」**がある。このうち**相続の「放棄」と「限定承認」**を行うには、**家庭裁判所への申述***が必要となる。
　また、相続人となるものが、相続財産を処分してしまうなど一定の行為をしてしまうと、単純承認をしたものとみなされる**「法定単純承認」**という制度もある。

*　**申述**（しんじゅつ）…申し述べること。相続の放棄と限定承認を行うには、家庭裁判所への申述という手続きが必要となる。

◆相続の承認と放棄の概観

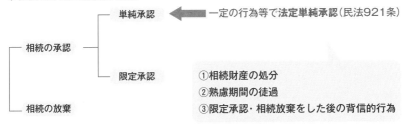

相続の承認と放棄の概観：
- 相続の承認
  - 単純承認 ◀━━ 一定の行為等で**法定単純承認**（民法921条）
  - 限定承認
- 相続の放棄

①相続財産の処分
②熟慮期間の徒過
③限定承認・相続放棄をした後の背信的行為

相続の「放棄」「単純承認」「限定承認」は、相続開始後にしか行うことができず、「自己のために相続の開始があったことを知った時」から3か月以内に限定承認又は相続の放棄をしなければ、単純承認したものとみなされる（民法921条2号）。この3か月間の期間を熟慮期間という。

「自己のために相続の開始があったことを知った時」とは、①相続開始原因たる事実（被相続人の死亡）の発生を知り、かつ、②それにより自分が相続人となったことを知ることとされる。

相続の承認及び放棄は、一度行ってしまうと、**熟慮期間中であっても撤回する**ことができない（民法919条1項）。なお、熟慮期間は、**利害関係人**又は**検察官**の請求に基づき、家庭裁判所が伸長することもできる（民法915条1項但書）。

> 共同相続人がいる場合の「限定承認」は、全員で行わなければならない。1人でも反対する人がいたら、限定承認できないということだよ。

◆相続の承認、放棄、限定承認の比較

項目	相続の承認	相続放棄	限定承認
共同相続人がいる場合、各相続人ができるか	できる	できる	できない（全員で行う）
家庭裁判所への申述が必要か	不要	必要（民法938条）	必要（民法924条）
財産管理上の注意義務	－	自己の財産におけるのと同一の注意義務（民法940条1項）	固有財産におけると同一の注意義務（民法926条1項）
債務を承継するか	する	しない	限定的にする
相続債務について個人財産での責任を負うか	負う	負わない	負わない

1 すべて相続財産の管理に関する費用は、相続財産の中から支弁する。

× **相続財産の管理に関する費用**（相続人の過失によるものを除く）は、**相続財産の中から支弁する**こととされている（民法885条）。

2 法定相続人について、被相続人に配偶者がいる場合、配偶者は、常に相続人となる権利を有し、すでに離婚した配偶者や内縁の配偶者も含まれる。

× 法定相続人について、被相続人に配偶者がいる場合、**配偶者は、常に相続人となる**権利を有する（民法890条前段）。ただし、すでに**離婚した配偶者や内縁の配偶者は含まれない**。

3 配偶者を除いた法定相続人の順位は、第1順位が子、第2順位が兄弟姉妹、第3順位が直系尊属である。

× 第1順位が**子**、第2順位が**直系尊属**、第3順位が**兄弟姉妹**である（民法887条、889条）。

4 被相続人の子が相続開始以前に死亡したときは、その者の子がこれを代襲して相続人となるが、さらに代襲者も死亡していたときは、代襲者の子が相続人となることはない。

× 代襲者が代襲相続権を失った場合も、**再代襲として代襲者の子がさらに代襲して相続人となる**（民法887条3項）。

5 被相続人に相続人となる子及びその代襲相続人がおらず、被相続人の直系尊属が相続人となる場合には、被相続人の兄弟姉妹は相続人とならない。

〇 被相続人に、法定相続人の第1順位の子がいない場合は、第2順位の**直系尊属**が相続人となる。この場合、第3順位の兄弟姉妹は相続人とならない。

6 限定承認の取消し又は相続の放棄を行うには、家庭裁判所への申述が必要となる。

〇 **本問の記述のとおりである**（民法919条4項、938条）。

7 相続人の兄弟姉妹が相続人となるべき場合であっても、相続開始以前に兄弟姉妹及びその子がいずれも死亡していたときは、その者の子（兄弟姉妹の孫）が相続人となることはない。

〇 **兄弟姉妹**については、**再代襲相続は認められない**（民法889条2項は、887条3項を準用していない）。

---

8 相続に関する被相続人の遺言書を破棄した者であっても、当該破棄が相続に関して不当な利益を得ることを目的としたものでなかったときは、相続人になることができる。

〇 判例は、相続人が相続に関する被相続人の遺言書を破棄又は隠匿した場合において、相続人の当該行為が相続に関して**不当な利益を目的とするもの**でなかったときは、当該相続人は「相続に関する被相続人の遺言書を偽造し、変造し、破棄し、又は隠匿した者」には**あたらない**としている（最判平9.1.28）。

---

9 相続の承認又は放棄は、相続が開始した時点から起算して3か月以内にしなければならない。

✕ 「自己のために**相続の開始**があったことを**知った時**」から**3か月**以内である（民法915条1項）。

---

10 共同相続において、相続人の1人が単純承認をして、もう1人が限定承認をすることもできる。

✕ **共同相続人がいる場合の限定承認**は、共同相続人が全員で行うべきものとされている（民法923条）。

---

11 相続の承認及び放棄を行った後であっても、熟慮期間中であれば撤回することができる。

✕ 相続の承認及び放棄は、一度行ってしまうと、**熟慮期間中であっても撤回することができない**（民法919条1項）。

STEP 3 過去問にチャレンジ！

問題1

民法に規定する相続に関する記述として、妥当なものはどれか。

1 被相続人の子が、相続開始以前に死亡したとき、又は相続の放棄若しくは廃除によって、その相続権を失ったときは、その者の子が代襲して相続人となる。

2 相続財産の管理に関する費用は、相続人の過失により生じさせた費用も含めて相続人全体の負担となり、その相続財産の中から支弁しなければならない。

3 相続人は、自己のために相続の開始があったことを知った時から3箇月以内に、単純又は限定の承認をしなかったときは、相続を放棄したものとみなす。

4 相続の承認は、自己のために相続の開始があったことを知った時から3箇月以内であれば、撤回することができる。

5 相続人が数人あるときは、限定承認は、共同相続人の全員が共同してのみこれをすることができる。

➡解答・解説は別冊P.080

問題 2

相続の放棄に関するア～エの記述のうち、妥当なもののみを全て挙げているのはどれか。

ア 相続の放棄をしようとする者は、相続の開始前においては、その旨を家庭裁判所に申述しなければならないが、相続の開始後においては、その意思を外部に表示するだけで足りる。

イ 相続の放棄をした者は、その放棄によって相続人となった者が相続財産の管理を始めることができるまで、善良な管理者の注意をもって、その財産の管理を継続しなければならない。

ウ 被相続人の子が相続の放棄をしたときは、その者の子がこれを代襲して相続人となることはない。

エ 一旦行った相続の放棄は、自己のために相続の開始があったことを知った時から3か月以内であっても、撤回することができない。

1 ア・イ
2 ア・ウ
3 イ・ウ
4 イ・エ
5 ウ・エ

➡解答・解説は別冊 P.080

問題3　　　　　　　　　　　　　　　　　　　　　　国家一般職（2016年度）

相続に関するア～オの記述のうち、妥当なもののみを全て挙げているのはどれか。
ただし、争いのあるものは判例の見解による。

ア　被相続人の子が、相続の開始以前に死亡した場合、又は相続を放棄した場合には、被相続人の子の配偶者及び被相続人の子の子は、被相続人の子を代襲して相続人となることができる。

イ　相続人が相続に関する被相続人の遺言書を破棄又は隠匿した場合において、相続人の当該行為が相続に関して不当な利益を目的とするものでなかったとしても、当該相続人は、民法第891条第5号所定の相続欠格者に当たる。

ウ　相続人は、自己のために相続の開始があったことを知った時から3か月以内であれば、一度した相続の承認及び放棄を撤回することができる。

エ　相続人は、遺産の分割までの間は、相続開始時に存した金銭を相続財産として保管している他の相続人に対し、自己の相続分に相当する金銭の支払を請求することはできない。

オ　共同相続人間において遺産分割協議が成立した場合に、相続人の一人が他の相続人に対して当該遺産分割協議において負担した債務を履行しないときであっても、他の相続人は民法第541条によって当該遺産分割協議を解除することができない。

1　ア・ウ
2　ア・オ
3　イ・ウ
4　イ・エ
5　エ・オ

（参考）民法（履行遅滞等による解除権）
第541条　当事者の一方がその債務を履行しない場合において、相手方が相当の期間を定めてその履行の催告をし、その期間内に履行がないときは、相手方は、契約の解除をすることができる。
（相続人の欠格事由）
第891条　次に掲げる者は、相続人となることができない。（第1号～第4号略）五相続に関する被相続人の遺言書を偽造し、変造し、破棄し、又は隠匿した者

→解答・解説は別冊P.081

問題 4　　　　　　　　　　　　　　　　　　　　　国家一般職（2012 年度）

相続に関するア～オの記述のうち妥当なもののみを全て挙げているのはどれか。

ア　Aには配偶者B及びAとBの子Cがいる。Cにはその子DがおりDにはその子
Eがいる。Aが死亡したがAが死亡した当時C及びDも既に死亡していた場合
はAの相続人はBのみである。

イ　Aには配偶者B、Aの弟であるC及びDがいる。AとBの間には子はなくAの
両親は既に死亡している。Cにはその子EがおりEにはその子Fがいる。Aが
死亡したがAが死亡した当時C及びEも既に死亡していた場合はAの相続人
はB及びDである。

ウ　Aには配偶者B及びAとBの子CがおりCにはその子Dがいる。CはAに対し
て虐待を行ったのでAはCに対する廃除の請求を家庭裁判所に対して行い廃除
の審判が確定している。Aが死亡したがAが死亡した当時Cも既に死亡してい
た場合はAの相続人はB及びDである。

エ　Aには配偶者BがおりAとBの間には子C及びDがいる。Dにはその子Eがい
る。Aが死亡したがDはAの相続を放棄した。この場合はAの相続人はBC及
びEである。

オ　Aには配偶者B及びAとBの子Cがいる。AはDとDを子とする養子縁組をし
ておりDにはこの養子縁組前に出生していた子Eがいる。Aが死亡したがAが
死亡した当時Dも既に死亡していた場合はAの相続人はBC及びEである。

1　ア・イ
2　ア・オ
3　イ・ウ
4　ウ・エ
5　エ・オ

➡解答・解説は別冊 P.082

6 相続②（共同相続・遺言）

STEP 1 要点を覚えよう！

POINT 1　共同相続の効力

　共同相続とは、**複数の相続人が遺産を相続し、共有**している状態のことである。共同相続が発生した場合、その後に相続人間で遺産分割協議がなされる可能性もあることから、相続の開始後、遺産分割前の各相続人の権利義務がどうなるのかが問題となる。これは相続するものによって取扱いが異なる。

◆共同相続における権利義務の承継

相続するもの	内容
①可分債権*	各共同相続人の相続分の割合に応じて当然に分割される（最判昭29.4.8、最判昭34.6.19）。
②金銭（現金）	金銭を保管する共同相続人の1人に対して、他の共同相続人は、遺産分割前に自己の相続分に相当する金銭の支払いを求めることはできない（最判平4.4.10）。
③預貯金債権	分割承継はされず、遺産分割の対象となる（最大決平28.12.19）。 なお、各相続人は、遺産に属する預貯金債権のうち、その相続開始時の債権額の3分の1に当該払戻しを求める共同相続人の法定相続分を乗じた額については、単独で権利行使することができる（民法909条の2）。
④連帯債務	各共同相続人は相続分の割合に応じて債務を承継し、その範囲内で、本来の連帯債務者とともに連帯債務を負う（最判昭34.6.19）。
⑤遺産である賃貸不動産の賃料債権	相続開始後、遺産分割までに生じた賃料債権は、各共同相続人が各相続分に応じて分割債権として確定的に取得する（最判平17.9.8）。

　上記①のように、原則として、分割できる債権は相続により、相続分に従って**当然に分割される**が、上記②のように、**金銭（現金）を保管する共同相続人に対して請求することはできない**し、上記③の金融機関に対する預貯金債権も分割承継**されない**とされている。

　他方、上記⑤のように**賃料債権は、分割されて取得する**とされているので、これらの違いに注意しておくこと。

＊　**可分債権**…金銭債権など、複数に分けることのできる債権。この一方、車の引渡債権など、分割できない債権を不可分債権という。

POINT 2 相続による権利承継の対抗要件

相続による権利の承継は、**法定相続分を超える部分**については、**登記・登録**その他の対抗要件を備えなければ、**第三者に対抗することができない**（民法899条の2第1項）。

なお、例えば、不動産を共同相続し、共同相続人との共有状態が生じた場合、相続の開始後、「**遺産分割前**」であってもその持分を譲渡することができる（最判昭38.2.22）。これは、民法909条が「遺産の分割は、相続開始の時にさかのぼってその効力を生ずる。ただし、第三者の権利を害することはできない」として、「**遺産分割前**」の第三者の保護を図っていることも理由となる。

POINT 3 遺言と遺言能力

遺言とは、被相続人（遺言者）が自分の財産について、誰に何を相続させるか、最終の意思表示をするものである。

遺言には、民法総則の制限行為能力者に関する規定の適用はなく（民法962条）、**未成年者は、満15歳になれば単独で有効に遺言をすることができ**（民法961条）、**成年被後見人も、事理を弁識する能力を一時回復していれば、2人以上の医師の立会いの下で、有効に遺言をすることができる**（民法973条1項）。

POINT 4 遺言の方式

遺言は、法律で定められた方式に則って行う必要があり、遺言書を作成しても、定められた方式と異なるときは、原則として、無効となる（民法967条本文）。そして、遺言には、**自筆証書遺言、公正証書遺言、秘密証書遺言の3つの方式**があるので、それぞれ確認していく。

◆**自筆証書遺言（民法968条）の方式と内容等**

方式	・遺言者が遺言書の全文・日付及び氏名を自書*し、これに押印することによって成立する。 ☞自書を要求するのは、筆跡から本人が書いたものかどうかを判定するためである。よって、ワープロの使用は自書とは認められないが、カーボン紙による複写によって記載された場合は有効（最判平5.10.19）。 ・自筆証書遺言にこれと一体のものとして相続財産の全部又は一部の「目録を添付」する場合、目録の自筆は要しない。ただし、この場合の遺言書は、目録のページごとに署名・押印しなければならない。 ☞本文全文の自筆を要求するのは、遺言の内容が本人の真意に基づくものであることを担保するためのものであるから、**本文に押印がなくても、本文が自筆されており、遺言を入れた封筒に押印があれば、有効とされる**（最判平6.6.24）。

---

*　**自書（じしょ）**…自らの手で書くこと。

長所	・手軽に作成できる。 ・遺言の存在自体を秘密にできる。
備考	・遺言書保管官により保管された自筆証書遺言については、家庭裁判所の検認＊は不要（遺言書保管法11条）。 ・上記以外の自筆証書は、家庭裁判所の検認が必要（民法1004条）。 ・作成日付は確定できればよく、「還暦の日」という記載は有効だが、「令和〇年〇月吉日」という記載は無効（最判昭54.5.31）。

◆公正証書遺言（民法969条）の方式と内容等

方式	①2人以上の証人の立会いを得て、 ②遺言者が公証人に遺言の趣旨を口授し、 ③公証人がこれを筆記して遺言者及び証人に読み聞かせ又は閲覧させ、 ④遺言者及び証人が筆記の正確なことを承認した後、各自これに署名押印し、 ⑤公証人が方式に従って作成された旨を付記して署名押印することによって成立する。
長所	・家庭裁判所の検認が不要である。 ・公証人が関与するため、効力が問題（破棄や偽造等）となる危険性が少ない。
備考	遺言者が署名することができないときには、公証人がその事由を付記し、署名に代えることができる。

◆秘密証書遺言（民法970条）の方式と内容等

方式	①遺言者が遺言書に署名押印し、 ②その証書を封じて証書に用いた印章で封印し、 ③公証人1人及び証人2人以上の前に封書を提出し、自分の遺言書であること、自らの氏名・住所を申述し、 ④公証人がその遺言書を提出した日付及び遺言者の申述を封紙に記載し、遺言者・証人・公証人がこれに署名押印することによって成立する。
長所	・遺言の存在は明らかにしながら、内容は秘密にして遺言書を保管することができる。
備考	秘密証書遺言としての要件を欠いていても、自筆証書遺言としての要件を具備していれば、自筆証書遺言となる（民法971条、無効行為の転換）。

　遺言の解釈に当たっては、遺言書の文言を形式的に判断するだけでなく、遺言者の真意を探究し当該条項の趣旨を確定すべきとされる（最判昭58.3.18）。例えば、「相続させる」旨の遺言があった場合には、特段の事情のない限り、何らの行

＊　**検認（けんにん）**…遺言書について、家庭裁判所が偽造等を防ぐために行う調査手続。なお、検認がされなかったとしても遺言は無効とはならない。

為を要せずして、被相続人死亡時に直ちにその遺産はその相続人に相続により承継されるとされている（最判平3.4.19）。

なお、**公正証書遺言と秘密証書遺言では、遺言書の作成には、証人又は立会人の関与が必要**となるが、証人・立会人になれない者は民法974条、982条で規定されており、**成年被後見人、被保佐人、遺言執行者は、直ちに証人欠格者とはならない**。

POINT 5 　遺言の効力発生時期と撤回

遺言の成立時期は、遺言書の作成時だが、**遺言は遺言者の死亡の時から効力を生じる**（民法985条1項）。ただし、**遺言に停止条件を付した場合**において、その**条件が遺言者の死亡後に成就**したときは、遺言は、条件が**成就**した時からその効力を生ずる（同条2項）。

また、**遺言者は、いつでも遺言の方式に従って、遺言の全部又は一部を自由に撤回することができる**（民法1022条）。なお、**撤回権をあらかじめ放棄することはできない**（民法1026条）。これらは遺言者の最終意思を尊重する意図である。

POINT 6 　遺言執行者

遺言執行者とは、遺言の内容を実現するため、**遺言の執行に必要な一切の行為をする権利義務を有する者**である（民法1012条1項）。**遺言者は、遺言で、1人又は数人の遺言執行者を指定し、又はその指定を第三者に委託**することができる（民法1006条1項）。**未成年者及び破産者は、遺言執行者となることができない**（民法1009条）。

また、遺言執行者は、**遺言に別段の意思表示がない限り、自己の責任で復任できる**（民法1016条）。なお、**遺言執行者は、正当な事由**があるときは、**家庭裁判所の許可を得て、辞任**することができる（民法1019条2項）。

POINT 7 　遺贈の承認・放棄

遺贈とは、ここまで確認してきた被相続人の**遺言に則って、その遺産を譲ることである**。この**遺贈の承認及び放棄は、撤回できない**（民法989条1項）。つまり、受け取る側（受遺者）が遺贈を一度承認したり、放棄した場合、それを撤回**できない**ということである。

ただし、民法第一編（総則）又は第四編（親族）の規定による遺贈の承認・放棄の「取消し」は許される（民法919条2項、989条2項）。例えば、詐欺に基づいて遺贈を放棄してしまった場合などは、その放棄を取り消すことができるということである。

1 被相続人が死亡し、その複数の相続人が被相続人の預貯金債権を共同相続したときは、当該債権は、相続開始と同時に当然には相続分に応じて分割されず、遺産分割の対象となる。

○ **本問の記述のとおりである。預貯金債権は分割承継されず、遺産分割の対象となる**（最大決平28.12.19）。

2 遺産である現金については、遺産分割を待つことなく、相続人が法定相続分の支払いの請求ができる。

× 判例は、**金銭を保管する共同相続人の1人に対して、**他の共同相続人が**遺産分割前に自己の相続分に相当する金銭の支払いを求めることはできない**としている（最判平4.4.10）。

3 遺産中に賃貸建物がある場合、相続人の1人が遺産分割により同建物を取得したときは、取得した相続人のみが被相続人死亡時から遺産分割成立時までの賃料請求権も取得する。

× **相続開始後、遺産分割までに生じた賃料債権は、各共同相続人が各相続分に応じて分割債権として確定的に取得する**（最判平17.9.8）。

4 未成年者は、単独で有効な遺言を行うことができない。

× **遺言は15歳以上の者であれば単独で行うことができる**（民法961条）。よって、未成年者であっても、単独で有効な遺言を**なしうる**。なお、遺言時に**意思能力**は必要である。

5 成年被後見人が医師の立会いを得ないでした遺言は、一時的に事理弁識能力を回復していた時になされたものだとしても、効力を生じない。

○ **成年被後見人は、事理を弁識する能力を一時回復していれば、2人以上の医師の立会いのもとで、有効に遺言をすることができる**（民法973条1項）。

6 遺言に停止条件を付した場合において、その条件が遺言者の死亡後に成就したときであっても、遺言は、遺言者の死亡の時からその効力を生ずる。

× **遺言に停止条件**を付した場合において、その**条件が遺言者の死亡後に成就**したときは、遺言は、**条件が成就した時からその効力を生ずる**（民法985条2項）。

---

7 遺言執行者の指定の委託は、遺言によりすることができる。

○ **本問の記述のとおり**である。**遺言執行者の指定を第三者に委託**することも**できる**（民法1006条）。

---

8 成年被後見人であっても、公正証書遺言の立会人となることができる。

○ **公正・秘密証書遺言の証人・立会人になれない**のは、①**未成年者**、②推定相続人、受遺者及びこれらの配偶者、直系血族、③公証人の配偶者、4親等内の親族（民法982条、974条）である。**成年被後見人、被保佐人**、遺言執行者は、直ちに証人欠格とならない（大判大7.3.15）。

---

9 自筆証書遺言の日付に関し「令和〇年〇月吉日」とのみ記載されている場合、この遺言書は無効である。

○ 作成日を特定できないため、「令和〇年〇月吉日」という記載は**無効**である（最判昭54.5.31）。

---

10 秘密証書遺言としての形式を有しないが、自筆証書遺言として形式が整っている場合は、自筆証書遺言として有効となる。

○ **本問の記述のとおり**である（民法971条、無効行為の転換）。

過去問にチャレンジ！

問題1 | 特別区Ⅰ類（2022年度）

民法に規定する遺言に関する記述として、妥当なものはどれか。

1 遺言とは、遺言者の死亡とともに一定の効果を発生させることを目的とする相手方のない単独行為であり、未成年者もその年齢にかかわらずこれをすることができる。

2 自筆証書で遺言をする場合において、自筆証書遺言にこれと一体のものとして相続財産の全部又は一部の目録を添付するときには、その目録についても遺言者が自書することを要し、パソコンにより作成することはできない。

3 秘密証書又は公正証書で遺言をする場合には、その保管者は、相続の開始を知った後、これを家庭裁判所に提出しなければならず、その検認を請求する必要がある。

4 遺言に停止条件を付した場合において、その条件が遺言者の死亡後に成就したときは、遺言は、いかなる場合であっても、遺言者の死亡の時に遡ってその効力を生ずる。

5 遺言者は、遺言で、1人又は数人の遺言執行者を指定し、又はその指定を第三者に委託することができるが、未成年者及び破産者は遺言執行者となることができない。

➡解答・解説は別冊P.084

問題2 | 特別区Ⅰ類（2018年度）

民法に規定する遺言に関する記述として、妥当なものはどれか。

1 受遺者は、遺言者の死亡後、いつでも遺贈の放棄をすることができるが、一度した遺贈の放棄は、いかなる場合であってもこれを取り消すことができない。

2 遺言者は、いつでも、遺言の方式に従って、遺言の全部又は一部を撤回することができるが、遺言を撤回する権利を放棄することはできない。

3 遺言者は、遺言をする時においてその能力を有しなければならず、未成年者は、公正証書によって遺言をすることはできるが、自筆証書によって遺言をするこ

とはできない。

4 自筆証書によって遺言をするには、遺言者が、全文、日付及び氏名を自書し、これに印を押さなければならないが、タイプライターやワープロを用いてそれらを書いたものも自書と認められる。

5 遺言は、遺言者の死亡の時からその効力を生じ、遺言に停止条件を付した場合において、その条件が遺言者の死亡後に成就したときも、遺言は、条件が成就した時からではなく、遺言者の死亡の時に遡ってその効力を生ずる。

➡解答・解説は別冊P.085

問題3　　　　　　　　　　　　　　　　　　　　　　特別区Ⅰ類（2014年度）

民法に規定する遺言に関する記述として、妥当なものはどれか。

1 公正証書遺言の方式に従って作成された遺言書の保管者は、相続の開始を知った後、遅滞なく、これを家庭裁判所に提出して、その検認を請求しなければならない。

2 遺言者は、遺言で、一人又は数人の遺言執行者を指定することができるが、未成年者及び破産者は、遺言執行者となることはできない。

3 遺言執行者は、相続財産の管理その他遺言の執行に必要な一切の行為をする権利義務を有するので、いかなる場合であっても、第三者にその任務を行わせることができる。

4 利害関係人は、遺言執行者を解任しようとするときは、家庭裁判所にその解任を請求することができ、また、遺言執行者は、正当な事由があるときは、家庭裁判所の許可を得ることなく、その任務を辞することができる。

5 遺言者は、いつでも、遺言の方式に従って、その遺言の全部又は一部を撤回することができ、また、その遺言を撤回する権利を放棄することができる。

➡解答・解説は別冊P.085

自筆証書遺言に関するア～エの記述のうち、妥当なもののみを全て挙げているの
はどれか。ただし、争いのあるものは判例の見解による。

ア　自筆証書遺言は、押印によって遺言者の同一性及びその意思の真意性が担保さ
　　れているため、必ずしも手書きで作成する必要はなく、パソコンで作成した遺
　　言書も押印があれば有効である。

イ　一般に、封筒の封じ目の押印は、無断の開封を禁止するという遺言者の意思を
　　外部に表示する意味を有するもので、遺言者の同一性及びその意思の真意性を
　　担保する趣旨のものではないから、遺言書の本文には押印がなく、遺言書を入
　　れる封筒の封じ目に押印のある自筆証書遺言は無効である。

ウ　自筆証書遺言の日付は、作成時の遺言能力の有無や内容の抵触する複数の遺言
　　の先後を確定するために要求されることから、日付が「令和4年3月吉日」と記
　　載された自筆証書遺言は、日付の記載を欠くものとして無効である。

エ　カーボン紙を用いて複写の方法によって記載された自筆証書遺言は、民法が要
　　求する自書の要件に欠けるところはなく、その他の要件を満たす限り、有効で
　　ある。

1　ア、イ
2　ア、ウ
3　イ、ウ
4　イ、エ
5　ウ、エ

➡解答・解説は別冊P.086

問題5

国家専門職（2017年度）

AはBの不法行為により即死した。Aの死亡時にAには妻Cがおり、CはAとの間の子Dを懐胎していた。なお、AとCとの間には成人した子Eがおり、他にAの相続人となり得る者はいないものとする。以上の事例に関する次の記述のうち、妥当なものはどれか。ただし、争いのあるものは判例の見解による。

1 Aは、何ら精神的苦痛を感じることなく死亡しており、Aに生命侵害を理由とする慰謝料請求権が発生することはない。

2 Dは、胎児であっても、Aの死亡と同時に固有の損害賠償請求権を取得するから、Dが分娩時に死亡していた場合、Cは、自己の固有の損害賠償請求権を有するとともに、Dの有していた損害賠償請求権を相続する。

3 遺産分割前における相続財産の共有は、民法が第249条以下に規定する「共有」とその性質を異にするものではないから、Cは、遺産分割前であっても、相続した共有持分を共同相続人以外の第三者に譲渡することができる。

4 遺産分割協議の結果、A所有の甲不動産をCが全部取得した場合、Cは、甲不動産の所有権を、登記なくして、遺産分割後に甲不動産につき権利を取得した第三者に対抗することができる。

5 A所有の乙不動産が第三者に賃貸されている場合、Aの死亡後に発生する乙不動産の賃料債権もAの遺産に含まれ、常に遺産分割協議の対象となる。

➡解答・解説は別冊P.087

索　引

主要な参考文献

- 潮見佳男『民法（全）〔第3版〕』（有斐閣・2022年）
- 田中豊『論点精解 改正民法』（弘文堂・2020年）
- 潮見佳男 他5名編集『Before/After 民法改正〔第2版〕』（弘文堂・2021年）
- 潮見佳男 他5名編集『Before/After 相続法改正』（弘文堂・2019年）
- 磯村保『事例でおさえる民法 改正債権法』（有斐閣・2021年）
- 我妻栄 他4名『民法2 債権法〔第4版〕』（勁草書房・2022年）
- 我妻栄 他4名『民法3 親族法・相続法〔第4版〕』（勁草書房・2020年）
- 石田剛 他2名『債権総論』（日本評論社・2018年）
- 松井和彦 他2名『契約法』（日本評論社・2018年）
- 根本尚徳 他2名『事務管理・不当利得・不法行為』（日本評論社・2021年）
- 本山敬 他3名『家族法〔第3版〕』（日本評論社・2021年）
- 松尾弘 他3名『新ハイブリッド民法3 債権総論』（法律文化社・2018年）
- 滝沢昌彦 他4名『新ハイブリッド民法4 債権各論』（法律文化社・2018年）
- 青竹美佳 他5名『新ハイブリッド民法5 家族法』（法律文化社・2021年）
- 池田真朗『新標準講義 民法債権総論〔全訂3版〕』（慶應義塾大学出版会・2019年）
- 池田真朗『新標準講義 民法債権各論〔第2版〕』（慶應義塾大学出版会・2019年）
- 近江幸治『民法講義IV 債権総論〔第4版〕』（成文堂・2020年）
- 近江幸治『民法講義V 契約法〔第4版〕』（成文堂・2022年）
- 近江幸治『民法講義VI 事務管理・不当利得・不法行為〔第3版〕』（成文堂・2020年）
- 山野目章夫『民法概論4 債権各論』（有斐閣・2022年）
- 前田陽一 他2名『LEGAL QUEST 民法VI 親族・相続〔第6版〕』（有斐閣・2022年）
- 久保田充見＝森田宏樹 編集『民法判例百選II 債権〔第9版〕』（有斐閣・2023年）
- 大村敦志＝沖野眞已 編集『民法判例百選III 親族・相続〔第9版〕』（有斐閣・2023年）
- 田髙寛貴 他2名『START UP民法3 債権総論 判例30!』（有斐閣・2017年）
- 中原太郎 他2名『START UP民法4 債権各論 判例30!』（有斐閣・2017年）
- 青竹美佳 他2名『START UP民法5 親族・相続 判例30!』（有斐閣・2017年）
  など

きめる！公務員試験　民法Ⅱ

カバーデザイン	野条友史（BALCOLONY.）
本文デザイン	宮嶋章文
本文イラスト	ハザマチヒロ、岡村伊都
編集協力	コンデックス株式会社
校正	松本尚士、隈本源太郎、株式会社かえでプロダクション
データ作成	コンデックス株式会社
印刷所	大日本印刷株式会社
編集担当	立石恵美子

読者アンケートご協力のお願い

※アンケートは予告なく終了する場合がございます。

この度は弊社商品をお買い上げいただき、誠にありがとうございます。本書に関するアンケートにご協力ください。右のQRコードから、アンケートフォームにアクセスすることができます。ご協力いただいた方のなかから抽選でギフト券（500円分）をプレゼントさせていただきます。

アンケート番号： 802034

※QRコードは株式会社デンソーウェーブの登録商標です。

Gakken

C2

きめる! KIMERU SERIES

［別冊］

民法II〈債権総論／債権各論／親族・相続〉
Civil Law II

解答解説集

きめる！ 公務員試験

民法Ⅱ＜債権総論／債権各論／親族・相続＞

解答解説

1 1 債務不履行①

正解：2

1 ×　民法413条の2第2項は「債権者が債務の履行を受けることを拒み、又は受けることができない場合において、**履行の提供があった時以後に当事者双方の責めに帰することができない事由**によってその債務の履行が**不能**となったときは、その**履行の不能**は、**債権者**の責めに帰すべき事由によるものとみなす」と規定している。「債務者」の責めに帰すべき事由によるものではない。

2 ○　民法414条1項は「**債務者が任意に債務の履行をしないときは、債権者は、**民事執行法その他強制執行の手続に関する法令の規定に従い、直接強制、代替執行、間接強制その他の方法による**履行の強制を裁判所に請求することができる。ただし、債務の性質がこれを許さないときは、この限りでない**」と規定し、債務者の人格や意思を踏みにじるような**債務の履行強制は、その性質上、許されない**場合がある。

3 ×　民法415条1項で「**債務者がその債務の本旨に従った履行をしないとき又は債務の履行が不能であるときは、債権者は、これによって生じた損害の賠償を請求することができる。ただし、その債務の不履行が契約その他の債務の発生原因及び取引上の社会通念に照らして債務者の責めに帰することができない事由によるものであるときは、この限りでない**」と規定している。つまり、**債務不履行に基づく損害賠償請求**をするには、**債務者に帰責事由が必要**となる。

4 ×　**金銭の給付を目的とする債務の不履行の損害賠償**については、債権者は、**損害の証明をすることを要しない**（民法419条2項）。なお、損害賠償の額についての記述は正しい。

5 ×　民法420条は「当事者は、債務の不履行について損害賠償の額を予定することができる」とあり、また民法421条では「前条の規定は、当事者が金銭でないものを損害の賠償に充てるべき旨を予定した場合について準用する」とあるので、**金銭でないものを損害の賠償に充てるべき旨を予定することができる**（参031ページ）。

正解：2

1　×　債務の履行について**確定期限**があるときは、その**期限の到来した時**から（民法412条1項）、債務の履行について**不確定期限**があるときは、その**期限の到来したことを知った時**などから（同条2項）、債務者は遅滞の責任を負う。

2　○　賠償額の予定は、**履行の請求又は解除権の行使を妨げない**（民法420条2項、参031ページ）。

3　×　**金銭の給付を目的とする債務の不履行の損害賠償**については、債権者は、**損害の証明をすることを要しない**（民法419条2項）。

4　×　特別の事情によって生じた損害であっても、**当事者がその事情を予見すべきであったときは、債権者はその賠償を請求することができる**（民法416条2項）。

5　×　債務不履行に関して債権者に過失があったときは、裁判所は、これを考慮して、損害賠償の**責任及びその額**を定める（民法418条）。「金額」のみならず、「責任」を定めることについても裁判所の裁量を認めている。これにより裁判所は、過失相殺の結果、**責任を否定することもできる**（参030ページ）。

正解：3

1　×　民法は、**期限の定めのない債務**について、「債務の履行について期限を定めなかったときは、**債務者は、履行の請求を受けた時**から遅滞の責任を負う」と定めている（民法412条3項）。なお、確定期限についての記述は正しい。

2　×　本肢は強制履行のうち、いわゆる**代替執行**についての説明であるが、**債務の履行強制を裁判所に請求できる場合でも、民法は損害賠償の請求を妨げない**としている（民法414条2項）。

3　○　民法422条の規定のとおりである（参031ページ）。

4　×　最判昭46.12.16は、硫黄鉱区の採掘権を有する者が、鉱石を採掘してこれを売り渡す売買契約において、**売主が買主に対し契約の存続期間を通じて採掘する鉱石の全量を売り渡す旨の約定**があった場合には、信義則上、買主には、**売主がその期間内に採掘し、提供した鉱石を引き取る義務があり**、引き取りの

拒絶は債務不履行**となる**とした。

5 ✕ 最判昭47.4.20は、本肢のように契約目的物の価格が騰貴を続けているという**特別の事情**があり、かつ、**債務者が履行不能の際にその特別の事情を知り、又は知りえた場合**には、**騰貴した「現在の価格」**を基準として算定した損害額の賠償を請求しうるとした。

問題 4 裁判所職員（2022年度）⋯⋯⋯⋯⋯⋯⋯⋯⋯⋯⋯⋯⋯⋯⋯⋯⋯⋯**本冊P.028**

正解：4

ア ✕ **安全配慮義務違反を理由とする債務不履行に基づく損害賠償債務は、期限の定めのない債務**であり、債務者は、**履行の請求を受けた時**から遅滞の責任を負う（最判昭55.12.18、民法412条3項）。「損害が発生した時」からではない。

イ ○ **本問の記述のとおりである**（民法412条2項）。

ウ ✕ **善意の受益者の不当利得返還債務は、期限の定めのない債務**であり、債務者は、**履行の請求を受けた時**から遅滞の責任を負う（民法412条3項）。「債権者に損失が生じた時」からではない。

エ ○ **本問の記述のとおりである**（民法591条1項）。

以上により、妥当なものは**イ・エ**となり、正解は**4**となる。

問題 5 国家一般職（2021年度）⋯⋯⋯⋯⋯⋯⋯⋯⋯⋯⋯⋯⋯⋯⋯⋯⋯⋯**本冊P.029**

正解：4

1 ✕ 契約に基づく債務の履行がその**契約の成立の時に不能**であったことは、民法415条の規定によりその履行の不能によって生じた**損害の賠償を請求することを妨げない**（民法412条の2第2項）。つまり、契約の成立前から不能が確定している**原始的不能であっても、契約は無効とならず**、履行不能につき債務者に帰責事由があれば、**債務不履行に基づく損害賠償責任が生じる**。

2 ✕ 民法414条1項は「債務者が任意に債務の履行をしないときは、債権者は、民事執行法その他強制執行の手続に関する法令の規定に従い、直接強制、代替執行、間接強制その他の方法による**履行の強制を裁判所に請求することができる**。ただし、債務の性質がこれを許さないときは、この限りでない」と規定しており、**履行の強制を裁判所に請求**するためには、**債務不履行の事実があれば**

よく、債務者の帰責事由は不要である。

3 ✕ 債務が契約によって生じたものである場合において、債権者が「債務の履行に代わる損害賠償の請求」をすることができるのは、その契約が解除され、又は債務の不履行による契約の**解除権が発生したとき**である（民法415条2項3号）。「実際にその解除権を行使したとき」ではない。

4 ○ いわゆる受領遅滞の場合において、その債務の目的が特定物の引渡しであるときは、債務者は、履行の提供をした時からその引渡しをするまで、**自己の財産に対するのと同一の注意**をもって、その物を保存すれば足りる（民法413条1項）。

5 ✕ 債務者が、その債務の履行が不能となったのと同一の原因により債務の目的物の代償である権利又は利益を取得したときは、債権者は、**その受けた損害の額の限度**において、**債務者に対し、その権利の移転又はその利益の償還を請求することができる**（民法422条の2）。したがって、「受けた損害の額にかかわらず」「権利の全部の移転を請求することができる」わけではない。

1 2 債務不履行②

問題1 国家一般職（2022年度）………………………… 本冊P.034

正解：5

ア ✕ **特別の事情によって生じた損害**は、**当事者がその事情を予見すべきであった**場合に、**その賠償を請求することができる**（民法416条2項）。つまり、その事情を「予見していたとき」だけではなく、**過失により予見できなかった場合**もこれに含まれる。また、その予見可能性の有無の**判断時期**は「契約締結時」ではなく「債務不履行時」であるとするのが判例である（大判大7.8.27、参023ページ）。

イ ○ 本肢の記述のとおりである（民法417条の2第1項）。

ウ ○ 本肢の記述のとおりである（民法419条3項）。

エ ○ 本肢の記述のとおりである（民法420条2項）。

以上により、妥当なものはイ・ウ・エであり、正解は**5**となる。

正解：2

ア ○ 判例は、**不法行為に基づく損害賠償債務**は、損害の発生と同時に、何らの**催告を要することなく遅滞に陥る**とした（最判昭37.9.4）。

イ × 売買契約で引き渡された**目的物が種類、品質又は数量に関して契約の内容に適合しない**ものであるときは、**買主は、売主に対し、目的物の修補、代替物の引渡し又は不足分の引渡しによる履行の追完を請求することができる**（民法562条1項本文、📖142ページ）。よって、買主は、売主に対して新たなスピーカーの給付を請求することができる。

ウ × **金銭を目的とする債務の履行遅滞による損害賠償の額**は、約定又は法定の利率により定まり、**債権者はその損害の証明をする必要がない**（民法419条1項、2項）。しかし、それ以上の損害が発生した場合について、判例は、それ以上の損害が生じたことを立証しても、その賠償を請求することはできないとしている（最判昭48.10.11）。

エ ○ 判例は、硫黄鉱区の採掘権を有するＡが鉱石を採掘してＢに売り渡す硫黄鉱石売買契約において、ＡはＢに対し、右契約の存続期間を通じて**採掘する鉱石の全量を売り渡す約定があった**などの事情がある場合には、**信義則上、Ｂには、Ａが右期間内に採掘した鉱石を引き取る義務がある**と解すべきであるとした（最判昭46.12.16）。よって、Ｂがその引取りを拒絶すれば、債務不履行に当たる。

オ × 判例は、**契約を締結するか否かに関する判断に影響を及ぼすべき重要事項に関する説明義務が信義則上存在**し、その違反に基づく損害賠償は「**不法行為による賠償責任を負うことがあるのは格別、当該契約上の債務の不履行による賠償責任を負うことはない**」とし、**債務不履行ではなく不法行為責任である**とした（最判平23.4.22）。したがって、本肢の「契約上の債務不履行による賠償責任を負う」の部分が誤りである。

　以上により、妥当なものは**ア・エ**であり、正解は**2**となる。

正解：2

1 × 債務不履行において債権者に過失がある場合、裁判所は必ず債権者の過失

を考慮しなければならない（民法418条）。また、債務者の責任の全てを免れ
させることもできる。

2 ○ **本肢の記述のとおりである**（民法417条、参022ページ）。

3 × 債務の履行が不能となったのと同一の原因により債務者がその債務の目的
物の代償である権利又は利益を取得したときは、債権者は、その「**受けた損害
の額の限度**」で、債務者に対し、当該権利の移転又は当該利益の償還を請求す
ることができる（民法422条の2）。よって、損害の額の限度を超えて債務者
に対して償還請求をできるわけではない。

4 × 違約金は、賠償額の予定と推定される（民法420条3項）。**賠償額の予定
がされている場合、実際の損害額にかかわらず、当事者は予定額に拘束される。**
よって、現実に発生した損害賠償に加えて違約金を支払う必要はない。

5 × 特別な事情による損害（**特別損害**）は、**当事者がその事情を予見すべきで
あったときのみ**賠償が認められる（民法416条2項、参023ページ）。よって、
特別損害は通常損害と同様に、損害賠償の対象となるわけではない。

問題4 国家専門職（2019年度）···本冊 P.037

正解：4

ア × **債務不履行による損害**には、物の破損や修理費などの**既存財産の減少（積
極的損害）**だけでなく、営業利益や休業によって失った利益など、**債務不履行
がなかったのならば得られたであろう利益（消極的損害）**も含まれる。

イ × 債務者がその債務について**履行遅滞の責任を負っている**間に、**当事者双方
の責めに帰することができない事由**によって**債務の履行が不能**となったときは、
その履行不能は、**債務者の責めに帰すべき事由**によるものとみなされる（民法
413条の2第1項、参021ページ）。したがって、債務者は、その履行不能か
ら生じた損害について賠償責任を負う。

ウ ○ 債務の**履行が不能**となったのと同一の原因により債務者がその債務の目的
物の代償である権利又は利益を取得したときは、債権者は、その「**受けた損害
の額の限度**」で、**債務者に対し、当該権利の移転又は当該利益の償還を請求す
ることができる**（民法422条の2、最判昭41.12.23）。

エ ○ **本肢の記述のとおりである**。判例は、自衛隊員が自衛隊の車両整備工場内
で作業中、同僚が運転する車両にひかれて死亡した場合において、死亡した当

該自衛隊員の遺族は、国に対し、国と自衛隊員との法律関係の付随義務として信義則上負う安全配慮義務に違背したとして、債務不履行に基づく損害賠償請求の余地を認めている（最判昭50.2.25）。

以上により、妥当なものは**ウ・エ**であり、正解は**4**となる。

1 3 債権者代位権

問題1 特別区Ⅰ類（2021年度）······························本冊P.044
　　　　正解：3

A ○　民法423条3項は「**債権者は、その債権が強制執行により実現することのできないもの**であるときは、被代位**権利を行使することができない**」と規定している。

B ×　民法423条2項は「**債権者は、その債権の期限が到来しない間は、被代位権利を行使することができない。ただし、保存行為は、この限りでない**」と規定している。つまり、保存行為であれば、代位債権の弁済期が到来していなくとも代位できる。

C ×　民法423条の3前段は「債権者は、被代位権利を行使する場合において、被代位権利が**金銭の支払又は動産の引渡し**を目的とするものであるときは、相手方に対し、その支払又は引渡しを**自己に対してすることを求めることができる**」と規定している。

D ○　民法423条の5は「**債権者が被代位権利を行使した場合**であっても、**債務者は、被代位権利について、自ら取立てその他の処分をすることを妨げられない。この場合においては、相手方も、被代位権利について、債務者に対して履行をすることを妨げられない**」と規定している。

以上により、妥当なものは**A・D**であり、正解は**3**となる。

問題2 裁判所職員（2018年度）······························本冊P.045
　　　　正解：4

1 ×　不動産賃借人が賃借権を保全するため、賃借不動産を不法占拠する者に対して、**不動産賃貸人**が有する所有権に基づく**妨害排除請求権を代位行使することは認められる**。そしてこの場合、不動産賃貸人が無資力であることは必要で

ない（大判昭4.12.16）。

2　×　「動産」や「金銭の引渡し」については、債権者は自己に直接引き渡すことを求めることができる（民法423条の3）。この規定からすれば、「不動産」については、代位債権者のもとへ直接引渡しを求めることはできなさそうである。しかし、本肢のように賃借不動産の不法占拠者に対する**物権的請求権を代位行使した事案**において、判例は**直接の明渡請求を認めている**（最判昭29.9.24）。

この判例があるからといって、必ず「不動産」を直接自己に引き渡すよう請求できるとは限らないんだ。この点は今後の判例を待つことになるけれど、**当該事案では認められた**と覚えておこう。

3　×　債権者代位権行使の相手方（第三債務者等）は、債務者に対して有する**すべての抗弁を代位債権者に対して主張することができる**（民法423条の4）。本肢では、もしCがBから履行を請求された場合、CはBC間の売買契約が錯誤に基づく取消しにより無効である旨をBに主張できる。これをAにも主張できるということである。

4　○　本肢の記述のとおりである。債権者代位権の行使の範囲は、債権者の債権の保全に必要な範囲に限られるので、**自己の債権額を超えて債務者の権利を行使できるものではない**（民法423条の2、最判昭44.6.24）。

5　×　金銭債権の債権者は、**債務者に代位して他の債権者に対する債務の消滅時効を援用することができる**（最判昭43.9.26）。本肢の乙債権が消滅することで、Aは自己の債権を保全できるからである。

問題3　国家一般職（2021年度）·······················本冊P.046

正解：3

ア　×　債権者は、その**債権の期限が到来しない間は、被代位権利を行使することができない**（民法423条2項本文）。これは「裁判上の代位」であっても変わらない。なお、保存行為であれば、期限前でも債権者代位権を行使できる。

イ　○　本肢の記述のとおりである。債権者は、被代位権利を行使する場合において、被代位権利の目的が可分であるときは、自己の債権の額の限度においてのみ、被代位権利を行使することができる（民法423条の2）。

ウ ✕ 動産や金銭の引渡しについては、債権者は自己に直接引き渡すことを求めることができる（民法423条の3前段）。

エ ○ **債権者が被代位権利を行使した場合**であっても、**債務者は、被代位権利について、自ら取立てその他の処分をすることを妨げられない**（民法423条の5）。

オ ✕ **登記又は登録をしなければ権利の得喪及び変更を第三者に対抗することができない財産を譲り受けた者**は、その譲渡人が第三者に対して有する登記手続又は登録手続をすべきことを請求する権利を行使しないときは、**その権利を行使することができる**（民法423条の7）。**第三者の同意は不要である**。

　以上により、妥当なものは**イ・エ**であり、正解は**3**となる。

問題4 国家専門職（2022年度）………………………………………………………本冊P.047
　　正解：1

ア ○ **本肢の記述のとおりである**（民法423条1項本文、423条の4）。

イ ○ **本肢の記述のとおりである**。判例は、名誉侵害を理由とする**慰謝料請求権**は、加害者が被害者に対して一定の慰謝料を支払うことを内容とする合意若しくはかかる支払を命ずる債務名義が成立した場合など、その**具体的な金額が当事者間において客観的に確定したときは、債権者代位権の対象となる**とした（最判昭58.10.6）。

ウ ✕ **債権者代位権は、裁判外でも行使することができる**。なお、後半は妥当である（民法423条の6）。詐害行為取消権は裁判上でしか行使できない（民法424条1項本文）ので注意しておこう。

エ ✕ **債権者が被代位権利を行使した場合**であっても、**債務者は、被代位権利について、自ら取立てその他の処分をすることを妨げられない**（民法423条の5前段）。

オ ✕ 「**動産**」や「**金銭**」の引渡しについては、**債権者は自己に直接引き渡すことを求めることができる**（民法423条の3前段）。この点、賃借不動産の不法占拠者に対する賃貸人の物権的請求権を代位行使した事案において、代位債権者への直接の明渡請求を認めた判例もあるが（最判昭29.9.24）、この判例が一般的な不動産の引渡しを認めるものであるとまではいえない。よって、本肢は誤っていると判断すべきである。

以上により、妥当なものは**ア・イ**であり、正解は**1**となる。

1｜4 詐害行為取消権

問題1 裁判所職員（2016年度）··本冊P.054
正解：2

ア ○ 本肢の記述のとおりである（民法424条1項、最判昭39.6.12）。なお、**反訴とは**、原告が提起した訴訟手続の中で、被告が原告を**訴え返す**ことをいい、抗弁とは、相手の主張に対して、それを妨げるこちらの主張をすることである。

イ × 詐害行為取消権を行使する場合、被保全債権は**詐害行為前に発生**している必要があるが、**弁済期は到来していなくてもよい**（最判昭46.9.21）。

ウ × 詐害行為取消権における被告適格（被告となれる者）は、**受益者又は転得者**である。「債務者」は被告とならない。

エ ○ 金銭や動産を取り戻す場合は、債権者は**直接自己に引き渡すよう請求する**ことができる（民法424条の9第1項）。

オ × 詐害行為取消権が行使された場合、債権者は**不動産の登記名義を自己に移転するよう請求することはできない**（最判昭53.10.5）。

以上により、適当なものは**ア・エ**であり、正解は**2**となる。

問題2 国家一般職（2020年度）··本冊P.055
正解：2

ア ○ 本肢の記述のとおりである（民法424条3項）。

イ × 詐害行為と思える行為があったものの、債務者が相当の対価を取得している場合、無資力とはならないので、詐害行為取消請求はできないように思える。しかし、この場合であっても、①債務者が不動産を金銭に換えたり、財産の種類を変更したりすることにより、**隠匿等の処分をするおそれを現に生じさせる**ものであること、②債務者に、**行為当時、隠匿等の処分をする意思があった**こと、③受益者が、行為当時、債務者に隠匿等の処分をする意思があったことを**知っていたこと**、という**3つの要件を満たした場合**に限り、**詐害行為取消請求をすることができる**（民法424条の2）。したがって、その財産を隠匿する意思があっ

たと直ちにみなされるわけではない。

ウ　✕　金銭や動産を取り戻す場合は、債権者は**直接自己に引き渡すよう請求する**ことができる（民法424条の9第1項）。

エ　○　本肢の記述のとおりである（民法425条）。

オ　✕　詐害行為取消請求に係る訴えは、債務者が債権者を害することを知って行為をしたことを**債権者が知った時から2年**を経過したときは、提起することができない。なお、行為の時から10年を経過したときも同様とする（民法426条）。したがって、「債務者が債権者を害することを知って行為をした時から1年」の部分が誤りである。

　以上により、妥当なものは**ア・エ**であり、正解は**2**となる。

問題3　国家専門職（2021年度）‥‥‥‥‥‥‥‥‥‥‥‥‥‥‥‥‥‥‥‥‥**本冊 P.056**

正解：2

ア　○　本肢の記述のとおりである（民法424条4項）。

イ　✕　詐害行為取消請求に係る訴えは、債務者が債権者を害することを知って行為をしたことを**債権者が知った時から2年**を経過したときは、提起することができない。なお、**行為の時から10年**を経過したときも同様とする（民法426条）。したがって、本記述の「債権者が知った時から1年」「行為の時から20年」の部分が誤りである。

ウ　○　本肢の記述のとおりである（民法425条）。

エ　✕　詐害行為取消請求に係る訴えは、債務者ではなく、**受益者又は転得者を被告**とするが、訴訟を提起した**債権者**は、遅滞なく**債務者に訴訟を提起したことを告知しなければならない**（民法424条の7第2項）。詐害行為取消請求を認容する確定判決は、債務者にも効力が及ぶためである。

オ　✕　債権者が詐害行為取消請求をする場合において、**詐害行為の目的が可分**であるときは、**自己の債権額の限度においてのみ**取消しを請求することができる（民法424条の8第1項）。

　以上により、妥当なものは**ア・ウ**であり、正解は**2**となる。

問題4 裁判所職員（2021年度）··· 本冊P.057

正解：**4**

ア × **債権者代位権の範囲**につき判例は、債権者が債務者に対する金銭債権に基づいて債務者の第三債務者に対する金銭債権を代位行使する場合には、債権者は**自己の債権額の範囲においてのみ**債務者の権利を代位行使できるとしている（最判昭44.6.24、民法423条の2）。したがって、債権者は被代位権利全額について代位をすることはできない。

イ × **債権者代位権の行使**について、**被保全債権が金銭債権**である場合には、**債務者が無資力**であることが必要である。しかし、登記請求権のように、その保全の必要性が債務者の資力の有無に関係のない権利を代位行使する場合において、**無資力要件は不要**としている（民法423条の7）。

ウ ○ 不法行為に基づく慰謝料請求権は、いわゆる一身専属権であり、原則として、被代位債権とはならない（民法423条1項但書）。しかし、**判例は具体的な金額が確定した場合には、代位行使を認めている**（最判昭58.10.6）。

エ × **詐害行為取消権**について、民法424条の9は、請求内容が金銭の支払い又は動産の引渡しを求める場合には、**直接自己に支払い、又は引渡請求をすることができる**と規定している。

オ ○ **詐害行為取消権**について判例は、詐害行為となる債務者の行為の**目的物が不可分な一棟の建物**であるときは、その価額が**被保全債権額を超過する場合**であっても、債権者はその**全部について取り消すことができる**としている（最判昭30.10.11）。

以上により、妥当なものは**ウ・オ**であり、正解は**4**となる。

問題5 裁判所職員（2019年度）··· 本冊P.058

正解：**3**

ア 誤 **詐害行為取消権**について、取消債権者の被保全債権は、**詐害行為前に成立**したものであることを要する（民法424条3項）。しかし、**債権者代位権**について、代位債権者の被保全債権は、**被代位債権の発生前に成立している必要はない**（民法423条1項本文）。

イ 正 **抵当権が設定されている不動産**が詐害行為によって第三者に譲渡されたと

しても、当該第三者が原始取得しない限り不動産上の**抵当権は存続する**。本肢では第三者が不動産を時効取得したとの事情は読み取れず、不動産上の抵当権は存続していることがわかる。さらに、この**抵当権が当該不動産の客観的価値を上回る債権を担保**しているのであれば、**抵当権が実行されれば当該不動産の**交換価値全体を把握することができるので、譲渡行為によって**抵当権者は何ら損害を被っておらず**、被担保債権の回収についてリスクを負っていないので、たとえ客観的価値を下回る価格での譲渡だったとしても詐害行為とはならない。なお、抵当権者がその抵当権を第三者に対抗するためには登記が必要であり、本肢ではその事情は読み取れないが、他の選択肢の正誤との関連上、本肢の抵当権は対抗力ありとの前提で解答すべきである。

ウ 誤 **詐害行為取消権**について、**特定物引渡請求権**を有する者も、その目的物を債務者が処分することにより**無資力となった場合**には、その処分行為を詐害行為として取り消すことができる（最大判昭36.7.19）。

エ 誤 債権者が被代位権利を行使したときは、債権者代位権の相手方は、債務者に対して主張することができる抗弁をもって、債権者に対抗することができる（民法423条の4）。

　以上により、正誤の組み合わせは**ア：誤、イ：正、ウ：誤、エ：誤**となり、正解は**3**となる。

　問題6 特別区Ⅰ類（2017年度）…………………………………………… **本冊P.059**

　正解：5

1 **×** **債権者代位権の被保全債権**は、対象となる権利よりも前に成立している必要はない。なお、**詐害行為取消権の被保全債権**は、詐害行為の前に存在している必要がある（民法424条3項）。

2 **×** **債権者代位権**は、**債務者が自ら権利を行使した後**は、その行使が債権者に不利益な場合であっても、債権者は**行使できない**（最判昭28.12.14）。また、**詐害行為取消権**について、受益者が善意である場合は**行使できない**（民法424条1項但書）。

3 **×** **債権者代位権**を行使するためには、**特定債権保全のための転用の場合**であれば、債務者の無資力は要件とされない。また、**詐害行為取消権**が認められるためには、詐害行為当時の**債務者の無資力が要件**とされる。

4 **×** **債権者代位権の行使の範囲**は、**自己の債権の保全に必要な限度に限られ**

る（民法423条の2）。また、**詐害行為取消権**について、詐害行為の**目的物が不可分の場合**は、債権者はその**全部についても取り消すことができる**（最判昭30.10.11）。

5　○　本肢の記述のとおりである（民法423条1項、2項、424条1項本文）。

1　5　連帯債権・連帯債務

問題1　特別区Ⅰ類（2022年度）･･･････････････････････････････････本冊P.066
正解：3

1　×　**連帯債務の対内的効力**については、**相対効が原則**とされている（民法441条）。また、**連帯債務者の1人と債権者の間に更改**があったときは、**絶対効が生じる**（民法438条）。

2　×　**連帯債務の債権者**は「債務の目的がその性質上可分である場合において、法令の規定又は当事者の意思表示によって数人が連帯して債務を負担するときは、債権者は、その連帯債務者の一人に対し、又は同時に若しくは順次に全ての連帯債務者に対し、全部又は一部の履行を請求することができる」（民法436条）。つまり、**全ての連帯債務者に対して、同時に全部の債務の履行を請求することができる**。

3　○　本肢の記述のとおりである（民法439条2項）。

4　×　**連帯債務者が他の連帯債務者に求償権を有する場合**、その**求償権の範囲**には、**弁済その他免責があった日以後の法定利息及び避けることができなかった費用**その他の**損害の賠償が含まれる**（民法442条2項）。

5　×　本肢の前半部分は正しいが、**不真正連帯債務**であっても、**弁済又はこれに準じる事由**については、**他者に影響を及ぼす**と解されている（参235ページ）。

問題2　特別区Ⅰ類（2019年度）･･･････････････････････････････････本冊P.067
正解：2

1　×　**連帯債務の債権者**は「債務の目的がその性質上可分である場合において、法令の規定又は当事者の意思表示によって数人が連帯して債務を負担するときは、債権者は、その連帯債務者の一人に対し、又は同時に若しくは順次に全ての連帯債務者に対し、全部又は一部の履行を請求することができる」（民法

436条)。つまり、**全ての連帯債務者に対して、同時に全部の債務の履行を請求**することができる。

2 ○ **本肢の記述のとおりである**（民法441条）。

3 × 連帯債務者の1人に対してした債務の**免除**や、連帯債務者の1人が債権者に対してした**債務の承認は相対効であり、他の連帯債務者に対して効力は生じない**（民法441条）。

4 × 債権を有する**連帯債務者が相殺を援用しない**間は、その連帯債務者の負担部分の限度において、**他の連帯債務者は、債権者に対して「債務の履行を拒むことができる」**（民法439条2項）。相殺を援用できるわけではない。

5 × **連帯債務者が他の連帯債務者に求償権を有する場合**、その**求償権の範囲には、弁済その他免責があった日以後の法定利息**及び避けることができなかった**費用その他の損害の賠償が含まれる**（民法442条2項）。

問題3 裁判所職員（2022年度）································· 本冊P.068
正解：2

ア ○ **連帯債権者の1人と債務者との間に免除**があったとき、その**連帯債権者がその権利を失わなければ分与されるべき利益に係る部分**については、**他の連帯債権者は、履行を請求することができない**（民法433条）。よって、本肢ではABの分与を受ける割合は平等であり、Aが**権利を失わなければ分与されるべき利益は500万円**である。それを差し引いた**500万円をB**はCに対して請求することができる。

イ × 連帯債務者の1人との間で「免除」があった場合、**免除は絶対効の事由ではないため**（民法441条）、本肢の**C**は、Bに対して1000万円を請求することができる。また、**Bが弁済することにより共同の免責を得たときは、B**は、その免責を得た額が**自己の負担部分**を超えるかどうかにかかわらず、他の連帯債務者に対し、その免責を得るために支出した財産の額のうち**各自の負担部分に応じて求償することができる**（民法442条1項）。

ウ × **債務者が連帯債権者の1人に対して債権を有する場合**において、その**債務者が相殺を援用したときは、その相殺は、他の連帯債権者に対しても、その効力を生ずる**（民法434条）。つまり、債権は弁済されたことになるので、BはCに対して500万円を請求することができない。

エ ○ **連帯債務者の1人が債権者に対して債権を有する場合**において、その連帯債務者が相殺を援用したときは、**債権は、全ての連帯債務者の利益のために消滅する**（民法439条1項）。つまり、債権は弁済されたことになるので、CはBに対して1000万円を請求することができない。

以上により、妥当なものは**ア・エ**となり、正解は**2**となる。

問題 4　国家一般職（2022年度）·· 本冊 P.069
正解：**1**

1 ○ 本肢の記述のとおりである（民法436条）。

2 × 「**連帯債務者の1人について法律行為の無効又は取消し**の原因があっても、**他の連帯債務者の債務は、その効力を妨げられない**」（民法437条）。

3 × 2020年4月に施行された改正前の民法では、本肢のように連帯債務者の1人に対する請求について絶対効を認めていたが（改正前民法434条）、改正によりこの規定が削除され、**連帯債務者の1人に対する請求は、相対効に留まる**ことになった。

4 × 債権を有する**連帯債務者が**相殺を援用しない間は、その連帯債務者の負担部分の限度において、**他の連帯債務者は、債権者に対して「債務の履行を拒むことができる」**（民法439条2項）。相殺を援用できるわけではない。

5 × 連帯債務者の1人に対してした債務の**免除は相対効**であり、**他の連帯債務者に対して効力は生じない**。また、連帯債務者の1人について債務の免除がされた場合に、債権者に弁済した他の連帯債務者は免除を受けた連帯債務者に対しても求償することができる（民法445条、442条1項）。

1 6 保証債務

問題 1　特別区Ⅰ類（2020年度）·· 本冊 P.076
正解：**4**

1 × **保証債務は、保証人と債権者との間の保証契約によって成立**するものである。保証人と「主たる債務者」との間の保証契約によって成立するものではない。なお、それ以外の記述は正しい（民法446条）。

2 ✕ **債務者が保証人を立てる義務を負う場合**において、**保証人が弁済をする資力を失ったときは、債権者は、資力を有する者をもって保証人に代えることを請求できる**（民法450条1項2号、2項）。しかし、当該規定は、**債権者が保証人を指名したときには適用されない**（同条3項）。

3 ✕ **保証人の催告の抗弁権**は、**主たる債務者が破産手続開始の決定を受けたとき、又はその行方が知れないときは認められない**（民法452条但書）。

4 ◯ **本肢の記述のとおりである。**判例は、**特定物売買における「売主」のための保証**においては、通常、その契約から直接に生ずる売主の債務につき保証人が自ら履行の責任を負うというより、むしろ、売主の債務不履行に起因して売主が買主に対し負担することのあるべき債務につき責任を負う趣旨でなされるものと解するのが相当であるとして、**損害賠償債務だけでなく、特に反対の意思表示のない限り、原状回復義務についても保証の責任を負う**としている（最大判昭40.6.30）。

5 ✕ **判例は、本肢と同じ事例で、かかる保証人たる地位は**、特段の事情のない限り、**当事者その人と終始するもの**であって、**保証人の死亡後に生じた債務**については、その**相続人は保証債務を承継負担しない**としている（最判昭37.11.9）。なお、現行の民法においては、本肢のような根保証契約で、保証人が法人でないものは**個人根保証契約**と呼ばれ、極度額を定めなければその効力を生じず（民法465条の2第2項）、主債務者又は保証人が死亡したときは元本が確定する旨が定められている（民法465条の4第1項3号）。

問題2 特別区Ⅰ類（2017年度）……………………………………本冊P.077
正解：2

1 ✕ **保証債務は、保証人と債権者との間の保証契約によって成立**するものである。保証人と「主たる債務者」との間の保証契約によって成立するものではない。なお、それ以外の記述は正しい（民法446条）。

2 ◯ **本肢の記述のとおりである**（民法449条）。

3 ✕ 債務者が保証人を立てる義務を負う場合には、その保証人は、①行為能力者であり、②弁済をする資力を有する者でなければならない（民法450条1項）。しかし、**債権者が保証人を指名した場合には、上記①②の要件を満たす必要はない**（民法450条3項）。

4 ✕ **保証人の催告の抗弁権**は、**主たる債務者が破産手続開始の決定を受けた**

とき、又はその行方が知れないときは認められない（民法452条但書）。

5　×　主たる債務者の委託を受けずに、主たる債務者の意思に反しないで保証をした者が、弁済をして、主たる債務者にその債務を免れさせたときは、利益を受けた限度で求償できるだけであり、利息や損害賠償請求はできない（民法462条1項、459条の2第1項）。

| 問題3 | 特別区Ⅰ類（2014年度） | 本冊P.078 |

正解：5

1　×　保証債務は、保証人と債権者との間の保証契約によって成立するものである。保証人と「主たる債務者」との間の保証契約によって成立するものではない。

2　×　保証債務は、主債務に対して付従性を有し、主債務に比べて保証債務の内容や態様が重いことは、許されず、その場合は、主債務の限度に減縮される（民法448条1項）。

3　×　民法457条1項は「主たる債務者に対する履行の請求その他の事由による時効の完成猶予及び更新は、保証人に対しても、その効力を生ずる」と規定している。

4　×　民法450条1項は「債務者が保証人を立てる義務を負う場合には、その保証人は、次に掲げる要件を具備する者でなければならない」とし、同項1号は「行為能力者であること」、同項2号は「弁済をする資力を有すること」、そして、同条2項は「保証人が前項第二号に掲げる要件を欠くに至ったときは、債権者は、同項各号に掲げる要件を具備する者をもってこれに代えることを請求することができる」と規定している。しかし、同条3項は「債権者が保証人を指名した場合には、適用しない」としているため、「常に」請求できるとは限らない。

5　○　本肢の記述のとおりである（民法464条）。

| 問題4 | 裁判所職員（2021年度） | 本冊P.078 |

正解：1

ア　正　時効は、当事者（消滅時効にあっては、保証人、物上保証人、第三取得者その他権利の消滅について正当な利益を有する者を含む）が援用しなければ、裁判所がこれによって裁判をすることができない（民法145条）としており、保証人は主債務の消滅時効について、援用権者となる（参民法Ⅰ、147ページ）。

イ　誤　保証債務は随伴性があるため、主債務に係る債権が移転した場合、保証債務も移転する。

ウ　正　本肢の記述のとおりである。判例は、特定物の売買契約における売主のための保証人は、特に反対の意思表示のないかぎり、売主の債務不履行により契約が解除された場合における原状回復義務についても、保証の責に任ずるものと解するのが相当であるとしている（最判昭40.6.30）。

エ　誤　判例は、物上保証人については、被担保債権の弁済期が到来しても、債権者に対しあらかじめ求償権を行使することはできない（最大判平2.12.18）としている。

　以上により、正誤の組み合わせはア：正、イ：誤、ウ：正、エ：誤となり、正解は1となる。

問題5　裁判所職員（2020年度）………………………………………本冊P.079
　　正解：4

ア　×　主たる債務者が債権者に対して相殺権、取消権又は解除権を有するときは、これらの権利の行使によって主たる債務者がその債務を免れるべき限度において、保証人は、債権者に対して債務の履行を拒むことができる（民法457条3項）。よって、保証人には履行拒絶権はあるものの、取消権は援用できない。

イ　×　保証契約は、書面（電磁的記録を含む）でしなければ、その効力を生じない（民法446条2項、3項）。

ウ　○　主たる債務者に対する履行の請求その他の事由による時効の完成猶予及び更新は、保証人に対しても、その効力を生ずる（民法457条1項）。

エ　○　本肢の記述のとおりである。判例は、特定物の売買契約における売主のための保証人は、特に反対の意思表示のないかぎり、売主の債務不履行により契約が解除された場合における原状回復義務についても、保証の責に任ずるものと解するのが相当であるとしている（最大判昭40.6.30）。

オ　×　「連帯」保証人には、催告の抗弁権、検索の抗弁権はない（民法454条）。

　以上により、妥当なものはウ・エとなり、正解は4となる。

1 7 債権譲渡

問題1 特別区Ⅰ類（2022年度）··· 本冊P.086
正解：3

A ○ 本肢の記述のとおりである。債権譲渡とは、債権をその同一性を維持しつつ移転することを目的とする契約である。なお、**「更改」とは、当事者がそれまでの債務を消滅させて、それに代わって、新しい内容の債務を発生させる契約**である（民法513条）。

B × **債務者は、譲渡制限の意思表示がされた金銭の給付を目的とする債権が譲渡されたときは、その債権の全額に相当する金銭を債務の履行地の供託所に供託することができる**（民法466条の2第1項）。また、この規定により供託をした債務者は、遅滞なく、譲渡人及び譲受人に供託の通知をしなければならない（同条2項）。

C × 民法466条の6第1項は「**債権の譲渡は、その意思表示の時に債権が現に発生していることを要しない**」と規定し、同条2項では「**債権が譲渡された場合において、その意思表示の時に債権が現に発生していないときは、譲受人は、発生した債権を当然に取得する**」と規定している。債権発生後に債務者の承諾は求められていない。

D ○ 本肢の記述のとおりである（民法467条1項、2項）。

以上により、妥当なものはA・Dとなり、正解は3となる。

問題2 裁判所職員（2022年度）··· 本冊P.087
正解：3

1 × **当事者が債権の譲渡を禁止し、又は制限する旨の意思表示をしたときであっても、債権の譲渡は、その効力を妨げられない**（民法466条2項）。

2 × **債務者への対抗要件である債権譲渡の通知は、譲渡と同時に若しくは事後にされなければならず、事前にされた通知は効力を生じない**。

3 ○ **債務者は、対抗要件具備時より前に取得した譲渡人に対する債権による相殺をもって、債権の譲受人に対抗できる**（民法469条1項）。本肢では、債権譲渡の第三者への対抗要件である確定日付のある証書による**通知がされていな**

いが、その**通知前に債務者Ｃと新しい債権者Ａとの間の相殺が行われており**、**この相殺を第三者であるＤに対抗できる**。

4 × **債権の二重譲渡**が行われた場合、**譲受人相互の間の優劣は**、通知又は承諾に付された確定日付の先後によって定めるべきではなく、確定日付のある**通知が債務者に到達した日時又は**確定日付のある**債務者の承諾の日時の先後によって決する**（最判昭49.3.7）。通知又は承諾に付された「確定日付の先後」で決するわけではない。

5 × 民法は、**債務者は対抗要件具備時までに譲渡人に対して生じた事由**をもって、**譲受人に対抗することができると規定するのみであり**（民法468条1項）、**本肢のような規定はない**。よって、債務者が異議をとどめないで債権譲渡の承諾をするだけでは、債務者の有するこの抗弁権（譲渡人に対して生じた事由）は失われない。

問題3 **国家一般職（2020年度）** ……………………………………………… 本冊 P.088

正解：5

1 × 債権は、譲り渡すことができる。ただし、その**性質がこれを許さないときは**、**この限りでない**（民法466条1項）。よって、**自らの肖像画を描かせる債権は**、**債権者の変更により給付内容が変更してしまうので**、**性質上、譲渡できない**。

2 × **当事者が債権の譲渡を禁止し、又は制限する旨の意思表示をしたときであっても、債権の譲渡は、その効力を妨げられない**（民法466条2項）。

3 × 債権の譲渡は、その意思表示の時に債権が現に発生していることを要しない（民法466条の6）。つまり、**将来発生する債権であっても譲渡することはできる**。

4 × 判例は、**債権譲渡の譲受人相互の間の優劣は、確定日付のある通知が債務者に到達した日時又は確定日付のある債務者の承諾の日時の先後によって決すべきであるとしている**（最判昭49.3.7）。よって、本肢譲受人ＣとＤでは**Ｄが優先する**。

5 ○ **債務者は、対抗要件具備時までに譲渡人に対して生じた事由**をもって**譲受人に対抗することができる**（民法468条1項）。よって、債権譲渡の通知がなされる前にＡに対して債権を取得していたＢは、譲受人Ｃから債務の履行を求められた際に、Ａに対する債権による相殺をもってＣに対抗することができる。

問題4 国家一般職（2017年度） ··· 本冊 P.089
正解：2

1 × 譲受人の主観的要件（善意悪意や過失の有無）にかかわらず、譲渡制限特約があっても譲渡自体は有効である（民法466条2項）。ただし、譲受人に悪意又は重過失がある場合には、債務者は譲渡制限の効力を主張して履行を拒絶できる。よって、譲受人に過失があるときでも債権を取得することはできる。

2 ○ 差押債権者は、譲渡制限特約について善意悪意を問わず、差押え及び転付命令によって債権を取得することができる（民法466条の4第1項）。

3 × 債権譲渡において「債務者」に対抗するためには、債権の譲渡人から債務者に対する通知、又は債務者の承諾が必要であって（民法467条1項）、その通知・承諾には確定日付は不要である。確定日付は第三者（債権が二重譲渡された場合の他の債権譲受人など）への対抗要件である（同条2項）。

4 × 債権が二重譲渡された場合、第三者への対抗要件は「確定日付ある債権譲渡人からの通知又は債務者の承諾」であるが（民法467条2項）、譲受人相互の優劣は「通知の債務者への到達」あるいは「債務者の承諾」の日時の先後による（最判昭49.3.7）。確定日付の先後で決定されるわけではない。

5 × 将来発生すべき債権についても債権譲渡は可能であるが、債権発生の可能性の高低により債権譲渡契約の効力は左右されない（最判平11.1.29）。

問題5 国家専門職（2020年度） ··· 本冊 P.090
正解：1

ア ○ 本肢の記述のとおりである（民法466条の2第1項）。

イ ○ 本肢の記述のとおりである（最判平5.3.30）。

ウ × 債権譲渡の「債務者」への対抗要件である債権譲渡の通知は、譲渡人が債務者に行わなければならない（民法467条1項）。

エ × 債務者は、対抗要件具備時までに譲渡人に対して生じた事由をもって譲受人に対抗することができる（民法468条1項）。

　以上により、妥当なものはア・イとなり、正解は1となる。

正解：3

1 × 債権譲渡は、当事者間では意思表示のみによって効力を生ずるが、その効果を「債務者」に対抗するためには、譲渡人から債務者への通知又は債務者の承諾を要する。これは債務者の主観的要素に左右されない。よって、通知、承諾がなければ、悪意の債務者に対しても債権の譲受けを主張することはできない（民法467条）。

2 × 確定日付のある二通の譲渡通知が同時に債務者に到達したときは、各譲受人は、債務者に対し、それぞれ譲受債権について、その全額の弁済を請求することができ、譲受人の1人から弁済の請求を受けた債務者は、他の譲受人に対する弁済その他の債務消滅事由がない限り、単に同順位の譲受人が他に存在することを理由として、弁済の責めを免れることはできない（最判昭55.1.11）。

3 ○ 第1の債権譲渡の後、債権が弁済その他の事由によって消滅し、さらに当該債権について第2の譲渡が行われたとき、第2の譲渡行為について確定日付のある証書によってその通知がなされても、第2の譲受人は、既に消滅した債権を譲り受けたものであり債権を取得しない。よって、債務者は第2の譲受人に対して支払いを拒むことができる（大判昭7.12.6）。

4 × 譲渡制限の特約に反して債権を譲渡した債権者は、債務者に譲渡の無効を主張する意思があることが明らかであるなどの特段の事情がない限り、特約の存在を理由に譲渡の無効を主張することはできない（最判昭21.3.27）。

5 × 債権譲渡の債務者への対抗要件である債務者の承諾は、債務者から譲渡人、譲受人いずれに対して行ってもよいが、通知は譲渡人から債務者になされるものでなければならない（民法467条1項）。また、通知は、譲渡人の権利ではなく、義務であるから、代位権の対象とはなりえない（大判昭5.10.10）。

1 8 弁済

正解：4

A × 弁済の提供があったとするには、原則、債務の本旨に従った「現実の行為」をしなければならないが、債権者があらかじめ受領を拒んでいるときや債務の履行につき債権者の行為を要する場合（取立債務など）には、例外的に「口頭

の提供」で足りる（民法493条）。この点、本肢では、あらかじめ債務の受領を拒んだときに「限り」と限定している点で誤っている。

B ○ **弁済の費用**について特約がない場合には、原則、**債務者が負担**するが、債権者の住所移転等により費用が増加した場合は、その**増加分は債権者**が負担する（民法485条）。

C ○ 本肢の記述のとおりである（最判昭63.7.1）。

D × 債権者の代理人と称して債権を行使する者も受領権者としての外観を有する者（最判昭37.8.21は改正前の478条の「債権の準占有者」として肯定）と解されるが、その者の弁済が有効とされるには、**弁済者は善意無過失**でなければならない。

以上により、妥当なものはB・Cとなり、正解は4となる。

問題2 裁判所職員（2021年度）………………………………………………………本冊P.099
正解：3

ア ○ 本肢の事例について判例は、**債権譲渡が無効である場合の譲受人**につき、債権の受領権者としての外観を有する者に対する弁済にあたるとしている（大判大7.12.7）。そしてこの場合、**弁済者は、弁済時に善意無過失であることが必要**である（最判昭37.8.21）。よって、本肢の弁済者Cは善意無過失であるため、債務者Cから譲受人Bに対する弁済は、受領権者としての外観を有する者に対する弁済として有効となる。

イ × 債権の本来の内容である給付に代えて、これと異なる別の物の給付を行うことを代物弁済という。**代物弁済は契約である**以上（民法482条）、**債権者の承諾が必要**となる。

ウ × 債務者以外の第三者が弁済をすることは可能であるが、民法474条4項は、**債務の性質が第三者の弁済を許さないときは適用しない**と規定している。芸術家が絵画を創作する債務は、債務者以外の第三者が履行したのでは意味がないため、債務の性質が第三者の弁済を許さないときにあたる。

エ ○ 民法499条は、**債務者のために弁済した者は、債権者に代位**すると規定し、弁済による代位を認めている。さらに、民法501条1項は、債権者に代位した者は、債権の効力及び担保としてその**債権者が有していた一切の権利を行使することができる**と規定している。よって、本肢において、本来の債務者ではな

い第三者である物上保証人Ｃによる債権者Ａに対する弁済は有効であり、その効果として、債権者Ａが有していた甲債権、抵当権はＣに移転する。

以上により、妥当なものは**ア・エ**となり、正解は**3**となる。

問題3 裁判所職員（2020年度）………………………………………………………本冊P.100
正解：4

ア ✕ 債務者は、弁済の提供の時から、債務を履行しないことによって生ずべき責任を免れる（民法492条）。しかし、債務者は一定の債務不履行責任を免れるが、「**一切**」の**債務不履行責任を免れるわけではない**。また、弁済の提供により、債権自体が消滅するとも限らない。

イ ✕ 判例は、**債権者が契約の存在を否定する等、弁済を受領しない意思が明確**と認められるときは、債務者は口頭の提供をしなくても債務不履行の責を免れるものと解すべきとしている（最判昭32.6.5）。

ウ 〇 債務の弁済は、第三者もすることができるが（民法474条1項）、ここでいう第三者とは法律上の利害関係のある第三者を指し（最判昭39.4.21）、**物上保証人はこの第三者に該当する**とされる。

エ 〇 **本肢の記述のとおりである**（最判昭37.8.21）。

オ ✕ **代物弁済契約によりその債権を消滅**するためには、原則として、**対抗要件を具備したことが必要である**（最判昭40.4.30）。

以上により、妥当なものは**ウ・エ**となり、正解は**4**となる。

問題4 裁判所職員（2019年度）………………………………………………………本冊P.101
正解：3

ア 〇 指名債権が二重に譲渡された場合に、債権譲渡の対抗要件（民法467条2項）を後れて具備した、**劣後する譲受人に対してされた弁済**についても、**受領権者としての外観を有する者に対する弁済の適用がある**（最判昭61.4.11）。

イ ✕ 受領権者以外の者であって、取引上の社会通念に照らして受領権者としての外観を有するものに対してした弁済は、その**弁済をした者が善意であり、かつ、過失がなかったときに限り、その効力を有する**（民法478条）。したがって、

「債務者の主観を問わず、無効」となるわけではない。

ウ ✕ いわゆる**代物弁済**について、その弁済者が当該他の給付をしたときは、その給付は、**弁済と同一の効力を有する**（民法482条）。代物弁済契約は諾成契約であるが、その債権を消滅させるためには「他の給付をした」ことが必要である。したがって、当該金銭債務が消滅する効果は「当該合意の成立時」に発生するわけではない。

エ ○ 本肢の記述のとおりである（最判昭63.7.1）。

以上により、妥当なものは**ア・エ**であり、正解は**3**となる。

1 9 相殺

問題1 特別区Ⅰ類（2020年度）····················· 本冊P.108

正解：5

1 ✕ 相殺適状にあるためには、双方の債務が弁済期にあることを要する（民法505条1項本文）。ただし判例は、**自働債権の弁済期が到来**していれば、**相殺を認めている**（大判昭8.5.30）。受働債権については、期限の利益を放棄できるからである。つまり、**自働債権は常に弁済期が到来している必要があり**、本肢は「自働債権」と「受働債権」が逆になっている。

2 ✕ **相殺は、双方の債務の履行地が異なってもすることができるが、この場合**、相殺をする当事者は、相手方に対し、**これによって生じた損害を賠償しなければならない**（民法507条）。

3 ✕ **時効によって消滅した債権が、その消滅以前に相殺適状に達していた場合**は、その債権者は相殺**をすることができる**（民法508条）。既に生じている相殺への期待を保護したものである。

4 ✕ 判例は、**賃金過払いによる不当利得返還請求権を自働債権**とし、その後に**支払われる賃金の支払請求権を受働債権としてする相殺は、過払いのあった時期と賃金の清算調整の実を失わない程度に合理的に接着した時期**においてなされ、しかも、**その金額、方法等においても労働者の経済生活の安定をおびやかすおそれのないものである場合にかぎり許される**としている（最判昭45.10.30）。

5 ○ **本肢の記述のとおりである**（最判昭32.3.8）。

問題2 特別区Ⅰ類（2018年度）・・・本冊P.108

正解：4

1 × 相殺禁止の合意は、善意無重過失の第三者に対抗することができない（民法505条2項）。逆に言えば、悪意重過失の第三者には対抗できる。債権を譲り受けた善意の第三者の相殺への期待を保護したものである。

2 × 相殺の効果は、**相殺適状の時に遡って効力を有する**（民法506条2項）。

3 × 時効によって消滅した債権がその**消滅以前に相殺適状**になっていた場合、その債権者は相殺することができる（民法508条）

4 ○ **本肢の記述のとおりである**（民法509条1号）。不法行為の加害者は、現実にかつ迅速に被害者の損害を填補すべきであること、なかなか弁済してくれない債務者に対して、腹いせとして不法行為を働き、その賠償債務で相殺するような行為を防止することを理由としている。

5 × 差押えを受けた債権の第三債務者は、差押後に取得した債権による相殺をもって、差押債権者に対抗することができない（民法511条1項）。差押前に取得した債権であれば、自働債権及び受働債権の弁済期の前後を問わず、相殺適状に達しさえすれば、差押後においても、第三債務者は相殺することができる（最大判昭45.6.24）。

問題3 裁判所職員（2022年度）・・・本冊P.109

正解：2

ア ○ **時効によって消滅した債権を自働債権とする相殺**をするためには、消滅時効が援用された自働債権は、その**消滅時効期間が経過する以前**に受働債権と**相殺適状にあったことを要する**（最判昭51.3.4）。

イ × **賃貸借契約が、賃料不払のため適法に解除された後、賃借人の相殺の意思表示により賃料債務が遡って消滅**しても、解除の効力に影響はなく、このことは解除の当時、賃借人において自己が反対債権を有する事実を知らなかったため、相殺の時期を失した場合であっても異なるところはない（最判昭32.3.8）。したがって、本肢の解除は無効とはならない。

ウ × 差押後に取得した債権が、差押前の原因に基づいて生じたものであるときは、その第三債務者は、その債権による相殺をもって差押債権者に対抗することができる。ただし、「他人の債権」を取得したときは、この限りでない（民

法511条2項）。本肢のＹ債権は、差押前の原因に基づいて生じたものであるが、ＣはＹ債権をＤから取得しているため、相殺をもって対抗することができない。

エ ○ 本肢では、一度ＡＢの債権が相殺適状になっているため、その期待を保護すべきとも思えるが、**弁済されればＡの債務は消滅**するため、**Ｂは相殺することができない**。

以上により、妥当なものは**ア・エ**となり、正解は**2**となる。

問題4 **国家一般職（2019年度）** ···························· **本冊P.110**
正解：5

1 × 保証人は、主たる債務者が主張することができる抗弁をもって債権者に対抗することができる（民法457条2項、参071ページ）。

2 × 悪意による不法行為に基づく損害賠償債権を受働債権とする相殺は許されない（民法509条柱書本文、1号）。しかし、その債権が譲渡された場合は相殺禁止の対象とならない（民法509条但書）。

3 × 相殺の意思表示は、**相殺適状時に遡ってその効力を生じる**（民法506条2項）。

4 × 時効によって消滅した債権が、その**消滅以前に相殺適状**となっていた場合には、その債権者は**相殺をすることができる**（民法508条）。

5 ○ **本肢の記述のとおりである**（民法506条1項）。単独の意思表示である相殺に条件を付けると相手方の地位を不安定にし、また、相殺の効力は相殺適状時に遡るので、期限を付けることは無意味だからである。

問題1 国家一般職（2022年度）……………………………………………………… 本冊P.120

正解：3

ア × 承諾の期間を定めて契約の申込みをした場合に、その**期間内に承諾者から
の承諾の通知を申込者が受けなかったときは、その申込みは効力を失う**（民法
523条2項）。

イ × 承諾の期間を定めないでした申込みは、原則として、**申込者が承諾の通知
を受けるのに相当な期間を経過するまでは撤回することができない。**しかし、
申込者が撤回をする権利を留保したときは、この限りではない（民法525条1項）。

ウ ○ 本肢の記述のとおりである（民法525条2項）。

エ ○ 本肢の記述のとおりである（民法526条）。申込者が承諾者による承諾前
に死亡した場合、契約当事者の一方が存在しないこととなり、契約を成立させ
ることは妥当でないが、善意の承諾者を保護する必要もある。よって、申込み
を受けた承諾者が承諾の通知を発するまでに申込者の死亡の事実を知ったので
あれば、申込みが失効するとしている。

オ × 承諾者が、**申込みに条件**を付し、その他変更を加えてこれを**承諾したとき
は、承諾者により申込みが拒絶**されたとともに、**新たな申込みを当初の申込者
に対してした**ものとみなされ（民法528条）、**当初の申込者が承諾しない限り
契約は成立しない。**

以上により、妥当なものは**ウ・エ**であり、正解は**3**となる。

問題2 特別区Ⅰ類（2013年度）………………………………………………………… 本冊P.121

正解：4

1 × 売買契約が**詐欺を理由として取り消された**場合（民法96条1項）におけ
る当事者双方の**原状回復義務は、同時履行の関係に立つ**（最判昭47.9.7）。

2 × 履行の提供に関して、催告に示された**履行期が一定期間内**とされたとき
は、原則として、その**期間中履行の提供を継続させなければならない**（最判昭
34.5.14）。相手方からの履行の提供が一度でもあれば、必ずしも同時履行の
抗弁権を失うわけではない。

3 × **抵当権の存在理由は、債権回収の確保**にある。そうであるならば、**債権の回収が確実となったところではじめて、抵当権の設定登記の抹消**がなされなければ、債権回収の確保の確実性を弱める結果につながる。したがって、**債務の弁済と抵当権設定登記の抹消は、同時履行の関係に立たない**（最判昭57.1.19）。

4 ○ 本肢の記述のとおりである（最判昭41.3.22）。**当事者の一方が自己の債務を履行しない意思を明確にした場合、履行の提供をしなくても、その相手方は同時履行の抗弁権を喪失する。**

5 × **敷金**は、賃借人から家屋を返してもらった後で、家屋の修理費用や賃貸借終了から目的物の返還に至るまでの賃料に相当する金額など、**必要な費用を控除して、その残りを返還するもの**とされている。すなわち、賃借人が**先**に家屋を返還しなければ、**敷金返還請求権は発生しない**。したがって、賃借人の家屋明渡債務と賃貸人の敷金返還債務とは同時履行の関係に立たない（最判昭49.9.2、民法622条の2第1項1号）。

問題3 裁判所職員（2021年度） ······················· 本冊P.121

正解：2

ア ○ 不動産の売買契約において判例は、**売主の登記協力義務と買主の代金支払義務は同時履行の関係に立つ**としている（大判大7.8.14）。

イ × 本来、売買契約は、目的物の引渡しと代金の支払いにつき同時に履行されることが予定されている（民法555条、533条）。しかし、**割賦払い**においては、**売主の目的物の引渡しが先履行**であり、買主は、目的物の引渡しを受けた後に代金を分割して支払えばよいと一般的に解されている。この場合において、なぜ売主の目的物引渡しが先履行となるかについては、双務契約の性質として売買契約当事者に与えられている同時履行の抗弁権を売主が放棄し、一方で買主に対して代金の分割弁済という便宜を与えているためである。なお、前払式の割賦払い契約も存在するが、問題文にそのような指定はないため一般的な割賦払い契約と考えるべきである。

例えば、自動車をローンで購入する場合、すべて支払ってからでないと自動車を手に入れられないのならば、ローン契約を行わないよね。

ウ × 造作買取請求権が行使された場合における造作買取代金支払と建物の明渡しについて判例は、造作買取代金は、造作に関して生じた債権であって、建物に関して生じた債権ではないことを理由に同時履行の関係を認めていない（最判昭29.7.22）。

エ × 敷金は、賃借人から家屋を返してもらった後で、家屋の修理費用や賃貸借終了から目的物の返還に至るまでの賃料に相当する金額など、必要な費用を控除して、その残りを返還するものとされている。すなわち、賃借人が先に家屋を返還しなければ、敷金返還請求権は発生しない。したがって、賃借人の家屋明渡債務と賃貸人の敷金返還債務とは同時履行の関係に立たない（最判昭49.9.2、民法622条の2第1項1号）。

オ ○ 請負契約における請負人の目的物引渡義務と注文者の報酬支払義務について判例は、同時履行の関係に立つとしている（大判大5.11.27）。

以上により、妥当なものはア・オであり、正解は**2**となる。

問題4　国家一般職（2014年度）………………………………………………………本冊P.122

正解：5

1 × 相手方の同時履行の抗弁権を消滅させるためには、履行の提供が必要であるが、これは債務の本旨に従って現実にしなければならない（現実の提供）。しかし、債権者があらかじめ受領を拒み、又は債務の履行について債権者の行為を要するときは、弁済の準備をしたことを通知して、その受領を催告すれば足りる（民法493条但書）。つまり、口頭の提供でよい場合もある。

2 × 同時履行の抗弁権の効果は、たとえ債務の履行期日を徒過しても履行遅滞にはならず、契約の解除や損害賠償責任など、債務不履行責任を負うことはない。

3 × 訴訟において、原告の請求に対して被告が同時履行の抗弁権を行使した場合は、原告敗訴の判決がなされるわけではなく、裁判所は被告に対し、原告の給付と引換に給付すべき旨を命ずる判決（引換給付判決）がなされる（大判明44.12.11）。

4 × 留置権は物権でありすべての人に対して主張することができるが、同時履行の抗弁権は、双務契約の相手方以外の第三者に対しては主張しえない。

5 ○ 本肢の記述のとおりである（民法546条、533条）。

正解：3

ア　✕　物権である留置権は全ての人に対抗することができるが、債権である同時
履行の抗弁権は、双務契約の相手方以外の第三者に対しては主張しえない。

イ　✕　判例は、土地賃借人が建物買取請求権を行使した場合（借地借家法13条）
における、建物及び土地の明渡しと建物代金支払いは同時履行の関係に立つと
している（最判昭35.9.20）。

ウ　✕　敷金は、賃借人から家屋を返してもらった後で、家屋の修理費用や賃貸借
終了から目的物の返還に至るまでの賃料に相当する金額など、必要な費用を控
除して、その残りを返還するものとされている。すなわち、賃借人が先に家屋
を返還しなければ、敷金返還請求権は発生しない。したがって、賃借人の家
屋明渡債務と賃貸人の敷金返還債務とは同時履行の関係に立たない（最判昭
49.9.2、民法622条の2第1項1号）。

エ　〇　本肢の記述のとおりである（民法546条、最判昭28.6.16、最判昭
47.9.7）。

オ　〇　贈与契約は片務契約であるが、受贈者に一定の給付をなす債務を負担させ
る負担付贈与契約においては、贈与に関する規定のほかに双務契約に関する規
定が準用される（民法553条）。よって、同時履行の抗弁権や危険負担の規定
が準用される。

以上により、妥当なものは**エ・オ**であり、正解は**3**となる。

正解：3

1 × 解除の意思表示は、**相手方に到達して効力が生じた後は、撤回することができない**（民法540条2項）。任意に撤回できてしまうと、相手方の地位が不安定になり、法律関係が複雑になるからである。

2 × 解除について**催告期間を定めていなくても、催告から解除までに相当の期間が経過していれば解除は有効である**（大判昭2.2.2）。

3 ○ 本肢の記述のとおりである（民法542条1項4号）。このような契約を定期行為と呼び、**定期行為は催告なしに直ちに契約を解除することができる**。定期行為は、期限後に履行されても無意味であり、履行の催告を要求する意味がないからである。

4 × **債務の全部又は一部の履行が不能**となったときは、債権者は、**契約の解除をすることができる**（民法542条1項1号、2項1号）。債権者が解除する場合、債務者の帰責事由は必要でない。

5 × **解除権の行使は、損害賠償の請求を妨げない**（民法545条4項）。解除により契約は遡及的に消滅するが、債務不履行により損害が生じた事実があるならば、その損害の賠償を認めるべきだからである。

正解：3

1 × **約定解除の定義は正しい**。そして、当事者間において、**法定解除における要件や効果を修正する特約を結ぶことができる**。例えば、法定解除の場合には解除の要件となる催告（民法541条）について、当事者の合意でこれを不要とする特約（無催告解除特約）をすることができる。

2 × 契約の性質又は当事者の意思表示により、特定の日時又は一定の期間内に履行をしなければ契約をした目的を達することができない場合（定期行為の場合）において、当事者の一方が**履行をしないでその時期を経過**したときは、相手方は**催告をすることなく、直ちにその契約の解除をすることができる**（民法542条1項4号）。「**できる**」のであり、「**みなされる**」わけではない。つまり、

目的の時期を経過してしまったとしても、**解除することなく、給付を請求することもできる。**

3 ○ 　本肢の記述のとおりである（民法544条）。

4 × 　**解除の遡及効、原状回復義務の点は正しい。** しかし、**解除権の行使は、損害賠償の請求を妨げない**（民法545条4項）。

5 × 　解除権を有する者が**故意若しくは過失で契約の目的物を著しく損傷したとき、解除権は消滅する。** また、**加工又は改造によって目的物を他の種類に変えたときも解除権は消滅する**（民法548条本文）。

| 問題3 | 裁判所職員（2022年度）・・本冊P.132
　　正解：5

ア × 　債務の全部の履行が不能である場合、債権者は、**催告をすることなく、直ちに契約を解除することができる**（民法542条1項1号）。

イ × 　解除について**催告期間を定めていなくても**、催告から解除までに**相当の期間が経過していれば解除は有効である**（大判昭2.2.2）。

ウ ○ 　本肢の記述のとおりである（民法541条但書）。

エ × 　判例は、解除の意思表示について、解除の理由を明示しなければならない旨の規定がないことを理由に、その**理由が示されていない**解除の意思表示は**有効であるとしている**（大判大元.8.5）。

オ ○ 　本肢の記述のとおりである。契約の解除は、債権者を契約の拘束力から解放するための制度であるため、**債務者の帰責事由は、その要件とされていない。**

　以上により、妥当なものは**ウ・オ**であり、正解は**5**となる。

| 問題4 | 国家一般職（2019年度）・・本冊P.133
　　正解：4

ア × 　**当事者の一方が数人**ある場合には、**契約の解除は、その全員から又はその全員に対してのみすることができ**（民法544条1項）、この場合、**解除権が当事者のうち1人について消滅したときは、他の者についても消滅する**（同条2項）。

イ ✕ 判例は、催告と同時に、**催告期間内に適法な履行のないことを停止条件と
する解除の意思表示は有効である**としている（大判明43.12.9）。

「期間内に履行がない場合、解除する」といった条
件のことだよ。

ウ 〇 本肢の記述のとおりである。

肢アの内容にも通ずるけれども、「解除がされない」
方向での規定となっているんだ。

エ ✕ 当事者の一方が解除権を行使した場合、各当事者は、その相手方を原状に
復させる義務を負う（民法545条1項本文）。しかし、いわゆる「**解除前の第
三者**」は、その者の善意・悪意を問わず保護される。ただし、**保護されるため
の要件として、対抗要件を備えていることが必要**である（最判昭33.6.14）。

オ 〇 いわゆる「**解除後の第三者**」について、解除権者と第三者との関係は民法
177条の**対抗関係**であり、**先に登記した者**が権利を主張することができる（最
判昭35.11.29）。なお、本肢については第三者も登記を有していないと思う
かもしれないが、登記がなければ「対抗できない」ので、第三者も登記を有し
ていなければ、第三者も確定的に権利主張ができない。つまり、互いに権利の
主張ができない状態となる。

　以上により、妥当なものは**ウ・オ**であり、正解は**4**となる。

2 3 贈与契約

問題1　特別区Ⅰ類（2019年度）……………………………………………………本冊P.138
　正解：4

1 ✕ 贈与契約（民法549条）とは、**当事者の一方（贈与者）が相手方（受贈者）
に無償で自己の財産を与える契約（無償契約）**であり、**受贈者は原則として、
義務を負わない（片務契約）**。また、**贈与者と受贈者の合意が必要である（諾
成契約）**。したがって、本肢は贈与契約を要物契約、双務契約とする点で誤っ
ている。

2 ✕ 本肢の前半は正しいが、**負担付贈与**について、**贈与者は、その負担の限度**

において、売主と同じく担保の責任を負う（民法551条2項）。

3 × 定期贈与は、当事者の死亡で効力を失う（民法552条）。**終期の定めのない無期限贈与であっても、定期贈与と同様に当事者いずれかの死亡によって終了し、終期の定めのある期間付贈与も、特約があれば期間の途中で終了**する。

4 ○ 書面によらない贈与について、**履行の終わった部分については解除することができない**（民法550条但書）。この**「履行の終わった」**とは、贈与の目的物が不動産の場合には、**登記又は引渡しがなされた場合**である（大判明43.10.10、最判昭40.3.26）。そして、これは当事者間の合意により、移転登記の原因を形式上の売買契約とした場合も同様である。

5 × 判例は、本肢の事案において、贈与者が司法書士に依頼して作成させた売主から受贈者への中間省略登記を指図する売主宛の内容証明郵便を贈与の書面とした（最判昭60.11.29）。

少し細かい判例なので、STEP1では触れていないが、ここで内容を確認しておこう。

問題2 特別区Ⅰ類（2017年度）…………………………………………… 本冊P.139

正解：1

1 ○ **贈与契約**（民法549条）とは、**当事者の一方（贈与者）が相手方（受贈者）に無償で自己の財産を与える契約**（無償契約）であり、**受贈者は原則として、義務を負わない**（片務契約）。また、**贈与者と受贈者の合意が必要**である（諾成契約）。

2 × **書面によらない贈与が動産で行われた場合、その動産の引渡しをもって履行の終了となり、贈与契約を解除することができなくなる**（民法550条但書）。そして、この場合の引渡しは、**現実の引渡しに限られず、占有改定や指図による占有移転も含まれる**。

3 × **負担付贈与については、贈与者は、その負担の限度において、売主と同じく担保責任を負う**（民法551条2項）。

4 × **定期贈与は、贈与者又は受贈者の死亡によって効力を失う**（民法552条）のが原則である。ただし、**特約により反対の意思表示があった場合にはこの限りではない**。

5 ×　死因贈与も贈与契約の1つであり、契約である以上、受贈者の承諾が必要である。なお、死因贈与は、単独行為である遺贈との共通点が多いことから、遺贈に関する規定が準用され（民法554条）、遺言の方式に関する規定によって行うものとされている。

2 4 売買契約

問題1　裁判所職員（2020年度）……………………………………………本冊P.146
正解：2

1 ×　買主が売主に手付を交付したときは、「買主」はその手付を放棄し、「売主」はその倍額を現実に提供して、契約の解除をすることができる。ただし、その**相手方が契約の履行に着手した後は、この限りでない**（民法557条1項）。売主の倍額の提供は、口頭では足りず、現実の提供が必要である。

2 ○　本肢の記述のとおりである（最判昭29.1.21）。

3 ×　判例は、解約手付と違約手付の性質を兼ねることはできるとしている（最判昭24.10.4）。

4 ×　相手方が契約の履行に着手した後は、手付による解除をすることができない（民法557条1項但書）。ここでいう「履行に着手」について判例は、「解約手付の授受された第三者所有の不動産の売買契約において、売主が、右不動産を買主に譲渡する前提として、**当該不動産につき所有権を取得**し、かつ、自己名義の所有権取得登記を得た場合には、民法557条第1項にいう「**契約ノ履行ニ着手**」したときにあたるものと解するのを相当とする」（最大判昭40.11.24）としている。

5 ×　相手方が契約の履行に着手するまでは、手付による解除をすることができる（民法557条1項）。本肢において、相手方である売主はまだ履行に着手していないため、買主からの手付解除はすることができる。

問題2　国家一般職（2022年度）……………………………………………本冊P.147
正解：2

1 ×　売買契約において買主が売主に手付を交付した場合、その交付に当たって**当事者が手付の趣旨を明らかにしていなかったとき**は、反対の証拠がない限り、

民法557条1項に規定する解約手付と認めるべきであるとするのが判例である（最判昭29.1.21）。「違約手付」ではない。

2 ○　いわゆる**他人物売買も有効**である（民法561条）。

3 ×　本肢のような**契約不適合**について、**買主は売主に対して追完請求をすることができる**が、売主は、買主に不相当な負担を課するものでないときは、買主が請求した方法と異なる方法により履行の追完をすることができる（民法562条1項）。必ずしも買主が請求した方法によらなければ履行の追完をしたことにはならないわけではない。

4 ×　買主が**契約不適合責任の追及**として、売主に対し**代金減額請求**をする際には、原則として、買主は売主に対して、まず**相当の期間を定めた履行の追完の催告をしなければならない**が（民法563条1項）、**履行の追完が不能**であるときや、**売主が履行の追完を拒絶する意思を明確に表示したとき**など、一定の場合には、追完の催告なく直ちに代金減額請求をすることができる（同条2項）。したがって、「必ず相当の期間を定めた履行の追完の催告をしなければならない」わけではない。

5 ×　追完請求、代金減額請求といった**契約不適合責任の追及をすることができる場合でも、損害賠償の請求や契約解除をすることができる**（民法564条）。

問題3　**国家一般職（2017年度）**······················· 本冊P.148

正解：5

1 ×　**相手方が契約の履行に着手するまでは、手付による解除をすることができる**（民法557条1項）。本肢において、相手方である売主はまだ履行に着手していないため、買主からの手付解除はすることができる。判例も、自ら履行に着手した後であっても、相手方が履行に着手するまでは買主は手付を放棄して契約の解除ができるとしている（最大判昭40.11.24）。

2 ×　最判昭24.10.4は、本肢のような「**違約手付**」であることを記載していても、**それだけで民法557条1項の解約手付を排除するものではない**とする。したがって、売主は手付により契約を解除することができる。

3 ×　本肢のように、**所有者が売主への売却の意思が全くない他人物売買**の場合であっても、**売買契約として有効**である。他人物売主の説得等により、翻意する可能性があるからである。

4 × 競売の目的物の「種類又は品質」に関する不適合については、担保責任の追及はできない（民法568条4項）。

5 ○ 本肢の記述のとおりである（民法575条1項）。

問題4 特別区Ⅰ類（2021年度）・・・本冊P.149

正解：1

1 ○ 「売買の一方の予約」とは、売買契約において、売主が将来、目的物を再び買うことを予約することである。売買の一方の予約は、相手方が売買を完結する意思を表示した時から、（再）売買の効力を生じ、この意思表示について期間を定めなかったときは、予約者は、相手方に対し、相当の期間を定めて、その期間内に売買を完結するかどうかを確答すべき旨の催告をすることができる。なお、この場合において、相手方がその期間内に確答をしないときは、売買の一方の予約は、その効力を失う（民法556条）。

2 × 相手方が契約の履行に着手した後は、手付による解除はできない（民法557条1項但書）。

3 × 民法561条は「他人の権利（権利の一部が他人に属する場合におけるその権利の一部を含む）を売買の目的としたときは、売主は、その権利を取得して買主に移転する義務を負う」と規定している。つまり、「一部」の他人物売買も有効である。

4 × 民法562条1項本文は「引き渡された目的物が種類、品質又は数量に関して契約の内容に適合しないものであるときは、買主は、売主に対し、目的物の修補、代替物の引渡し又は不足分の引渡しによる履行の追完を請求することができる」と規定しているが、買主の責めに帰すべき事由による場合は、買主は履行の追完を請求することができない（同条2項）。よって、目的物の修補による履行の追完を請求することもできない。

5 × 民法567条1項は「売主が買主に目的物（売買の目的として特定したものに限る。以下この条において同じ）を引き渡した場合において、その引渡しがあった時以後にその目的物が当事者双方の責めに帰することができない事由によって滅失し、又は損傷したときは、買主は、その滅失又は損傷を理由として、履行の追完の請求、代金の減額の請求、損害賠償の請求及び契約の解除をすることができない。この場合において、買主は、代金の支払を拒むことができない」と規定している。

問題 5 特別区Ⅰ類（2015年度）・・本冊P.150

正解：5

1 × いわゆる**他人物売買の売主がその権利を買主に移転することができない**場合、**売主は一般の債務不履行責任を負う**ことになる（民法415条）。よって、契約の解除も損害賠償請求もでき、買主が他人物売買であることを知っていたときも変わりはない。

2 × 権利に関する契約不適合でも、履行の追完請求や代金減額請求ができる（民法565条による562条〜564条の準用）。

3 × まだ引き渡されていない売買の目的物から生じた果実は、売主に帰属する（民法575条1項）。

4 × 売買の目的について権利を主張する者があるために買主がその買い受けた権利の全部又は一部を失うおそれがあるときは、買主はその危険の程度に応じて代金の支払いを拒むことができる（民法576条本文）。しかし、売主が相当の担保を供したときは、代金の支払いを拒むことはできない（同条但書）。

5 ○ 買い受けた不動産について契約の内容に適合しない抵当権の登記があるときは、買主は、抵当権消滅請求の手続が終わるまで、その代金の支払を拒むことができるが、この場合において、売主は、買主に対し、遅滞なく抵当権消滅請求をすべき旨を請求し、また、その代金の供託を請求することができる（民法577条1項、578条、参143ページ）。

問題 6 裁判所職員（2022年度）・・・本冊P.151

正解：3

ア × **買主は、売買の目的物の引渡しと同時に代金を支払うべきときは、その引渡しの場所**において支払わなければならないが（民法574条）、この場合であっても、目的物の引渡しを先に受けた場合は、民法484条1項（弁済の場所）に基づき支払う場所を決するとするのが判例である（大判昭2.12.27）。

イ ○ 本肢の記述のとおりである（大連判大13.9.24）。

ウ ○ いわゆる**他人物売買の売主がその権利を買主に移転することができない**場合、**売主は一般の債務不履行責任を負う**ことになる（民法415条）。よって、契約の解除も損害賠償請求もでき、買主が他人物売買であることを知っていたときも変わりはない。

エ ✕ 契約の不適合につき、**売主に帰責事由がない場合であっても、買主は、契約の解除を請求することができる**（民法564条）。なお、**損害賠償請求には、売主の帰責事由が必要である**（民法415条）。

オ ✕ **売主が種類又は品質に関して契約の内容に適合しない目的物を買主に引き渡した場合**において、**買主がその不適合を知った時から1年以内にその旨を売主に通知しないときは、買主は、その不適合を理由として、履行の追完の請求、代金の減額の請求、損害賠償の請求及び契約の解除をすることができない**（民法566条）。「売買契約が成立した時から」ではない。

以上により、妥当なものは**イ・ウ**であり、正解は**3**となる。

2 5 消費貸借・使用貸借契約

問題1 裁判所職員（2021年度）······························· 本冊 P.158
正解：**4**

ア ✕ **消費貸借契約は、受け取った物を消費し**、その後、**同種・同品質・同数量の物を返還する**ものである。したがって、本肢の「その米俵3俵（そのもの）を返す」という契約は、消費貸借契約ではない。なお、有償であれば賃貸借契約、無償であれば使用貸借契約となる。

イ ◯ 本肢の記述のとおりである（民法589条1項）。

ウ ✕ **消費貸借契約は、原則として、金銭その他の物を受け取ることによってその効力が生じる**（民法587条、要物契約）。ただし、**書面でする消費貸借契約は、要物契約ではなく、当事者の合意により効力が生じる**（民法587条の2第1項）。本肢の消費貸借契約は「口頭の合意」によるものであるため、消費貸借契約の成立には100万円の交付が必要である。

エ ✕ **消費貸借契約は、借主が貸主より金銭その他の物を受け取ることによってその効力が生じる要物契約である**。よって、**消費貸借契約が成立した**ということは、**目的物を受け取っており**、借主は貸主から金銭その他の物を借りる債務は負わない。

オ ◯ **借主は、返還時期の定めの有無にかかわらず、いつでも目的物を返還できる**（民法591条2項）。

以上により、妥当なものは**イ・オ**であり、正解**4**となる。

問題2 裁判所職員（2020年度）································ 本冊P.158

正解：5

1 × 消費貸借契約は、原則として、無利息である。貸主は、特約がなければ、借主に対して利息を請求することができない（民法589条）。

2 × 借主は、返還時期の定めの有無にかかわらず、いつでも返還をすることができる（民法591条2項）。

3 × 当事者が**返還の時期を定めなかったとき**は、貸主は、相当の期間を定めて**返還の催告をすることができる**（民法591条1項）。そのため、**借主の返還義務は、催告後相当期間を経過しなければ生じない**。よって、貸主から返還を求められたとしても、直ちに返還しなければならないわけではない。

4 × 借主は、返還時期の定めの有無にかかわらず、いつでも返還をすることができる（民法591条2項）。

5 ○ 本肢の記述のとおりである（民法589条2項）。

問題3 裁判所職員（2013年度）································ 本冊P.159

正解：4

ア 誤 準消費貸借とは、既存の債務を当事者どうしの合意によって、金銭の授受がなくても消費貸借上の債務に準じて扱うというものである（民法588条）。そして、その既存の債務は、売買代金や損害賠償債務、消費貸借上の債務であってもよいとされる（大判大2.1.24）。

イ 正 本肢の記述のとおりである。準消費貸借契約は基礎となる旧債務が存在しなければならず、もしそれが存在しなかったり（最判昭43.2.16）、無効であったときは、契約は無効となる。

ウ 誤 当事者が**返還の時期を定めなかったとき**は、貸主は、相当の期間を定めて**返還の催告をすることができる**（民法591条1項）。そのため、**借主の返還義務は、催告後相当期間を経過しなければ生じない**。よって、貸主から返還を求められたとしても、直ちに返還しなければならないわけではない。

エ 誤 **無償で不動産を借り受けている借主が、固定資産税を負担**している場合において、判例は、貸借関係において金銭の負担があっても、その負担が目的物

の使用の対価の意味を持つものと認める**特段の事情がない限りは、当該貸借関係は**使用貸借であるとしている（最判昭41.10.27）。

　以上により、正誤の組み合わせは**ア：誤、イ：正、ウ：誤、エ：誤**であり、正解は**4**となる。

問題4　国家一般職（2021年度）……………………………………………本冊P.160
　正解：2

1　×　**使用貸借は、当事者の一方がある物を引き渡すことを約し、相手方がその受け取った物について無償で使用及び収益をして契約が終了したときに返還をすることを約することによって、その効力を生ずる**（民法593条）。つまり、**諾成契約**であり、契約の成立に物の受取りは必要ではない。

2　○　**本肢の記述のとおりである**。ただし、**書面による使用貸借については、この限りでない**（民法593条の2）。

3　×　使用貸借の**借主は、貸主の承諾を得なければ、第三者に借用物の使用又は収益をさせることができない**（民法594条2項）。

4　×　使用貸借は、**借主の死亡**によって**終了**する（民法597条3項）。なお、「貸主」の死亡では終了しない。

5　×　**借主は、借用物の通常の必要費を負担**する（民法595条1項）。

問題5　国家一般職（2015年度）……………………………………………本冊P.161
　正解：2

ア　×　**使用貸借は諾成契約である**（民法593条）。契約の成立に目的物の引渡しは必要ない。

イ　×　使用貸借契約において、**借主が貸主の承諾を得ずに借用物を第三者に使用又は収益**させた場合、**貸主は催告なくして契約を解除することができる**（民法594条2項、3項）。

ウ　×　使用貸借の**借主は、通常の必要費は負担**しなければならないが（民法595条1項）、それ以外の借用物にかかる費用（通常の必要費以外の必要費、有益費）については、**借用物の返還時に、貸主に対して償還を請求することができる**（民

法595条2項、583条2項)。償還を請求できるので、借主の負担ではない。

エ × 　使用貸借における貸主は、契約不適合責任を負わない。

オ ○ 　本肢の記述のとおりである（民法597条1項、3項）。なお、「貸主」の死亡では、終了しない点に注意すること。

　以上により、妥当なものはオのみであり、正解は**2**となる。

2 6 賃貸借契約①

問題1 　特別区Ⅰ類（2020年度）…………………………………………………………本冊P.168

正解：5

1 × 　**賃貸人が賃貸物の保存に必要な行為をしようとするときは、賃借人はこれを拒むことができない**（民法606条2項）。また、**賃貸人の保存行為が賃借人の意思に反し、賃借をした目的を達成することができなくなるときは、賃借人は契約を解除することができる**（民法607条）。したがって、これを拒むことや、賃料の減額請求ができるわけではない。

2 × 　賃借人が賃貸人の負担に属する**必要費を支出したときは、賃貸人に対し、直ちにその償還を請求することができる**（民法608条1項）。賃貸借の終了時に請求できるのは有益費である（同条2項）。

3 × 　判例は、賃貸借終了時における**敷金返還債務と目的物の明渡債務**は、一個の双務契約によって生じた対価的債務の関係にあるものとすることはできず、**同時履行の関係に立つものではない**としている（最判昭49.9.2）。

4 × 　判例は、**賃料の不払いを理由として賃貸借を解除するには、賃貸人は賃借人に対して催告をすれば足り、転借人にその支払いの機会を与える必要はない**としている（最判昭37.3.29、参173ページ）。

5 ○ 　本肢は「賃借人」の地位の移転があったケースである。この事案において判例は、当該敷金をもって、将来、新賃借人が新たに負担することとなる債務についてまで担保しなければならないとすることは、敷金交付者にその予期に反して不利益を被らせることになって相当でないことなどを理由として、**敷金関係の新賃借人への承継を否定している**（最判昭53.12.22、民法622条の2第1項2号）。

正解：1

ア ○ 本肢の記述のとおりである（借地借家法10条1項）。民法上、賃借権の登記は、賃貸人の義務ではないので、借地借家法において修正されている。

イ × **賃借人が適法に賃借物を転貸**したときは、「転借人」は「賃貸人」に対して直接義務を負うが、**「賃貸人」は「転借人」に対して、直接に義務は負わない**。なお、「転借人」が「賃貸人」に対して直接負う義務とは、転借人は、賃貸人と賃借人との間の賃貸借に基づく賃借人の債務の範囲を限度として、賃貸人に対して転貸借に基づく債務を直接履行する義務を負う（民法613条）。

ウ ○ 賃借人は、賃借物について賃貸人の負担に属する**必要費を支出**したときは、賃貸人に対し、**直ちにその償還を請求**することができる（民法608条1項）。「雨漏りを修繕するための費用」は必要費に該当する。

エ × **賃貸人は、賃借人が賃借権に基づいて生じた金銭の給付を目的とする債務を履行しないときは、敷金をその債務の弁済に充てることができる**。しかし、**賃借人は、賃貸人に対し、敷金を債務の弁済に充てることを請求することができない**（民法622条の2第2項）。自分で債務の不履行をしておいて、敷金での充填を認めてしまうと、賃貸人はその後の担保を失うからである。

オ × 賃貸借契約の解除は、**将来に向かってのみその効力を生じる**（民法620条、**参**172ページ）。つまり、賃貸借契約に解除の遡及効はないので、解除されたことによって、従前の賃貸借契約の期間中、賃貸目的物を不法に占有していたことにはならない。

以上により、妥当なものは**ア・ウ**であり、正解は**1**となる。

正解：1

ア ○ 借地権は、その登記がなくても、土地の上に借地権者が登記されている建物を所有するときは、これをもって第三者に対抗することができる（借地借家法10条1項）。しかし、**この建物登記は借地人名義でなければならず、同居家族名義の建物の登記では、借地権の対抗要件は取得できない**（最大判昭41.4.27）。

イ × 判例は、賃貸借終了時における**敷金返還債務と目的物の明渡債務**は、一個の双務契約によって生じた対価的債務の関係にあるものとすることはできず、**同時履行の関係に立つものではない**としている（最判昭49.9.2）。

ウ ○ 対抗要件を備えた不動産賃借人は、**不動産賃借権に基づいて妨害排除請求権や返還請求権を行使することができる**（民法605条の4）。

エ × 適法な転貸借関係が存在する場合、**賃借人の賃料の不払いを理由に賃貸借契約を解除する**には、賃貸人は賃借人に催告すれば足り、**転借人にその支払いの機会を与える必要はない**（最判昭37.3.29、参173ページ）。

オ × **賃貸人は、賃借人**が賃貸借に基づいて生じた金銭の給付を目的とする**債務を履行しないときは、敷金をその債務の弁済に充てることができる。**しかし、**賃借人は、賃貸人に対し、敷金を債務の弁済に充てることを請求することができない**（民法622条の2第2項）。

以上により、妥当なものは**ア・ウ**であり、正解は**1**となる。

問題4 国家専門職（2017年度）·· 本冊P.171

正解：4

ア × **賃料の支払**について民法では「賃料は、動産、建物及び宅地については毎月末に、その他の土地については**毎年末**に、支払わなければならない。ただし、収穫の季節があるものについては、その**季節の後**に遅滞なく支払わなければならない」（民法614条）としている。つまり、**後払い**が基本であり、賃料の支払は前払いとされていない。

イ ○ 本肢の記述のとおりである（最判昭28.9.25）。

ウ ○ 本肢の記述のとおりである（最判昭49.3.19、民法605条の2第3項）。賃貸物の所有権の移転について未登記の譲受人である新所有者は、賃貸人たる地位の取得を賃借人に対抗することができない。賃借人が本当に賃料を支払ってよいのかを判断できるようにするためである。

エ × **敷金の返還時期**については、賃貸借が終了し、賃借人が家屋を**明け渡した**時である（最判昭49.9.2、民法622条の2第1項1号）。よって、賃借人の家屋明渡しと賃貸人の敷金返還とは**同時履行の関係には立たない**ので、敷金が返還されるまで家屋の明渡しを拒むということはできない。

オ ○ 本肢の記述のとおりである（最判昭53.12.22、民法622条の2第1項2号）。

　以上により、妥当なものはイ・ウ・オとなり、正解は**4**となる。

2 7 賃貸借契約②

問題1 国家一般職（2020年度）………………………………………………………本冊P.176

　正解：**5**

ア × **賃貸人が賃貸物の保存に必要な行為をしようとするときは、賃借人はこれ
を拒むことができない**（民法606条2項）。また、**賃貸人の保存行為が賃借人
の意思に反し、賃借をした目的を達成することができなくなるときは、賃借人
は契約を解除することができる**（民法607条）。したがって、これを拒むこと
ができるわけではない（参162ページ）。

イ × 賃借人が賃借物について有益費を支出したときは、賃貸人は、**賃貸借終了
の時に**、その償還をしなければならない（民法608条2項本文）。直ちにその
償還を請求することはできない（参163ページ）。

ウ ○ 本肢の記述のとおりである（民法616条の2）。

エ × **当事者が賃貸借の期間を定めなかったときは、各当事者は、いつでも解約
の申入れをすることができる**。この場合、動産の賃貸借は、解約の申入れの日
から**1日**を経過することによって終了する（民法617条1項3号）。

オ ○ 本肢の記述のとおりである（民法622条の2第2項、参165ページ）。

　以上により、妥当なものは**ウ・オ**であり、正解は**5**となる。

問題2 国家一般職（2018年度）………………………………………………………本冊P.177

　正解：**4**

ア × 判例は、**賃借人は賃貸人に対して、特約や特別な規定がない限り賃貸借の
登記請求権を有しない**としている（大判大10.7.11、参164ページ）。

イ × **賃貸借契約の解除は、将来に向かってのみその効力を生じる**（民法620条）。
遡及効はない。

ウ ○ 賃借人が賃借物について**有益費を支出したときは、賃貸人は賃貸借終了時に償還しなければならない**（民法608条2項）。そして、**賃借人の有益費を支出した後に賃貸人が交替**したときは、判例は、特段の事情がない限り、**新賃貸人が償還義務を負う**とした（民法605条の2第4項、最判昭46.2.19、 📖163ページ）。

エ × 判例は、**賃貸人の承諾ある転貸借**において、原賃貸借が賃借人（転貸人）の債務不履行を理由とする解除により終了した場合は、**賃貸人が賃借人に対して、目的物の返還を請求したときに転貸借契約も終了する**とした（最判平9.2.25）。よって、本肢のＡは、Ｃに対して当該建物の返還を請求することができる。

なお、賃貸人の承諾ある転貸借において、賃貸人と賃借人が賃貸借を合意解除した場合、転貸借は存続することに注意しておこう（最判昭37.2.1）。

オ ○ 本肢は、不動産賃貸借の解除権の制限の話である。判例は、**増改築禁止の特約に反し、賃借人が賃貸人に無断で増改築**をした場合であっても、増改築が賃貸人に対する**信頼関係を破壊するものでない限り、信義誠実の原則上、賃貸人は解除権を行使できない**とした（最判昭41.4.21、 📖164ページ）。

以上により、妥当なものは**ウ・オ**であり、正解は**4**となる。

2 8 請負契約

問題1 特別区Ⅰ類（2019年度） ·· 本冊P.182

正解：1

1 ○ 本肢の記述のとおりである。請負契約は、当事者の一方（請負人）がある仕事を完成し、もう一方（注文者）がその結果に報酬を支払うことを内容とする諾成・双務・有償契約である（民法632条）。

2 × 注文者が破産手続開始の決定を受けたとき、請負人は契約の解除をすることができるが（民法642条1項本文）、この場合、**請負人は、既にした仕事の報酬及びその中に含まれていない費用**について、**破産財団の配当に加入すること**ができる（同条2項）。

3 × 委任は各当事者においていつでも解除することができるが（民法651条1項）、当事者の一方が**相手方の不利な時期**において委任を解除したときや、委任者が受任者の利益をも目的とする委任を解除したときは、その**損害を賠償**しなければならない（同条2項）。ただし、**やむをえない事由**があったときは損

害の賠償は不要である（同項但書）。したがって、必ず相手方の損害を賠償しなければならないわけではない（参188ページ）。

4 ✕ 委任は、原則として、委任者又は受任者の死亡、破産手続開始の決定、受任者の後見開始の審判があったときに終了する（民法653条）。つまり、後見開始の審判が終了事由となるのは「受任者」のみである。また、これらの原則は特約によって変更することもできる（参189ページ）。

「委任者」に後見開始の審判があった場合こそ、代わりに法律行為等を行う受任者の出番ともいえるよ。

5 ✕ 委任事務を処理するのに費用を要するとき、受任者は、委任者に対しその費用の前払を請求することができる（民法649条、参187ページ）。

問題2 裁判所職員（2019年度）·····································本冊P.183

正解：**5**

ア 誤 **請負契約**において、**仕事の目的物の引渡しを要しない**ときは、請負人は、仕事の完成前に報酬の支払請求をすることはできない。

イ 正 本肢の記述のとおりである（大判昭18.7.20）。

ウ 誤 **下請負契約**は、元の請負契約とは別個独立した関係にあり、注文者と下請負人との間には直接の法律関係はなく、下請負契約と元の請負契約とは互いに影響を与えるものではない。

エ 正 本肢の記述のとおりである。請負人が仕事を完成しない間は、注文者は、いつでも損害を賠償して契約の解除をすることができる（民法641条）。

以上により、正誤の組み合わせは**ア：誤、イ：正、ウ：誤、エ：正**であり、正解は**5**となる。

問題3 国家一般職（2021年度）·· 本冊P.184

正解：2

ア ○ 本肢の記述のとおりである。請負契約の**報酬**は、仕事の**目的物の引渡し**と同時に支払わなければならない（民法633条本文）。

イ × **注文者の責めに帰することができない事由によって仕事を完成することができなくなった**場合に、**請負人が既にした仕事の結果**のうち可分な部分の給付によって注文者が利益を受けるときは、その部分は仕事の完成とみなされる。この場合において、請負人は、注文者が受ける利益の割合に応じて報酬を請求することができる（民法634条1号）。

ウ ○ 本肢の記述のとおりである（民法637条1項、2項）。

エ × 請負人が仕事を完成しない間は、注文者はいつでも損害を賠償して契約の解除をすることができる（民法641条）。

オ × 建物建築工事の**注文者と元請負人との間**に、請負契約が**中途で解除された際の出来形部分の所有権は注文者に帰属する旨の約定**がある場合には、元請負人から一括して当該工事を請け負った下請負人が自ら材料を提供して出来形部分を築造したとしても、注文者と下請負人との間に格別の合意があるなど特段の事情のない限り、**右契約が中途で解除された際の出来形部分の所有権は注文者に帰属**する（最判平5.10.19）。

以上により、妥当なものは**ア・ウ**であり、正解は**2**となる。

問題4 国家専門職（2020年度）·· 本冊P.185

正解：3

ア × 請負代金の**報酬支払い**は、仕事の目的物の引渡しと同時であるが、**物の引渡しを要しない場合は後払い**とされている（民法633条、624条1項）。

イ ○ 本肢の記述のとおりである（民法634条1号）。

ウ ○ 本肢の記述のとおりである。判例は、本肢のように述べて、注文者と元請負人との間に、契約が中途で解除された際の出来形部分の所有権は注文者に帰属する旨の約定がある場合で当該契約が中途解除されたとき、元請負人から一括して当該工事を請け負った下請負人が自ら材料を提供して出来形部分を築造

したとしても、特段の事情のない限り、下請負人は建物又は出来形部分の所有権を主張できないとしている（最判平5.10.19）。

エ × 注文者が破産手続開始の決定を受けたときは、**請負人や破産管財人は契約の解除をすることができる**が、**仕事完成後**においては、**契約の解除ができない**（民法642条1項）。

オ × 請負人が仕事を完成しない間は、注文者はいつでも損害を賠償して契約の解除をすることができる（民法641条）。解除の理由は問わないので、本肢のように「正当な理由」は必要ない。

以上により、妥当なものは**イ・ウ**であり、正解は**3**となる。

2 9 委任契約

問題1 裁判所職員（2020年度）·······························本冊P.192
正解：3

1 × 受任者は、委任の本旨に従い、**善良な管理者の注意**をもって、委任事務を処理する義務を負う（民法644条）。「自己の財産に対するのと同一の注意」ではない。

2 × 委任事務を処理するについて費用を要するときは、**委任者は、受任者の請求により、その前払をしなければならない**（民法649条）。

3 ○ **本肢の記述のとおりである**（民法650条1項）。

4 × 受任者は、報酬を受けるべき場合には、**委任事務を履行した後でなければ、報酬を請求できない**。ただし、**期間によって報酬を定めたときは、その期間を経過した後に、請求することができる**（民法648条2項、624条2項）。したがって、本肢の「委任事務を履行した後でなければ」という部分が誤っている。

5 × 委任契約は、委任者の**死亡によって終了する**（民法653条1号）。なお、受任者の死亡によっても終了する。

問題2　裁判所職員（2018年度）······································本冊P.192

正解：4

1　×　委任は、当事者の一方が**法律行為をすることを相手方に委託し、相手方がこれを承諾することによって、その効力を生じる**（民法643条）。つまり、**報酬の支払の合意は成立要件となっていない**。なお、委任契約は無償が原則である。

2　×　委任事務を処理するについて**費用を要する**ときは、**委任者は、受任者の請求により、その前払いをしなければならない**（民法649条）。

3　×　委任は、**各当事者がいつでも解除できる**（民法651条1項）。相手方の不利な時期に解除する場合、その損害を賠償する必要があるが、解除できないわけではない。

4　○　**本肢の記述のとおりである**（民法644条）。

5　×　受任者は、**委任者のために自己の名で取得した権利を委任者に移転**しなければならない（民法646条2項）。

問題3　裁判所職員（2015年度）······································本冊P.193

正解：3

ア　×　委任は、当事者の一方が**法律行為をすることを相手方に委託し、相手方がこれを承諾することによって、その効力を生じる**（民法643条）。つまり、委任契約は**諾成契約**であり、**委任状の交付は契約の成立要件とされていない**。

イ　×　民法は、①委任者の責めに帰することができない事由によって委任事務の履行をすることができなくなったとき、②委任が履行の中途で終了したときは、**受任者は、既にした履行の割合に応じて報酬を請求することができる**と規定している（民法648条3項）。

ウ　○　**本肢の記述のとおりである**（民法650条3項）。受任者には無過失が必要であるが、その場合、**委任者は無過失責任**となっている。

エ　○　**委任契約の解除の効力**は、遡及効ではなく、**将来効**とされている（民法652条、620条）。委任契約は、賃貸借契約と同様に継続的契約であることに基づく。

オ ✕ 委任は、**各当事者がいつでも解除できる**（民法651条1項）。相手方の不利な時期に解除する場合など、その損害を賠償する必要があるが（同条2項）、解除の要件として損害賠償をすることまで要求していない。つまり、損害賠償は解除の要件ではなく、解除後の効果として規定されているものである。

　したがって、適当なものは**ウ・エ**であり、正解は**3**となる。

問題4 国家一般職（2019年度）………………………………………………… 本冊P.194

正解：5

1 ✕ **委任契約は、原則として無償である**（民法648条1項）。なお、後半の記述について、**報酬が後払いである点は正しい**（同条2項本文）。

2 ✕ 委任は、当事者の一方が**法律行為をすることを相手方に委託し、相手方がこれを承諾することによって、その効力を生じる**（民法643条）。つまり、委任契約は**諸成の契約**であり、**承諾は書面によって行う必要はない**。

3 ✕ 委任は、**各当事者がいつでも解除をすることができる**（民法651条1項）。ただし、①当事者の一方が**相手方に不利な時期に解除をしたとき**、②委任者が**受任者の利益**（専ら報酬を得ることによるものを除く）**をも目的とする委任を解除したとき**は、その当事者の一方は、その**損害を賠償することを要する**（同条2項）。しかし、この場合であっても、**やむをえない事由**があったときは**損害の賠償は不要**である（同項但書）。

4 ✕ **委任契約の終了事由**は、これを**相手方に通知したとき、又は相手方がこれを知っていたとき**でなければ、これをもってその**相手方に対抗することができない**（民法655条）。ここにいう**「相手方」とは、委任契約の相手方**を指すので、本肢の法律事務の交渉の相手方に対して対抗要件を備えることは、民法上要求されていない。

5 ◯ 本肢の記述のとおりである（民法647条）。

問題5 国家一般職（2016年度）………………………………………………… 本冊P.195

正解：4

ア ✕ 委任は、当事者の一方が**法律行為をすることを相手方に委託し、相手方がこれを承諾することによって、その効力を生じる**（民法643条）。つまり、委任契約は**諸成の契約**であり、**承諾は書面によって行う必要はない**。

イ ✕ 受任者は、委任の本旨に従い、**善良な管理者の注意**をもって、委任事務を処理する義務を負う（民法644条）。**委任契約が有償か無償かで、異なることはない**。これは、委任契約が当事者間の信頼を基礎としていることが理由である。

ウ ○ 本肢の記述のとおりである（民法645条）。

エ ○ 本肢の記述のとおりである（民法646条1項）。

オ ✕ 委任契約は、委任者又は受任者の**死亡により終了する**（民法653条1号）。ただし、これは**任意規定**であるため、本肢のように「死亡によっても終了しない」というような特約を結ぶことで、委任を存続させることもできる。

以上により、妥当なものは**ウ・エ**であり、正解は**4**となる。

問題6 国家専門職（2019年度）··本冊P.196

正解：3

ア ○ 本肢の記述のとおりである（民法645条）。

イ ✕ 受任者は、委任の本旨に従い、**善良な管理者の注意**をもって、委任事務を処理する義務を負う（民法644条）。「自己の財産におけるのと同一の注意」ではない。

ウ ✕ 判例は、本人・代理人間で委任契約が締結され、**代理人・復代理人間で復委任契約**が締結された場合において、**復代理人が委任事務を処理するにあたり受領した物を「代理人」に引き渡したときは**、特別の事情がない限り、復代理人の「本人」に対する受領物引渡義務は消滅するとしている（最判昭51.4.9）。

エ ○ 本肢の記述のとおりである（民法649条）。

オ ✕ **受任者が委任事務を処理するため自己に過失なく損害**を被ったときには、**受任者は、委任者に対して、その賠償を請求することができる**（民法650条3項）。この**委任者が負担する損害賠償責任は、無過失責任**である。

以上により、妥当なものは**ア・エ**であり、正解は**3**となる。

正解：2

1 ✕ 委任は、当事者の一方が**法律行為をすることを相手方に委託し、相手方が
これを承諾する**ことによって、その**効力を生じる**（民法643条）。つまり、委
任契約は**諾成・不要式**の契約であり、**委任状の交付は契約の成立要件とされて
いない**。

2 ◯ 委任は、**各当事者がいつでも解除をすることができる**（民法651条1項）。
これは、**委任者が不在中であっても変わらない**。
なお、①当事者の一方が**相手方に不利な時期に解除をしたとき**、②委任者が**受
任者の利益**（専ら報酬を得ることによるものを除く）**をも目的とする委任を解
除したとき**は、その当事者の一方は、その**損害を賠償することを要する**（同条
2項）。しかし、この場合であっても、**やむをえない事由**があったときは**損害
の賠償は不要**である（同項柱書但書）。

3 ✕ **委任者が後見開始の審判を受けたときは、委任契約は終了しない**。なお、
当事者の死亡や破産については、終了原因である（民法653条）。

4 ✕ 特約を結んだ有償委任の受任者の**報酬は、委任事務を履行した後でなけれ
ば請求することができない**（民法648条2項本文）。つまり、委任契約の**報酬
は後払い**となるため、受任者の事務処理義務と委任者の報酬支払義務は、同時
履行の関係に立たない。

5 ✕ 委任事務を処理するについて費用を要するときは、**委任者は受任者の請求
によりその前払いをすることを要する**（民法649条）。これは委任契約が有償か、
無償かの区別がされていない。

2 10 事務管理

正解：3

1 ✕ 管理者は、事務の性質に従い、**最も本人の利益に適合する方法**によって、
その**事務の管理**をしなければならないので（民法697条1項）、前半は正しい。
しかし、**本人の意思を知っているときだけでなく、これを推知することができ
るときにも、その意思に従って事務管理をしなければならない**（同条2項）。

2 × 管理者には、原則として、事務管理の継続義務があるが、それが**本人の意思に反し、又は本人に不利であることが明らかであるときは、事務管理を継続してはならない**（民法700条）。

3 ○ 本肢のような事務管理を緊急事務管理といい、この場合における管理者の損害賠償責任は、管理者に**悪意又は重過失があった場合にのみ**発生する（民法698条）。

4 × **管理者は、本人に有益費の償還を請求できる**（民法702条1項）。そして、**本人の意思に反して事務管理をした場合であっても、本人が現に利益を受けている範囲**であれば、有益費償還請求は可能である（同条3項）。

5 × **管理者が本人のために有益な債務を負担した場合、管理者は本人に代弁済を請求することができ、その債務が弁済期にないときは、相当の担保を供させることができる**（民法702条2項、650条2項）。

問題2 国家一般職（2012年度）⋯⋯⋯⋯⋯⋯⋯⋯⋯⋯⋯⋯⋯⋯⋯⋯ 本冊P.203
正解：2

ア × 事務管理が成立するためには、他人のためにする意思があることが必要である。しかし、この意思は、**自己のためにする意思と併存していてもかまわない**（大判大8.6.26）。

イ × 管理者が本人のために**有益な債務を負担したときは、本人が管理者に代わってその弁済をすることを請求**することができる（民法702条2項、650条2項）。

ウ × **管理者が「本人の名」で第三者との間に法律行為をしても、その行為の効果は、本人に当然に及ぶわけではなく、その行為は無権代理**となる。よって、表見代理が成立するか、本人の追認がなければ、本人に効果が及ぶことはない（最判昭36.11.30）。

エ ○ 本肢のような事務管理を緊急事務管理といい、この場合における管理者の損害賠償責任は、管理者に**悪意又は重過失があった場合にのみ**発生する（民法698条）。

オ × **管理者は、本人、その相続人又は法定代理人が管理することができるまでその管理を継続することを要する**（民法700条）。

以上により、妥当なものは**エのみ**であり、正解は**2**となる。

2 11 不当利得

問題1 特別区Ⅰ類（2022年度）································· 本冊P.210
正解：2

1 × 　善意の不当利得の受益者が負う返還義務の範囲は、その利益の存する限度であり（民法703条）、受けた利益に利息を付して返還しなければならないのは悪意の受益者である（民法704条）。

2 ○ 　**債務の弁済として給付をした者**は、その時において、**債務が存在しないこと**を過失によって知らなかった場合、**民法705条の適用はない**（大判昭16.4.19）。つまり、給付したものの**返還請求ができる**。

3 × 　「債務者が、錯誤によって期限前の債務の弁済として給付したとき」というのは、民法706条で規定される**期限前の弁済**の話であり、**特殊な不当利得の1つ**である。この場合、**債務者が錯誤によってその給付をしたときは、債権者は、これによって得た利益（利息など）を返還しなければならない。よって、債務者は、債権者に対して、利益の返還を請求することができる。

4 × 　**債務者でない者が錯誤によって債務の弁済**をした場合において、**債権者が善意で証書を滅失させ若しくは損傷し、担保を放棄し、又は時効によってその債権を失ったときは、その弁済をした者は、返還の請求をすることができない**（民法707条1項）。

5 × 　民法708条は、不法な原因のために給付をした者は、その給付したものの返還を請求することができないと規定しているが、**当事者間による、給付物を任意に返還する旨の特約は有効である**（最判昭28.1.22）。

問題2 特別区Ⅰ類（2018年度）································· 本冊P.211
正解：1

1 ○ 　**本肢の記述のとおりである**（民法706条）。なお、期限前の弁済について返還が認められないのは、期限が来れば弁済すべきものを、弁済が多少早かったからといって取り戻しを認めるのも煩雑であり、また、弁済受領者が受け取ったものを処分してしまうこともあるからである。

2 × 　**錯誤によって他人の債務を弁済**した場合は、債権者が善意で証書を滅失させ若しくは損傷し、担保を放棄し、又は時効によってその債権を失ったときは、

弁済者は**返還を請求することができない**（民法707条1項）。ただし、弁済が有効となれば、本来の債務者の債務は消滅するため、**弁済者は債務者に求償権を行使することができる**（同条2項）。

3 ×　民法708条は、不法な原因のために給付をした者は、その給付したものの返還を請求することができないと規定しているが、**当事者間による、給付物を任意に返還する旨の特約は有効である**（最判昭28.1.22）。

4 ×　本肢の事案において判例は、利得者が**利得に法律上の原因がないことを認識した後の利益の消滅は、返還義務の範囲を減少させる理由とはならない**とした（最判平3.11.19）。つまり、**利得者は消費してしまった分の利益も返還しなければならず、「現存する利益の範囲で返還すれば足りる」**わけではない。

5 ×　**不法原因給付について**判例は、**未登記建物については引渡しのみで給付あり**としたが（最大判昭45.10.21）、**既登記建物については、引渡しのみでは給付にあたらず、登記の移転が必要である**としている（最判昭46.10.28）。

問題3　裁判所職員（2020年度）·····································本冊P.212

正解：3

ア ○　本肢の記述のとおりである（民法704条）。

イ ×　**弁済者が、債務が存在しないことを知りながら、あえて弁済した場合には、弁済者は、返還請求することができない**（民法705条、非債弁済）。同条は、債務の不存在を知りながら、あえて弁済した場合の規定であり、**過失により、債務の存在しないことを知らないで弁済をした者は、その給付したものの返還を請求することができる**。

ウ ○　本肢の記述のとおりである（民法708条但書）。

エ ×　不法原因給付をした者は、給付した物の返還を請求できない（民法708条）。

オ ×　債務者は、**弁済期にない債務の弁済として給付をしたときは、その給付したものの返還を請求することができない**（民法706条本文）。これは、**債務者が錯誤により弁済期にあると誤信した場合であっても同様である**。ただしこの場合、債権者はこれによって得た利益（中間利息）を返還しなければならない（同条但書）。

以上により、妥当なものは**ア・ウ**であり、正解は**3**となる。

裁判所職員（2016年度）·· 本冊P.213

正解：3

ア 正　判例は、不当利得返還請求訴訟における**善意の利得者の現存利益の有無に**ついては、**被告（不当利得者）が主張・立証責任を負う**としている（最判平3.11.19）。よって、受益者が自ら現存利益がないことを主張立証しなければ、利益を返還する義務は免れない。

イ 誤　民法705条（非債弁済）が適用されるには、**弁済が任意になされたこと**を要する。よって、強制執行を避けるためであったり、その他の理由により、**やむをえず給付をした場合には同条の適用はない**。したがって、本肢の場合、返還請求をすることができる。

ウ 正　本肢の記述のとおりである（最判昭49.9.26）。

エ 誤　**不法な原因で給付された建物は、引渡しとともに登記の移転が完了していなければ、民法708条における「給付」にあたらず、返還請求が可能である。**

　以上により、正誤の組み合わせは**ア：正、イ：誤、ウ：正、エ：誤**であり、正解は**3**となる。

裁判所職員（2015年度）·· 本冊P.214

正解：2

ア ○　事務管理が成立するためには、他人のためにする意思があることが必要である。しかし、この意思は、**自己のためにする意思と併存**していてもかまわない（参198ページ）。

イ ×　**事務管理**について、管理者が、本人のために有益な費用を支出したときは、その費用の償還を請求することができるが（民法702条1項）、**管理者の報酬請求権までは認められていない**（参199ページ）。

ウ ×　**法律上の原因なく代替性のある物を利得した受益者が、利得した物を第三者に売却処分**した場合、受益者は損失者に対して何を返還すべきであるかが問題となる。この点につき判例は、原則として、**売却代金相当額の金員の不当利得返還義務を負う**としている（最判平19.3.8）。よって、本肢は「代替物」の返還を請求できるとしている点で誤っている。

エ × 債務者が錯誤によって弁済期にない債務の弁済として給付をしたときは、債権者は、これによって得た利益（利息など）を返還しなければならない（民法706条但書）。給付したものそのものを返還請求できるわけではない。

オ ○ 本肢の記述のとおりである（最判昭28.1.22）。

　以上により、適当なものはア・オであり、正解は**2**となる。

問題 6 　裁判所職員（2013年度）··· 本冊P.214
　　正解：3

ア 誤　判例は本肢のケースにおいて、真の債権者名義の預金通帳と印鑑を持参した者が無権限であることにつき、銀行が善意・無過失であれば、その者への払戻しは有効となり、真の債権者は、払戻しを受けた無権利者に対し、不当利得返還請求をすることができるとした（大判昭17.5.23）。

イ 正　判例は、契約が無効であったり、取り消された場合のように、双方が不当利得返還義務を負う場合には、双方の返還義務は同時履行の関係に立つとしている（最判昭28.6.16、最判昭47.9.7）。

ウ 誤　判例は、利得者が利得に法律上の原因がないことを認識した後の利益の消滅は、返還義務の範囲を減少させる理由とはならないとした（最判平3.11.19）。つまり、利得者は消費してしまった分の利益も返還しなければならず、「現存する利益の範囲で返還すれば足りる」わけではない。

エ 正　**弁済者が、債務が存在しないことを**知りながら、あえて弁済した場合には、**弁済者は返還請求することができない**（民法705条、非債弁済）。同条は、債務の不存在を知りながら、あえて弁済した場合の規定であり、過失により、債務の存在しないことを知らないで弁済をした者は、その給付したものの返還を請求することができる（大判昭16.4.19）。

　以上により、正誤の組み合わせはア：誤、イ：正、ウ：誤、エ：正であり、正解は**3**となる。

正解：4

1 × 善意の利得者は現存利益のみの返還で足りる（民法703条）。したがって、利息を付して返還する義務は負わない。

2 × 本肢の場合を非債弁済といい、自己が債務を負っていないことを知っていたという悪意の弁済者は、給付したものの返還請求をすることができない（民法705条）。

3 × 弁済期前の弁済も不当利得にはあたるが、弁済者は債権者に返還請求できない（民法706条本文）。

4 ○ 本肢の記述のとおりである（民法707条1項）。

5 × 不法な原因のために給付した者は、その給付したものの返還を請求することができないが（民法708条本文）、不法な原因が受益者についてのみ存したときは、返還を請求することができる（同条但書）。

2 12 不法行為①（一般不法行為等）

正解：1

1 ○ 本肢の記述のとおりである。民法712条は「未成年者は、他人に損害を加えた場合において、自己の行為の責任を弁識するに足りる知能を備えていなかったときは、その行為について賠償の責任を負わない」と規定している。

2 × 民法714条1項は「責任無能力者がその責任を負わない場合において、その責任無能力者を監督する法定の義務を負う者は、その責任無能力者が第三者に加えた損害を賠償する責任を負う。ただし、監督義務者がその義務を怠らなかったとき、又はその義務を怠らなくても損害が生ずべきであったときは、この限りでない」と規定している。つまり、監督義務を怠らなかった場合であっても損害が生じた場合、監督義務者は賠償責任を負わない。

3 × 民法719条2項は、共同不法行為について「行為者を教唆した者及び幇助した者は、共同行為者とみなして、前項の規定を適用する」と規定している（参234ページ）。

4 × 民法720条1項は「他人の不法行為に対し、自己又は第三者の権利又は法律上保護される利益を防衛するため、やむを得ず加害行為をした者は、損害賠償の責任を負わない。ただし、被害者から不法行為をした者に対する損害賠償の請求を妨げない」と規定している（参235ページ）。

5 × 民法723条は「**他人の名誉を毀損した者**に対しては、裁判所は、被害者の請求により、損害賠償に代えて、又は**損害賠償とともに**、**名誉を回復するのに適当な処分を命ずることができる**」と規定している。つまり、名誉を回復するのに適当な処分を命じた場合であっても、損害賠償を命ずることもできる。

問題2 裁判所職員（2021年度）………………………………………………本冊P.223
正解：1

ア ○ 本肢の記述のとおりである（民法724条の2、参232ページ）。

イ ○ 本肢の記述のとおりである（最大判平5.3.24）。いわゆる**損益相殺が認められる**ということである（参227ページ）。

ウ × **被害者が即死**した場合であっても、傷害と死亡との間に観念上の時間の間隔があるから、被害者には受傷の瞬間に賠償請求権が発生し、これが被害者の死亡によって**相続人に承継される**としている（大判大15.2.16）。

エ × いわゆる使用者責任について、判例（最判昭39.2.4）によると、民法715条に規定する「**事業の執行について**」とは、広く被用者の行為の外形を捉えて**客観的に観察**したとき、使用者の事業の態様、規模等からしてそれが**被用者の職務行為の範囲内に属するものと認められる場合で足りる**ものとし、**本肢と同様の事案**において、当該会社員の行為をその職務の範囲内の行為と認め、**当該会社が損害賠償責任を負う**とした。つまり、勤務時間外であったとしても、会社所有の自動車を運転していたことで客観的に職務行為の範囲内と認められたということである（参223ページ）。

オ × **未成年者**は、他人に損害を加えた場合において、自己の行為の**責任を弁識するに足りる知能**を備えていなかったときは、その行為についての**賠償の責任を負わない**（民法712条）。

以上により、妥当なものは**ア・イ**であり、正解は**1**となる。

正解：2

ア　誤　民法711条は、他人の生命を侵害した者に対して、**被害者の父母、配偶者及び子への固有の慰謝料請求権**を認めている。そして、さらに判例は、被害者の兄弟姉妹への慰謝料請求権も認めている（最判昭49.12.17）。

イ　正　責任能力のある未成年者の監督責任者（親権者）の監督義務違反と未成年者の不法行為によって生じた結果との間に相当因果関係が認められるときは、**監督責任者（親権者）も民法709条に基づいて責任を負う**（最判昭49.3.22）。

ウ　誤　**不法行為に基づく損害賠償請求権**は、**不法行為の時から履行遅滞**となる。「請求を受けた日の翌日から」ではない。

エ　誤　**不法行為による損害賠償請求権**は、被害者又はその法定代理人が**損害及び加害者を知った時から3年間、不法行為の時から20年間行使しないときは時効により消滅**する（民法724条、参232ページ）。したがって、「権利を行使することができることとなった時から10年」の部分が誤りである。

　以上により、正誤の組み合わせは**ア：誤、イ：正、ウ：誤、エ：誤**であり、正解は**2**となる。

正解：1

ア　○　**本肢の記述のとおりである**（最判昭63.7.1、参234ページ）。判例は、被用者と第三者が共同で不法行為をした場合において、第三者が損害の全額を賠償すると、第三者は使用者に対し、被用者の負担部分について求償することができるとする。

イ　○　**本肢の記述のとおりである**（最判平4.6.25、参227ページ）。判例は、加害行為と被害者の疾患がともに原因となって損害が発生した場合で、加害者に損害全額を賠償させるのが公平を失するときは、民法722条2項を類推適用して、被害者の疾患を斟酌することができるとする。

ウ　✕　最判平7.1.24は、**被用者の失火に重過失**があれば、使用者の選任・監督について重過失がなくても、**使用者は民法715条1項の責任を負う**とする（参

217ページ）。したがって、本記述の「使用者に重過失がなければ、使用者は責任を負わない」の部分が誤りである。

エ × 判例は、**法人の名誉が侵害**されて、損害が発生した場合でも、金銭的評価が可能であれば、民法710条が適用され、**加害者に損害賠償請求することができる**とする（最判昭39.1.28）。

オ × 判例は、不法行為により傷害を受けた娘の母親が、娘の将来を悲観し、**生命侵害の場合にも比肩し得べき精神上の苦痛を受けたのであれば、民法709条・710条に基づいて自己の権利として固有の慰謝料を請求できる**とする（最判昭33.8.5）。

　以上により、適当なものは**ア・イ**となり、正解は**1**となる。

2 13 不法行為②（過失相殺・損益相殺）

問題1 裁判所職員（2010年度）·· 本冊P.230

正解：3

ア × **不法行為による生命侵害の慰謝料請求権**は、被害者が当該請求権を放棄したものと解しうる特別の事情がない限り、**生前に当該請求の意思を表明しなくても、当然に相続される**としている（最大判昭42.11.1）。こう解さなければ、特に即死の状態の場合に不均衡が生じるためである。

イ ○ 判例（最判昭49.12.17）によると、**民法711条に該当しない者であっても**、被害者との間に同条所定の者との間と**実質的に同視できる身分関係**が存在し、被害者の死亡により**甚大な精神的苦痛を受けた者には、同条が類推適用される**としている。

ウ × **被害者に過失**があったときは、裁判所は、**これを考慮して、損害賠償の額を定めることができる**（民法722条2項）。判例によると、ここにいう「**被害者に過失があったとき**」とは、広く被害者側の過失をも包含する趣旨と解すべきであり（最判昭34.11.26）、例えば、被害者に対する監督者である父母などのように、被害者と身分上ないしは生活関係上一体をなすとみられるような関係にある者の過失をいうとしている（最判昭42.6.27）。したがって、幼児の保護者に過失があった場合に、過失相殺をすることはできる（参227ページ）。

エ × **被害者が未成年**の場合、過失相殺においてその過失をしんしゃくするには、被害者たる未成年に事理を弁識する能力が備わっていれば足り、行為の責任を

弁識する能力が備わっていることを要しないとするのが判例である（最大判昭39.6.24、参226ページ）。

オ ○ 本肢の記述のとおりである（民法719条2項、参234ページ）。

以上により、妥当なものは**イ・オ**であり、正解は**3**となる。

問題2 裁判所職員（2014年度）‥‥‥‥‥‥‥‥‥‥‥‥‥‥‥‥‥‥‥ 本冊P.231
　　正解：4

ア × 判例は、責任能力ある未成年者の監督義務者（親権者）の監督義務違反と未成年者の不法行為によって生じた結果との間に相当因果関係が認められるときは、監督義務者（親権者）も**709条に基づいて責任を負う**とする（最判昭49.3.22）。

イ ○ **本肢の記述のとおり**である（民法717条1項）。なお、占有者が損害の発生を防止するのに必要な注意をなしていたとき、その損害は**「所有者」**が賠償する（同項但書、所有者の無過失責任、参234ページ）。

ウ × **民法723条にいう名誉**とは、人がその品性、徳行、名声、信用等の人格的価値について社会から受ける**客観的な評価**、すなわち社会的名誉を指すものであって、人が自己自身の人格的価値について有する**主観的な評価である名誉感情は含まない**（最判昭45.12.18）。したがって、本肢は「名誉感情を含むものである」という点、及び「名誉を回復するための処分を求めることができる」とする点が誤りである。

エ × 生命保険は払い込んだ保険料の対価の性質を有し、元々は不法行為の原因とは関係なく支払われるべきものであるから、生命保険が支払われていても、損害賠償の算定にあたって**損益相殺の対象にはならない**（最判昭39.9.25、参227ページ）。

オ ○ 判例は、被害を受けた幼児を引率していた**保育園の保母（保育士）の監督上の過失**について**被害者側の過失に当たらない**として過失相殺を認めなかった（最判昭42.6.27、参227ページ）。

以上により、適当なものは**イ・オ**であり、正解は**4**となる。

2 14 不法行為③（特殊不法行為等）

問題1 特別区Ⅰ類（2017年度）···本冊P.238

正解：4

1 × 責任無能力者の監督義務者は、**監督義務を怠らなかったとき、又は監督義務を怠らなくても損害が生ずべきであったときは責任を免れる**（民法714条1項但書、参216ページ）。

2 × **使用者に代わって事業を監督する者も使用者と同じように監督責任を負う**（民法715条2項）。

3 × 本肢のケースで免責されるのは「所有者」ではなく、工作物の「占有者」である（民法717条1項本文）。**所有者には、占有者のような免責規定がない**（同項但書）。

4 ○ 本肢の記述のとおりである（民法718条1項）。なお、責任監督者から所有者を除外したのは、動物の加害を直接制御できる者に責任を負わせようとする趣旨である。

5 × 裁判所は、**他人の名誉を毀損した者**に対して、**損害賠償とともに名誉を回復するのに適当な処分を命じることができる**（民法723条、参219ページ）。

問題2 裁判所職員（2022年度）···本冊P.239

正解：2

ア ○ 本肢の記述のとおりである。

イ × 民法724条1号にいう**「損害を知った時」**とは、被害者が損害の発生を**現実に認識した時**とするのが判例である（最判平14.1.29）。**「発生の可能性」**を認識した時ではない。

ウ × **使用者責任**（民法715条）における、民法724条1号の**「加害者を知った時」**とは、被害者が、使用者並びに使用者と不法行為者との間に使用関係がある事実に加えて、**一般人が、当該不法行為が使用者の事業の執行につきなされたものであると判断するに足りる事実をも認識した時**とするのが判例である（最判昭44.11.27）。

エ × 民法724条2号の**期間制限**は、**加害行為が終了してから相当の期間が経過した後に当初予想し得なかった損害が発生した時は**、加害行為の時ではなく、損害の発生した時から起算される（最判平18.6.16）。

オ ○ 消滅時効は、保証人、物上保証人、第三取得者その他権利の消滅について正当な利益を有する者を含む当事者が**援用しなければ、裁判所がこれによって裁判をすることができない**（民法145条、📖民法Ⅰ、147ページ）。

　以上により、妥当なものは**ア・オ**であり、正解は**2**となる。

問題3 裁判所職員（2018年度）…………………………………………… 本冊P.240

正解：1

ア 誤 不法行為（民法709条）の損害には、金銭その他の財産的損害のほか、精神的損害や慰謝料も含まれる（民法710条）。また、**不法行為に基づく損害賠償は、金銭によって賠償するのが原則である**（民法722条、417条、📖219ページ）。

イ 正 使用者責任（民法715条1項本文）**の成立**には、**被用者の行為が一般不法行為**（民法709条）**の要件を満たすことが必要である。**

ウ 正 本肢の記述のとおりである。使用者が被害者の損害賠償請求に応じた場合、信義則上相当の限度で、不法行為をした被用者に求償することができる（民法715条3項）。

エ 誤 土地工作物の占有者は、損害の発生を防止するのに必要な注意をしたときは免責される（民法717条1項但書）。しかし、**土地工作物の所有者は、自己に故意過失がないことを主張立証しても損害賠償責任を免れない（無過失責任）。**

　以上により、正誤の組み合わせは**ア：誤、イ：正、ウ：正、エ：誤**であり、正解は**1**となる。

問題4 裁判所職員（2016年度）…………………………………………… 本冊P.241

正解：2

ア ○ 判例は、**民法711条に該当しない者であっても、被害者との間に同条所定の者との間と実質的に同視できる身分関係が存在し、被害者の死亡により甚大な精神的苦痛を受けた者には、同条が類推適用される**としている（最判昭

49.12.17、 **参**218ページ)。

イ × 注文者は、請負人がその仕事につき第三者に加えた損害を賠償する責任を負わない。ただし、**注文又は指図に過失**があり、そのため第三者に損害を加えたときは、自己の行為の**責任を負う**（民法716条）。重過失でなくとも、過失があれば責任を負う。

ウ × 民法719条1項は、「**共同不法行為者のうちいずれの者がその損害を加えたかを知ることができないときも各自が連帯してその損害を賠償する責任を負う**」と規定している。複数の加害者の行為によって損害が発生していることは確実であるが、誰の行為から損害が発生しているのか特定できない場合に、加害者全員に不法行為責任を成立させることができるのが共同不法行為のメリットの1つである。

エ × 過失相殺において**被害者である未成年者の過失を斟酌**するためには、その未成年者には**事理を弁識するに足りる知能で足り**、行為の責任を弁識するに足りる知能が備わっていることまで要しない（最大判昭39.6.24、**参**226ページ）。

オ ○ 本肢の記述のとおりである（大連判昭15.12.14）。

以上により、適当なものは**ア・オ**であり、正解は**2**となる。

問題5 裁判所職員（2013年度）・・・ 本冊P.242

正解：4

1 × 「**責任能力がない**」未成年者が他人に損害を与えた場合、監督義務者は監督義務を怠らなかったこと、又はその義務を怠らなくても損害が生ずべきことが立証されない限り、民法714条に基づく不法行為責任を負う。しかし、**「責任能力がある」未成年者の場合は、監督義務者の監督義務違反と未成年者の不法行為によって生じた結果との間に相当因果関係が認められる場合には、709条に基づいて不法行為責任を負う**（最判昭49.3.22、**参**217ページ）。

2 × 被用者が行った行為が不法行為と認められるには、その行為が事業の執行につきなされたものであることが必要である。その行為が**被用者の職務権限内で適法に行われたものではなくても、外形上、事業の執行と認められれば「事業の執行につき」といえる**が、相手方がそう判断したことについて**悪意又は重過失があったときは、使用者は賠償責任を負わない**（最判昭42.11.2）。

3 × 土地工作物の占有者は、損害の発生を防止するのに必要な注意をしたとき

は免責される（民法717条1項）。しかし、**土地工作物の所有者は、自己に故意過失がないことを主張立証しても損害賠償責任を免れない（無過失責任）**。

4 ○ **本肢の記述のとおりである**（最判平13.3.13）。

5 × **動物の占有者は、その動物が他人に損害を加えた場合、その賠償責任を負う。ただし、動物の種類及び性質に従って相当の注意をもってその管理をしたことを立証すれば、賠償責任を免れる**（民法718条）。

問題6 国家一般職（2018年度）·····················本冊P.243
正解：1

ア ○ 民法715条（使用者責任）の要件の1つである**「ある事業のために他人を使用する」**について、判例は、**兄がその出先から自宅に連絡して弟に兄所有の自動車で迎えに来させたうえ**、弟に右自動車の運転を継続させ、これに同乗して自宅に帰る途中で交通事故が発生した場合において、**兄が右同乗中助手席で運転上の指示をしていた等の事情**があるときは、兄と弟との間には右事故当時兄を自動車により自宅に送り届けるという仕事につき、**民法715条1項にいう使用者・被用者の関係が成立していたと解するのが相当である**とし、使用関係を肯定している（最判昭56.11.27）。

イ × 民法715条（使用者責任）の要件の1つである**「事業の執行」**について、判例は、通商産業省（現・経済産業省）の自動車運転手が大臣秘書官を私用のため乗車させて自動車を運転し他人を負傷させた場合において、**たとえ右秘書官の私用をみたすため運転**したものであっても、右事故は通商産業省の**事業の執行について生ぜしめたものと解するのが相当である**（最判昭30.12.22）とし、国の民法715条による責任を認めている。

ウ ○ 民法715条（使用者責任）の要件の1つである**「事業の執行」**とは、被用者の行為の外形から判断して**客観的に使用者の事業の範囲に属すると認められることをいう（外形標準説）**が、判例は、被用者のなした取引行為が、行為の外形からみて使用者の事業の範囲内に属するものと認められる場合でも、**被用者の職務権限内において行われたものではなく、相手方がそのことにつき悪意又は重過失であれば**、被用者の行為に基づく損害であっても、**事業の執行につき加えた損害とはいえない**とした（最判昭42.11.2）。

エ × 民法715条（使用者責任）の要件の1つである**「事業の執行」**について、判例は、使用者の施工にかかる水道管敷設工事の現場において、被用者が、**右工事に従事中**、作業用鋸の受渡しのことから、**他の作業員と言い争ったあげく**

同人に対し暴行を加えて**負傷**させた場合、これによって右作業員の被った損害
は、被用者が**事業の執行につき加えた損害にあたる**というべきであるとし（最
判昭44.11.18）、使用者の民法715条による損害賠償責任を認めた。

オ ×　民法715条3項による**使用者から被用者に対する求償権**につき、判例
は、**信義則上相当と認められる限度**において求めることができる（最判昭
51.7.8）と制限的に解している。したがって、「過失がないときに限り」「B
に対してその全額を求償することができる」わけではない。

以上により、妥当なものは**ア・ウ**であり、正解は**1**となる。

問題7　国家一般職（2016年度）……………………………………………… 本冊P.244

正解：2

ア ○　本肢の記述のとおりである（民法719条2項）。

イ ×　**土地工作物責任**において、**所有者には免責規定がない**（民法717条1項但書）。

ウ ○　本肢の記述のとおりである（民法715条3項）。

エ ×　**監督義務者・代理監督者は**、**未成年者への監督義務を怠らなかったことを
証明したときに限らず**、その義務を怠らなくても損害が生じたであろうことを
証明すれば、**損害賠償責任を負わない**（民法714条1項但書）。

オ ×　精神上の障害により自己の行為の責任を弁識する能力を欠く状態にある間
に第三者に損害を加えた者は、その賠償の責任を負わない。ただし、**故意又は
過失によって一時的にその状態を招いたときは**、**損害賠償責任を負う**（民法
713条）。

以上により、妥当なものは**ア・ウ**であり、正解は**2**となる。

問題1 国家一般職（2017年度）··本冊P.254

正解：4

1 × 配偶者は「6親等内の血族」「3親等内の姻族」とは区別される親族であり、親等はない（民法726条1項、2項）。

2 × 養子縁組では、養子は養親の嫡出子たる身分を取得するが（民法809条）、養親の死亡により、養子と、養親の血族との血族関係について、これを終了させる規定は存在しない。

3 × 養子と、養親及びその血族との間においては、養子縁組によって法定血族関係が生じる（民法727条）。しかし、それ以外の者との関係では養子縁組によっても法定血族関係は生じないので、養子縁組以前に出生している養子の直系卑属（子）と、養親との間には法定血族関係は生じない（参274ページ）。

4 ○ 民法779条は「嫡出でない子は、その父又は母がこれを認知することができる」としているが、「母子」関係は母の認知がなかったとしても、分娩の事実によって当然に発生する（最判昭37.4.27）。そして、本肢のように、父子関係及び父の血族と子との血族関係は、父の認知がなければ発生しない（参266ページ）。

5 × 民法728条2項は「夫婦の一方が死亡した場合において、生存配偶者が姻族関係を終了させる意思を表示したとき」に同条1項と同様に姻族関係が終了するとしている。したがって、離婚、婚姻の取消しでは姻族関係は当然に終了するが、「夫婦の一方の死亡により当然に終了する」わけではない（参259ページ）。

問題2 特別区Ⅰ類（2020年度）··本冊P.255

正解：4

A × 本肢に挙げられている者の間では、離縁による親族関係終了後も、婚姻をすることはできない（民法736条）。倫理的観点からなされる婚姻の制限である。

B ○ 検察官は、当事者の一方が死亡した後は、婚姻の取消しを請求する権利を

失う（民法744条1項但書）。当事者の一方が死亡したことにより、すでに取消原因を有していた当該婚姻関係は解消されているので、公益的観点からする検察官の取消請求を認める必要性は乏しいからである。

C ○ 本肢の記述のとおりである（民法748条3項）。

D × 離婚の届出の方式に関する**前半の記述は正しい**（民法764条、739条2項）。しかし、**この方式を欠く離婚の届出が受理された場合、離婚はその効力を妨げられない**（民法765条2項）。つまり、**届出が受理された以上、離婚の効力が生じる**（参258ページ）。

以上により、妥当なものは**B・C**であり、正解は**4**となる。

問題3 国家専門職（2022年度） ·· 本冊P.256
正解：2

ア ○ 本肢の記述のとおりである（最判昭57.9.28）。後婚が離婚によって解消された後に、なお婚姻（後婚）の解消を請求することは、法律上の利益がないからである。

イ × 判例は本肢の事案において、その**届出当初に遡って有効になる**としている（最判昭47.7.25）。

ウ ○ 本肢の記述のとおりである。追認可能時から3か月経過後は、**取り消すことができない**（民法747条2項）。

エ × 成年被後見人が婚姻するには、**意思能力があれば足り、成年後見人の同意は必要ない**。

オ × **婚姻が取り消された場合**には、**婚姻の当時、取消しの原因があることを知らなかった当事者は**、婚姻によって得た**現存利益**を**返還**しなければならない（民法748条2項）。他方、婚姻の時に取消しの原因があることを知っていた悪意の当事者は、婚姻によって得た利益の全部を返還しなければならない（同条3項）。

以上により、妥当なものは**ア・ウ**であり、正解は**2**となる。

正解：5

ア　×　民法上の婚姻の効力が発生するためには、当事者間の婚姻の意思のみならず、**形式的要件**として、戸籍法所定の婚姻の届出が必要である（民法739条）。

イ　×　「婚姻をする意思」とは、社会通念上婚姻と認められる婚姻をする意思のことである。つまり、法律上の夫婦という**身分関係の設定をする意思では足りない**。

ウ　○　本肢の記述のとおりである（最判昭44.4.3、最判昭45.4.21）。

エ　×　直系姻族間及び養親子間の婚姻は禁止されている（民法735条、736条）。しかし、これらの婚姻は「**取消し事由**」であり、当然に無効となるのではなく、**取消しをしないかぎり、有効なもの**として存続する。

オ　○　本肢の記述のとおりである（最判昭47.7.25）。

　以上により、妥当なものは**ウ・オ**であり、正解は**5**となる。

3 2 親族②（婚姻の解消）

正解：2

ア　○　本肢の記述のとおりである。女性は、前婚の解消又は婚姻取消しの日から100日を経過した後でなければ再婚できないという再婚禁止期間があるが、**女性が前婚の解消又は婚姻取消しの後に出産した場合は、再婚禁止期間の規定は適用されない**（民法733条2項2号、参250ページ）。なお、再婚禁止期間に関する規定は、2024年3月末をもって削除される改正法が公布されている。

イ　×　協議上の離婚による一方からの財産分与請求は、離婚時から**2年以内**の制限がある（民法768条2項但書）。「離婚の時から1年以内」ではない。

ウ　×　父母が離婚し、その一方を親権者と定めた場合であっても、**父母と子の親子関係は存続する**。よって、**父母はともに、その子の推定相続人**である。

エ　○　本肢の記述のとおりである（民法767条2項）。

オ × 　建物賃借人の内縁の妻は、賃借人が死亡した場合、亡き夫の相続人ではないため、相続人とともに当該建物の共同賃借人とはならない。しかし、夫の死亡後は、その相続人の賃借権を援用して、**賃貸人に対して当該建物に居住する権利を主張することができる**（最判昭42.2.21、参264ページ）。

以上により、妥当なものは**ア・エ**であり、正解は**2**となる。

問題2　国家専門職（2018年度）⋯⋯⋯⋯⋯⋯⋯⋯⋯⋯⋯⋯⋯⋯⋯⋯⋯⋯⋯⋯本冊P.263
　　正解：3

1 × 　**夫婦の同居義務**（民法752条）はその性質上、任意に履行されなければその目的を達成できないものであり、**いかなる方法によってもその履行を強制することは許されない**とされている（大決昭5.9.30、参250ページ）。

2 × 　民法754条によると、**夫婦間でした契約は、婚姻中いつでも、夫婦の一方からこれを取り消す**ことができるとされている。しかし、判例は、**夫婦関係が破綻に瀕しているような場合になされた夫婦間の贈与は、これを取り消すことができない**としている（最判昭33.3.6、参250ページ）。

3 ○ 　婚姻の取消しの効力は、将来に向かってその効力を失わせるものであり、遡及することがなく、取消しまでの婚姻の効力は有効なものとして取り扱われる（民法748条1項）。したがって、夫婦の一方の死亡後に婚姻が取り消されたときは、**当該死亡時までの婚姻の効力は有効**なものとして取り扱われ、当該**死亡時に婚姻は取り消されたもの**とされると考えられている（参251ページ）。

4 × 　「**法定財産制**」とは、法律により定められた夫婦間の財産関係の規律のことである。夫婦間の財産関係については、夫婦財産契約による特別な契約を行わないかぎり、この法定財産制が適用される。そして、**夫婦が法定財産制と異なる契約をしたときは、婚姻の届出までにその登記をしなければ、これを夫婦の承継人及び第三者に対抗することができない**（民法756条）。「婚姻の届出の前後にかかわらず」の記述が誤りである。

この規定はここまで解説していない内容である。ここで確認しておこう。

5 × 　**裁判所は、民法770条第1号から第4号までに規定する事由がある場合**であっても、**一切の事情を考慮して婚姻の継続を相当と認めるときは、離婚の請**

求を棄却することができる（民法770条2項）。つまり、離婚事由があったとしても、それを認めないこともできるということである。

3 3 親族③（内縁・嫡出子等）

問題1　国家一般職（2019年度）………………………………………………本冊P.270
正解：4

ア ○　嫡出でない子は、父又は母が認知することで親子関係が発生するが（民法779条）、母親は認知をしなくても分娩の事実により当然に親子関係が発生する（最判昭37.4.27）。

イ ×　自らが血縁上の父子関係がないことを知りながら認知をした認知者は、民法786条に規定する利害関係人にあたり、自らした認知の無効を主張することができる（最判平26.1.14）。

ウ ○　嫡出推定がされる婚姻成立の日から200日を経過した後に生まれた子の「婚姻成立の日」とは、婚姻の届出の日を指称するため、内縁成立後200日を経過していても、嫡出の推定は否定される（最判昭41.2.15）。したがって、父が子の嫡出性を争う場合には、親子関係不存在確認の訴えという形式によることととなる。

エ ×　配偶者のある者が未成年者を養子とするには、配偶者とともにしなければならない。しかし、①配偶者の嫡出である子を養子にする場合、又は、②配偶者がその意思を表示することができない場合は、この限りではない（民法795条）。したがって、縁組が有効に成立することもある。

オ ○　利益相反行為にあたるか否かは、行為の外形で決すべきであり、「債務者自身」の債務について、子を連帯保証人にしたり、子の不動産に抵当権を設定したりする行為は、利益相反行為にあたる（最判昭37.10.2、参275ページ）。

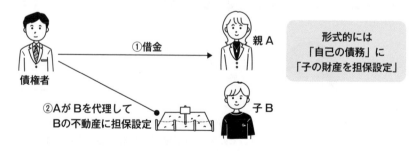

①借金　親A
債権者
②AがBを代理して　子B
B の不動産に担保設定

形式的には
「自己の債務」に
「子の財産を担保設定」

以上により、妥当なものは**ア・ウ・オ**であり、正解は**4**となる。

問題2 国家一般職（2021年度）…………………………………………… 本冊 P.271

正解：4

ア ○ 本肢の記述のとおりである（大連判昭15.1.23）。

イ × 判例は、民法772条2項所定の期間内に妻が出産し、**本来であれば推定される嫡出子となる場合**であっても、妻がその子を懐胎すべき時期に、既に夫婦が事実上の離婚をして夫婦の実態が失われ、又は遠隔地に居住して、**夫婦間に性的関係を持つ機会がなかったことが明らか**であるなどの事情が存在する場合には、子は実質的には推定を受けない嫡出子に当たるということができるから、**親子関係不存在確認の訴えをもって夫と子との間の父子関係の存否を争うこと**ができるとする（最判昭44.5.29、最判平10.8.31、最判平12.3.14）。

ウ ○ 本肢の記述のとおりである。嫡出でない子につき、父から、これを嫡出子とする出生届がされ、これが受理されたときは、認知届としての効力を有する（最判昭53.2.24）。

エ ○ 本肢の記述のとおりである。他人の子を「実子」として届け出た者の代諾による養子縁組も、その養子が満15歳に達した後これを有効に追認することができる（最判昭27.10.3、参273ページ）。

オ × 利益相反行為にあたるか否かは、**行為の外形で決すべき**であり、親権者が子を代理して、**「子の所有する不動産」を「第三者」の債務の担保に供する行為**は、親権者に子を代理する権限を授与した法の趣旨に著しく反すると認められる**特段の事情が存しない限り、利益相反行為にはあたらない**（最判平4.12.10）。

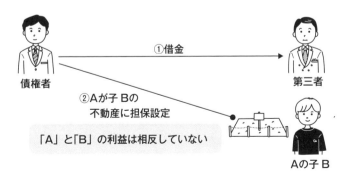

以上により、妥当なものは**ア・ウ・エ**であり、正解は**4**となる。

問題1　特別区Ⅰ類（2021年度）………………………………………………… 本冊P.278
正解：3

1　×　民法817条の2第1項は、特別養子縁組について、「家庭裁判所は、養親となる者の請求により、実方の血族との親族関係が終了する縁組を成立させることができる」と規定している。つまり、特別養子縁組は、養親となる者の請求により行われるため、「養子となる者の請求」の部分が誤りである。

2　×　民法817条の3第1項は、特別養子縁組について、「養親となる者は、配偶者のある者でなければならない」と規定している。よって、本肢は前半が誤っている。なお、特別養子縁組は、養親となる夫婦の一方が25歳に達している場合であっても、その者が20歳に達しているときは可能である（民法817条の4）。

3　○　特別養子縁組が成立するまでに18歳に達した者については、養子となることができない（民法817条の5第1項後段）。

4　×　特別養子縁組の成立には、原則として、養子となる者の父母の同意がなければならないが、父母がその意思を表示することができない場合又は父母による虐待、悪意の遺棄その他養子となる者の利益を著しく害する事由がある場合は、この限りでない（民法817条の6）。したがって、養子となる者の父母の同意が不要となるのは、その意思を表示できない場合に限らない。

5　×　養子の利益のため特に必要があると認めるときは、家庭裁判所は、養子、実父母又は検察官の請求により、特別養子縁組の当事者を離縁させることができる（民法817条の10第1項柱書）。実父母の請求によっても離縁の請求ができる。

問題2　特別区Ⅰ類（2015年度）………………………………………………… 本冊P.278
正解：4

A　×　特別養子縁組の成立には、常に家庭裁判所の審判が必要であり（民法817条の2第1項）、当事者の協議により特別養子縁組が成立することはない。

B　○　本肢の記述のとおりである（民法817条の4）。

C ○ **特別養子縁組の離縁は、縁組を成立させる場合と同様、家庭裁判所の審判以外の方法ですることはできない**（民法817条の10第2項）。また、特別養子縁組の離縁は、本肢のとおり、**養子、実父母、又は検察官の請求に基づいて**なされるが、その要件は、養親による虐待があった場合など、非常に限定的なものとなっている（同条1項）。

D × **特別養子縁組が離縁になった場合には、養子と実父母及びその血族との間において、離縁の日から、特別養子縁組によって終了した親族関係と同一の関係が生じる**（民法817条の11）。

以上により、妥当なものは**B・C**であり、正解は**4**となる。

問題3 国家一般職（2015年度）………………………………………………………… 本冊P.279

正解：2

1 × **特別養子縁組の成立には、常に家庭裁判所の審判が必要である**（民法817条の2第1項）。

2 ○ **特別養子縁組において養親となる者は、配偶者のある者でなければならない**（民法817条の3第1項）。特別養子縁組の制度は、子の健全な育成を目的とする制度であるから、特別養子には父母そろった家庭を与えるのが望ましいと考えられるためである。

3 × **特別養子縁組が成立するまでに18歳に達した者については、養子となることができない**（民法817条の5第1項）。

4 × **養子と実方の父母及びその血族との親族関係は、特別養子縁組によって終了する**（民法817条の9本文）。なお、本肢前半部分は正しい。

5 × **特別養子縁組においても、離縁を認める規定はある**（民法817条の10）。なお、縁組の成立につき常に家庭裁判所の審判が要求されていることから、縁組の無効・取消しが制度上想定されていないという点は正しい。

問題 1 特別区Ⅰ類（2017年度） ………………………………………… 本冊P.286

正解：5

1 × 被相続人の子が相続開始以前に死亡したとき、相続欠格事由に該当したとき、相続の廃除があった場合、その者の子は代襲相続できるが、被相続人の子が相続の放棄をした場合には、その者の子は代襲相続できない（民法887条2項、3項）。

2 × 相続財産の管理に関する費用は、相続財産の中から支弁しなければならないのが原則である。ただし、相続人の過失により生じた費用の場合はこれに含まれない（民法885条）。

3 × 相続人は、自己のために相続の開始があったことを知った時から3か月以内に、単純承認、限定承認、又は相続の放棄のいずれかをしなければならない（民法915条1項本文）。しかし、3か月以内に限定承認又は相続の放棄をしなければ、単純承認したものとみなされる（民法921条2号）。

相続が開始した際、特に何か行わないと「放棄」になってしまうわけではなく、通常の相続が開始されることはイメージできるよね。

4 × 相続の承認及び放棄は、自己のために相続の開始があったことを知った時から3か月以内であっても撤回できない（民法919条1項）。

5 ○ 本肢の記述のとおりである。民法923条は、限定承認を望む相続人と望まない相続人がいる場合に、「望まない者」を優先させる。なお、相続債務の負担を避けたい相続人は、相続放棄をして、相続関係から離脱すればよい。

問題 2 国家一般職（2020年度） ………………………………………… 本冊P.287

正解：5

ア × 相続人は、自己のために相続の開始があったことを知った時から3か月以内に、単純承認、限定承認、又は相続の放棄のいずれかをしなければならない（民法915条1項本文）。また、相続の放棄をしようとする者は、その旨を家庭裁判所に申述しなければならない（民法938条）。したがって、「相続の開始前」に相続の放棄の申述はできず、「相続の開始後」もその意思を外部に表示する

だけでは足りない。

イ × 相続の放棄をした者は、その放棄によって相続人となった者が相続財産の管理を始めることができるまで、**自己の財産におけるのと同一の注意をもって、**その財産の管理を継続しなければならない（民法940条1項）。「善良な管理者の注意をもって」ではない。

ウ ○ 本肢の記述のとおりである。被相続人の子が**相続の放棄**をした場合には、その者の子は**代襲相続できない**（民法887条3項）。

エ ○ 相続の承認及び放棄は、自己のために相続の開始があったことを知った時から**3か月以内であっても、撤回することができない**（民法919条1項）。

　以上により、妥当なものは**ウ・エ**であり、正解は**5**となる。

本冊P.288

問題3 国家一般職（2016年度） 本冊P.288
正解：5

ア × 被相続人の子が相続開始以前に死亡したとき、相続欠格事由に該当したとき、相続の廃除があった場合、その者の子は代襲相続できるが、被相続人の子が**相続の放棄**をした場合には、その者の子は**代襲相続できない**（民法887条2項、3項）。

イ × 判例は、**相続人が相続に関する被相続人の遺言書を破棄又は隠匿**した場合において、相続人の当該行為が相続に関して**不当な利益を目的とするものでなかった**ときは、当該相続人は**「相続に関する被相続人の遺言書を偽造し、変造し、破棄し、又は隠匿した者」**には**あたらない**としている（最判平9.1.28）。

ウ × 相続の承認及び放棄は、自己のために相続の開始があったことを知った時から**3か月以内であっても、撤回することができない**（民法919条1項）。

エ ○ **民法が定める法定相続分**は、相続権の基本的な割合を定めたものにすぎないため、これと**異なる割合とすることは禁止されず、各相続人が取得する遺産を具体的に決めることができる**（民法906条）。これを**遺産分割**というが、遺産分割は、相続人全員の協議によって行うことができ（民法907条1項）、どの相続人が、どの遺産を取得するかを話し合いによって決めることができる。この遺産分割について判例は、遺産分割前に、金銭が法定相続分に従って当然に分割されるとすると、遺産分割の際に、その金銭を調整に使うことができなくなり不便であるから、相続人が自己の法定相続分に相当する金銭の支払を、

金銭を相続財産として保管している他の相続人に対して請求することはできないとしている（最判平4.4.10）。

オ ○ 本肢の記述のとおりである。判例によれば、**遺産分割は、その性質上協議の成立とともに終了**し、その後はその協議においてその債務を負担した相続人と、その債権を取得した相続人との間での**債権債務関係が残るだけ**と考えるべきとしている（最判平元.2.9）。

> 選択肢エとオの遺産分割については、ほとんど出題されないためSTEP1では解説していないよ。ここで確認しておいてほしい。

以上により、妥当なものは**エ・オ**であり、正解は**5**となる。

問題4 国家一般職（2012年度）·· 本冊P.289

正解：3

ア × Aが死亡した時にAの子であるCが既に死亡していた場合は、本来Cの**子Dに代襲相続権が発生**する。そして本肢の場合、Aの死亡時にはDも死亡しているが、Dには子Eがおり、Eが**再代襲相続できる**（民法887条3項）。そして、配偶者がいれば、配偶者は常に相続人となるから本肢の場合、BとEが相続人となる。

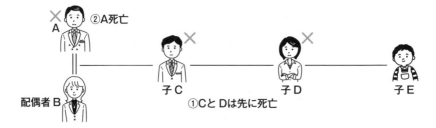

イ ○ **再代襲相続**は、被相続人の**兄弟姉妹が相続人となるときには発生しない**（民法889条2項参照）。したがって、Fに相続権はなく、相続人はB及びDである（次ページ図参照）。

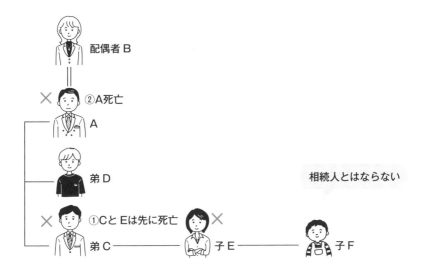

ウ ○ **代襲相続**は、相続人となるべき者が**相続欠格事由**に該当する場合、又は相続人を廃除された場合でも生じる（民法887条2項、3項）。よって、本肢の相続人はB及びDである。

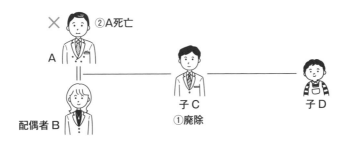

エ × **相続放棄**した場合には、**代襲相続は発生せず、Eには相続権が発生しない**。よって相続人はB及びCである。

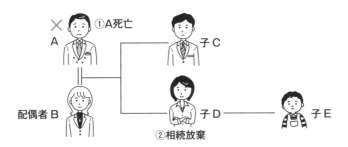

オ × 被相続人の子が養子であり、**その養子に縁組後に生まれた子がいる場合も代襲相続が発生**するが、養子の連れ子（**縁組時に既に養子に子がいた場合**）には**代襲相続権はない**。よって、相続人はB及びCである。

以上により、妥当なものは**イ・ウ**であり、正解は**3**となる。

3 6 相続②（共同相続・遺言）

問題1 特別区Ⅰ類（2022年度）‥‥‥‥‥‥‥‥‥‥‥‥‥‥‥‥‥‥‥‥ 本冊P.296

正解：5

1 × 民法961条は「**15歳に達した者は、遺言をすることができる**」と規定しているので、年齢にかかわらず遺言できるわけではない。

2 × 自筆証書遺言に**財産目録を添付する場合、その目録については、自書することを要しない**（民法968条2項）。よって、財産目録はパソコンにより作成することもできる。

3 × **公正証書遺言、遺言書保管官により保管された自筆証書遺言**については、家庭裁判所の**検認は不要**である（公正証書遺言につき民法1004条2項、保管制度を利用した自筆証書遺言につき遺言書保管法11条）。

4 × 民法985条2項は、「**遺言に停止条件を付した場合**において、その**条件が遺言者の死亡後に成就したときは、遺言は、条件が成就した時からその効力を生ずる**」と規定している。

5 ○ **遺言者は、遺言で、1人又は数人の遺言執行者を指定し、又はその指定を**

第三者に委託**することができる**（民法1006条1項）。また、**未成年者及び破産者**は、遺言執行者となる**ことができない**（民法1009条）。

問題2 特別区Ⅰ類（2018年度）‥‥‥‥‥‥‥‥‥‥‥‥‥‥‥‥‥‥‥‥本冊P.296
正解：2

1 × 遺贈の承認及び放棄は、**撤回することができない**（民法989条1項）。しかし、第一編（総則）又は第四編（親族）の規定による遺贈の承認・放棄の取消しは許容される（民法919条2項、989条2項）。したがって、「いかなる場合であってもこれを取り消すことができない」というわけではない。

2 ○ **本肢の記述のとおりである。**遺言制度は、遺言者の最終意思の尊重を目的としており、死亡の直前まで遺言の自由を保障すべく、いつでも遺言の方式に従って撤回できるし、**遺言者が遺言を撤回しない旨の意思表示をしても無効である**（民法1026条）。

3 × 満15歳以上の者は、**単独で有効な遺言をすることができる**（民法961条）。遺言をするにあたり、意思能力は必要であるが、行為能力は必要ない（民法962条、963条）。また、未成年者であっても遺言の方式に制限はない。

4 × 「自書」させることで、筆跡から遺言者本人が作成したことが判定でき、これにより遺言が遺言者の真意に基づくことが担保される。よって、筆跡がわかる方法で作成しなければならず、タイプライターやワープロを用いる方法は、自書とは認められない。

5 × **遺言に停止条件**を付した場合、その**条件が遺言者の死亡後に成就**したときは、**条件が成就した時にはじめて遺言の効力が生じる**（民法985条2項）。

問題3 特別区Ⅰ類（2014年度）‥‥‥‥‥‥‥‥‥‥‥‥‥‥‥‥‥‥‥‥本冊P.297
正解：2

1 × 公正証書遺言は、家庭裁判所の**検認は不要である**（民法1004条2項）。

2 ○ **本肢の記述のとおりである**（民法1006条1項、1009条）。

3 × 遺言執行者は、遺言の内容を実現するため、**遺言の執行に必要な一切の行為をする権利義務を有する者**であり（民法1012条1項）、自己の責任で第三者にその任務を行わせることができるが、遺言者がその遺言に別段の意思を表示

したときは、**その意思に従う**。よって、第三者にその任務を行わせることができない場合がある。

4 ✕ 遺言執行者は、**正当な事由**があるときは、**家庭裁判所の許可**を得て辞任できる（民法1019条2項）。

5 ✕ 遺言制度は、遺言者の最終意思の尊重を目的としており、死亡の直前まで遺言の自由を保障すべく、いつでも遺言の方式に従って撤回できるし、遺言者が**遺言を撤回しない旨の意思表示**をしても**無効である**（民法1026条）。

問題4 国家一般職（2022年度） ································· 本冊P.298

正解：5

ア ✕ **自筆証書遺言**は、民法968条1項により**全文の自書**が必要であり、押印があればパソコンで作成できるものではない。自書が要求されるのは、遺言の内容が本人の真意に基づくものであることを担保するためである。

イ ✕ 肢アの解説のとおり、民法968条1項で本文の全文の自書を要求するのは遺言の内容が本人の真意に基づくものであることを担保するためのものであるから、**本文が自筆**であれば、**押印が本文にはなく、遺言を入れた封筒にあれば、押印の要件に欠けることはなく、有効である**とするのが判例（最判平6.6.24）である。

ウ ◯ **本肢の記述のとおり**である（最判昭54.5.31）。判例は「吉日」の日付記載では遺言は無効としている。遺言が本人の真意によるものであるかどうかは、その意思を表した遺言の作成日が重要になるからである。

エ ◯ **本肢の記述のとおり**である（最判平5.10.19）。判例はカーボン紙による複写によって記載された場合でも有効としている。筆跡鑑定により本人が記述したか否かの判断が可能だからである。

以上により、妥当なものは**ウ・エ**であり、正解は**5**となる。

問題5 国家専門職（2017年度）··· 本冊P.299

正解：**3**

〔本問の状況〕

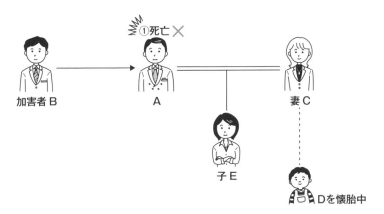

1 × 不法行為の損害賠償請求権は、**被害者が即死していても、被害者に損害賠償請求権が発生し、相続の対象となる**（最大判昭42.11.1、**参**218ページ）。

2 × 不法行為によって**生命を侵害された被害者の父母・配偶者・子**について民法は、「他人の生命を侵害した者は、被害者の父母・配偶者・子に対しては、**その財産権が侵害されなかった場合においても、損害の賠償をしなければならない**」としている（民法711条）。また、**胎児の損害賠償請求権**については、既に生まれたものとみなされるが（民法721条）、判例は、胎児の間は権利能力が認められず、**生きて生まれたならば、不法行為・相続等の時点までさかのぼってその時点から権利能力があった**こととなるとしている（大判昭7.10.6）。よって、分娩時に死亡していた場合は、損害賠償請求権を取得できない。したがって、本肢のDは分娩時に死亡していた以上、固有の損害賠償請求権を有しない（**参**民法Ⅰ、020ページ）。

3 ○ **本肢の記述のとおり**である。判例は「相続財産の共有は、民法249条以下に規定する「共有」とその性質を異にするものではない」とし（最判昭30.5.31）、「共同相続人の一人から遺産を構成する特定不動産について同人の有する**共有持分権を譲り受けた第三者は、適法にその権利を取得することができる**」としている（最判昭38.2.22）。また、民法909条では「遺産の分割は、相続開始の時にさかのぼってその効力を生ずる。ただし、第三者の権利を害することはできない」として、遺産分割前の第三者の保護を図っている。よって、**遺産分割前であっても相続した共有持分を第三者に譲渡することができる**。

4 ×　遺産分割協議で法定相続分を超える部分を取得した相続人は、自己の法定相続分を超える部分については、登記がなければ第三者に対抗できない（最判昭46.1.26）。

5 ×　判例は、「遺産は、相続人が数人あるときは、相続開始から遺産分割までの間、共同相続人の共有に属するものであるから、この間に遺産である賃貸不動産を使用管理した結果生ずる金銭債権たる賃料債権は、遺産とは別個の財産というべきであって、各共同相続人がその相続分に応じて分割単独債権として確定的に取得し、後にされた遺産分割の影響を受けない」としている（最判平17.9.8）。つまり、本肢の場合、乙不動産の賃料債権は、Aの遺産とは別個の財産として、各共同相続人が相続分に応じて分割して取得する。